新华学术·思享者

新华学术系列图书：

《思维的方式》［英］怀特海 著

《多元文化主义的终结》［美］劳伦斯·哈里森 著

《想透彻：当代哲学导论》［美］夸梅·安东尼·阿皮亚 著

《法国人是如何思维的》［英］苏迪·哈扎里辛格 著

《稻草狗：进步只是一个神话》［英］约翰·格雷 著

《木偶的灵魂：自由只是一种错觉》［英］约翰·格雷 著

《动物的沉默：人类优越论是一种偏见》［英］约翰·格雷 著

《反利维坦：政府权力与自由社会》［美］罗伯特·希格斯 著

《道德之弧：科学和理性如何将人类引向真理、公正与自由》［美］迈克尔·舍默 著

《民主的反讽：美国精英政治是如何运作的》（第 15 版）［美］托马斯·戴伊 著

《权力精英》［美］C·赖特·米尔斯 著

《政府为什么会失败》［美］兰迪·T．西蒙斯 著

《幸福乌托邦：科学如何测量和控制人们的快乐》［美］威廉·戴维斯 著

《文化的重要作用：价值观如何影响人类进步》［美］塞缪尔·亨廷顿 主编

《电影院里的哲学课》［英］克里斯托弗·法尔宗 著

《哲学能做什么》［美］加里·古廷 著

《非常识：最聪明哲学家们的最奇怪思想》［美］安德鲁·佩辛 著

《思想者心灵简史：从苏格拉底到尼采》［美］詹姆斯·米勒 著

《道德哲学十一讲》［英］艾里克斯·弗罗伊弗 著

《没有标准答案的哲学问题》［美］菲尔·沃什博恩 著

《我们如何思维》［美］约翰·杜威 著

《论人的本性》［美］爱德华·O·威尔逊 著

《对权威的服从：一次逼近人性真相的心理学实验》［美］斯坦利·米尔格拉姆 著

思考是一门艺术

［英］布莱恩·格里瑟姆◎著
张振成　王亦兵◎译

THINKING SKILLS
FOR
PROFESSIONALS

新 华 出 版 社

图书在版编目(CIP)数据

思考是一门艺术 / (英) 布莱恩・格雷特姆著；张振成，王亦兵译.
-- 北京：新华出版社，2017.11
书名原文：Thinking Skills for Professionals
ISBN 978-7-5166-3637-4

Ⅰ.①思… Ⅱ.①布… ②张… ③王… Ⅲ.①思维方法-教材
Ⅳ.①B804

中国版本图书馆CIP数据核字(2017)第279353号

著作权合同登记号：01-2016-7473

思考是一门艺术

作　　者：[英] 布莱恩・格雷特姆　　**译　　者：**张振成　王亦兵

选题策划：黄绪国　　**责任印制：**廖成华
责任编辑：段晓红　　**封面设计：**臻美书装

出版发行：新华出版社
地　　址：北京石景山区京原路8号　　**邮　　编：**100040
网　　址：http://www.xinhuapub.com
经　　销：新华书店、新华出版社天猫旗舰店、京东旗舰店及各大网店
购书热线：010－63077122　　**中国新闻书店购书热线：**010－63072012

照　　排：臻美书装
印　　刷：三河市君旺印务有限公司

成品尺寸：148mm×210mm　1/32
印　　张：11.5　　**字　　数：**258千字
版　　次：2018年4月第一版　　**印　　次：**2022年3月第二次印刷

书　　号：ISBN　978-7-5166-3637-4
定　　价：39.80元

谨以此书献给

帕特

感谢你让我的人生更加丰富

同献给

约翰·派珀、玛丽亚

感谢你们挽救了我的生命

致　谢

和其他研究项目一样，要在如此短的篇幅里感谢所有人是不可能做到的。朋友、熟人，甚至是素不相识的陌生人，他们都以某种方式帮助了我。尤其是我的学生，他们对这项研究做出了很大的贡献，虽然大多数情况下他们自己并不知情。感谢你们将自己的观点和我分享，感谢你们愿意让我在你们身上实验自己的理论，抱歉我在这里不能尽述你们的姓名。

接下来，我首先要感谢的是那些认真教导学生和专业人士如何思考的人。虽然他们人数不多，但是像爱德华·德·波诺（Edward de Bono）、约翰·威尔逊（John Wilson）、理查德·保罗（Richard Paul）、托尼·布赞（Tony Buzan）这些教育家都向我们提出了一个挑战：如何才能设计出教导人思考的更好方法。

此外，活跃在大中小学教学第一线的老师们也起到同样重要的作用，他们默默地接受了上述挑战，并不满足于教导学生“思考什么”这一较为简单的任务，而是致力于“如何思考”这一更为艰巨、同时也更加重要的任务。他们教导学生摆脱权威的奴役，超越传统的智慧，坚持独立的思考，而这些努力的成果并不仅仅体现在办公室墙上那些证书里，更体现在科技、商业领域中取得突破性进展、提出创新观点的专业人士身上。

在此我还想感谢多年来合作过的全体同事，感谢他们耐心倾听我滔滔不绝地强调发展学生思考技能的重要性，感谢他们所给予的支持和帮助，虽然教育机构的传统一直都是重视教学生应该怎样思考，而不是如何提高思考的技能。我想特别感谢梅尔·格雷（Mel Gray）教授，感谢她的支持和鼓励，感谢她允许我使用“苏珊娜与社工”（Suzanne and the Social Worker）的案例来阐释如何培养道德思维技能。

感谢这么多年以来与我合作过的所有编辑：项目发起人苏珊娜·巴瑞伍德（Suzannah Burywood），后来接手该项目的特卡·艾克顿（Terka Acton），以及最终协助我完成本项目的普利安卡·吉本斯（Pryanka Gibbons）和梅兰妮·布莱尔（Melanie Blair）。感谢你们的尽职尽责、专业精神以及在决策的关键时刻基于丰富经验所做出的判断。我还要感谢艾德娜·罗伊（Edna Rowe）用出色的能力为我找到不少难找的参考资料。

最后，感谢我的终身伴侣帕特·罗伊（Pat Rowe），每当我感到沮丧、难过的时候，每当我需要有人告诉我保持理性、提醒我注意轻重缓急的时候，你总是在我身边。感谢我最心爱的朋友和永远的伙伴 AH，感谢你带来的欢乐和你的探险精神。

目 录
CONTENTS

引　言

2009 年 2 月，苏格兰皇家银行集团前任董事长汤姆·麦基洛普爵士（Sir Tom McKillop）及前首席执行官弗雷德·古德温爵士（Sir Fred Goodwin）在伦敦向下议院特别委员会承认，当初收购荷兰银行是“一个错误”。这桩 480 亿英镑的交易不仅拖垮了英国这家最大的银行之一，还累及英国的整个金融体系。麦基洛普承认：“现在看来，我们当初是在市场最高点收购了荷兰银行。实际上，我们很抱歉收购了荷兰银行。”

与该事件相似的还有雷曼兄弟、劳埃德银行等其他金融机构，而这些做出最后决策的人全都是拥有长期从业经历、经验异常丰富的职业银行家。但是，当时全球金融已经出现了明显的信贷紧缩迹象，究竟是什么让他们无视这些信号，一意孤行地促成收购交易呢?需要特别指出的是，收购案并非苏格兰皇家银行董事会在一时冲动之下做出的决定，因为董事会曾经专门就此事召开过 18 次会议，最终全体董事表决一致同意进行收购。

值得注意的是，当时的英国首相戈登·布朗（Gordon Brown）

和反对党领袖戴维·卡梅伦（David Cameron）均未对伦敦金融城管理层以及相关决策人的决策智慧、金融敏感性提出过任何质疑。布朗曾在 2005 年伦敦市长官邸发表的讲话中盛赞金融城“独特的创新技能、勇气和坚定的信念”，并于 2007 年宣布，正是因为他们的智慧和创造力，“一个新的世界秩序得以诞生”，我们也有幸见证了“历史上一个全新黄金时代的开始”。

卡梅伦对此也抱着同样的热情。2007 年 9 月，金融体系出现问题的迹象已经十分明显，他仍然充满信心地表示，在保守党政府各项政策的推动下，世界经济已经进入一个崭新的发展时期，左翼政党所倡导的市场监管彻底名誉扫地，而“自由主义”正在盛行。对我们这一代人来说，世界经济非常稳定，“极其成熟的金融市场比以前任何时候都更能将资金与理念相匹配”。

从更大范围来说，数以百万计的普通人决定申请购房抵押贷款，很多人申请全额抵押贷款，而当时的房价被高估了超过 30%。在情感驱动和群体效应作用之下，房价被推到没有可持续性的高位，很多购房者均为长期的自住屋主。因此，当市场重归理性，一定会有人遭受重大损失，会出现金融问题。就像是皇帝的新衣，维持高水平市场价格的唯一条件就是所有人都对其深信不疑。

为什么会有这么多人做出如此糟糕的决定?

- 银行家
- 政治人物
- 普通民众

如何解释这一现象？

1. 人类适应自然的需要

这种集体性的判断失误有一部分源自人类的进化史。几百万年以来，我们已经适应了周围的环境，进化成不假思索、例行公事的思考者。我们的存在以及是否能够幸存下来，这主要取决于经过千万代人验证过的行为规范与模式。能够一看到与食肉动物相关的某些颜色、图案和动作就马上不假思索地转身逃跑，这对能否活命至关重要。发展到今天，促成我们做出决策的主要是无可争议的行为准则和既定的行为模式，而不是理性的分析和反思。

不论表面如何，我们全都是谨小慎微的保守主义者，人类的大脑将生存作为最高原则，而不是寻求真理。我们大多数人盲目轻信、容易受骗，对一些普遍接受的假定和设想坚信不疑。随着现代科技的崛起，我们尝试着对过去的权威进行系统性的挑战，但这在人类发展的历史长河里只是短暂的一小段时间。这个挑战始于 17 世纪的自然主义哲学流派，宗旨是拒绝接受传统的权威，相信个体的理性神圣不可侵犯。

> 人类是不假思索、例行公事的思考者，其指导原则是那些无可争议的行为标准和既定的行为模式。

2. 人类适应社会的需要

但这只是人类适应环境的一个方面。另一方面，人随着年龄的增长也会表现出社会意义上的适应性。孩子是天生的哲学家，拥有未受压抑的想象力，对思辨式思维具有根深蒂固的兴趣。学者和研究人员发现，儿童和最具创造力的诗人、哲学家在认识世界上有着很多相同之处。工业革命爆发之初，英国浪漫主义诗人威廉·布莱克在《纯真之歌》(*Songs of Innocence*，1789)和《经验之歌》(*Songs of Experience*，1794)这两本诗集里将儿童与成年人做了比较，认为儿童拥有自发的天真和想象力，而成人则因其在机械的工业化世界的经历和经验而受到污染，从而退化为机器的守护者。

每一个人在 9 岁或者 10 岁之前似乎都能抵制“要和别人一样”这种外界压力，拒绝在思想和行为上沦为“正常”。法国作家欧内斯特·蒂姆尼特（Ernest Dimnet）在其论著《思考的艺术》（*The Art of Thinking*）中这样写道：

> 他们假装和我们这些人住在一起，而我们也以为自己对他们有影响，认为他们的生活反映了我们自己的生活。但是……他们像猫一样自足独立，并且持续关注着他们内心所看到的魔力。

上述年龄段里的大部分孩子都有着丰富的内心世界，有很多独到的想法和见解，但是他们把这些全都隐藏起来不让大人们看见。不管是日出日落，还是颜色、水和波浪，所有这些都能激起孩子们的兴趣和好奇心。他们会盯着一块石头或者一个贝壳看上好久好久，在心里想着到了这么老的时候究竟是什么感觉。永恒、无限、空间、时间，所有这些概念都会激发他们的想象力和好奇心。大部分孩子都会像哲学家那样思考世界的意义、上帝是否存在、死后的生活、鬼怪和灵魂等问题。

《哈利·波特》(*Harry Potter*)小说系列在全世界畅销几百万册，每一册书出版之日都有无数孩子欢呼雀跃，这是因为这套丛书让读者有机会走出常规的传统观念，进入一个想象的世界。在这个世界里有永恒的正邪之战，有强大的魔法，能够让他们超越正常的期待，满足他们对思辨观点的强烈需求。

儿童的世界充满了：

· 神奇

· 好奇

· 想象

· 思辨

但是孩提时代的咒语总是不可避免地遭到外力的破解，家长和老师一定会用既定的规则和模式来规范孩子。于是，我们学会隐藏起自己孩子气的幼稚想法，按照成年人的传统规范思考问题。就这样，我们抛弃了孩童的想象力和思辨式思维，开始模仿成年人，开始按照成年人的标准表现得“正常”起来。

如果不遵照成年人的行为标准就会被贴上“古怪”的标签，为了避免这种恐惧，有哪个孩子会选择继续孩子气下去呢？于是，孩子们开始关注大人，开始按照大人的想法去思考问题。在这个问题上，教育所扮演的角色也同样如此，把别人的想法强加给学生，而不是帮助学生自己去思考问题。通常情况下，教导学生“思考什么”要比教他们“如何思考”更加容易。

当然，来自同伴的压力将这种必要性推到一个更高的水平。在大中小学的环境中生存下去就意味着加入一个庞大的家族，加入一个以共同的理念、行为标准、外在表现团结起来的群体。这个世界无关思想，重要的是生存下去以及保持一致。不适应就只能苦苦挣扎！孩童一旦满足于“正常”，就会抛弃非传统的思想和问题。曾经充斥于他们脑海的那种兴趣就会减退，会让位于“拥有东西”这种热情，会变得热衷于比较自己有什么、别人有什么。一个拥有思想碎片和灵感火花的孩子会被认为很古怪，因为这是一个不愿意顺从常规的人。而这种灵感一旦受到压制就很难再次喷发。

> 通常情况下，教导学生“思考什么”要比教他们“如何思考”更加容易。

当然，当我们走出学校大门踏入社会以后，世界就会变得更为狭窄。我们关注的问题只有赚钱、拥有物品，以及和其他人进行比较，几乎不会再去进行认真的思考。

就这样，人生的道路和我们想的背道而驰，随着年龄的增长，我们的思考越来越少，而不是越来越多。我们忙于满足自我，并没有意识到自我是人生的阴影，而不是生命的实质。因为没有时间表达出我们内心深处的想法和意见，年复一年，我们变得籍籍无名、毫无特色，变得和这个世界上的其他人一样。如果有人对你说：你在 50 岁的时候还不如 21 岁的时候有个性，大多数人都有可能会感到十分震惊。

上述变化产生了什么后果?

上述变化的后果之一就是我们会重行动轻思想，和进化史上所有的人类祖先一样，重视实干家，轻视思想家。成功的商业界人士最为人称道的品质包括果断、有干劲，甚至冷酷无情。学生热衷于追求“肾上腺素激增”而不是思想。有个著名的品牌广告就充分体现了“行动优于思想”这一理念，呼吁我们“放胆做”（Just do it）。

这样看来，或许我们做出一些糟糕透顶的决策，比如苏格兰皇家银行收购荷兰银行或者劳埃德银行收购苏格兰哈里法克斯银行，这并不是什么太过令人吃惊的事情，因为我们一直都是在运用昨天的方案来解决今天的问题，而理想的情况应该是首先对现状和目标进行认真的分析，以便清清楚楚地甄别所有可选方案。

可惜的是，这种理性的分析在大部分决策过程中仅占很小的比例。在大多数情况下，就决策机制而言，我们并没有比原始人进化多少：我们的反应机制要求我们遵照前人的反应进行反应。因此，问题并不在于我们到底是不是糟糕的决策者，而在于我们根本就不知道该怎样做出决策，我们只是在对信息进行不完全分析的基础上，自动遵循既定的行为模式行事，完全不知道究竟是如何做出这样的决策。

在 20 世纪最后十年和 21 世纪开始十年的这段时间里，收购促成了银行业的成功。只要低价买下一家业绩不佳的公司，无情地压低各项成本，就能扭亏为盈，实现股东们期待的利润水平。

当弗雷德・古德温爵士拍板决定苏格兰皇家银行以 480 亿英镑的价格收购荷兰银行时，他肯定是怀着同样的期待。但他的主要关注点应该放在银行的财务状况及流动性等关键问题上，而不是放在成本的下调空间上。苏格兰皇家银行不仅执意收购荷兰银行，而且还以现金加股票的方式进行收购，进一步增加了收购风险。正如我们所见，这并非孤例。仅凭既定的期待模式贸然行事，不对现有证据进行理性分析，罔顾其他机会，这样的例子不胜枚举。

解决方案

解决方案就在于培养跳出既定行为模式进行思考的能力。仅仅是拥有专业领域的资格和经验是不够的，远不能让我们成为一名优秀的决策人。在变化的时代里，过去的一切不足以应对未来的决策需要。因此，我们不仅需要明辨性思维，也需要概念性思维和创造性思维；不仅能活在自己的世界里，也能在其他世界生存下来，能够用新的观点和思维模式以不同的方式进行思考，并从中设计出可以应对当前挑战的解决方案。

> 三大思维技能：
>
> 1. 明辨性思维；
>
> 2. 概念性思维；
>
> 3. 创造性思维。

这就意味着要培养明辨性、概念性、创造性三种思维技能，用于：

· 对概念和问题进行分析，以对我们需要解决的问题有更加清晰的认识；

· 提出我们自己的观点；

· 综合来自不同渠道的观点和证据，从不同角度认识问题；
· 用不同的方法解决复杂的问题；
· 态度坚决、有理有据、令人信服地陈述自己的观点。

简言之，我们必须成为真正的思考者，这样才能更好地解决我们所遇到的各种问题。

关于本书

通过阅读本书，读者可学习到一些简单的方法和技巧，在自己的专业领域内培养并使用这些思维技能。这些也是人类历史上最具创新思维能力的人经常用到的方法和技能，是思想界重大突破性进展的核心所在。在这个学习过程中，你将会发掘自己身上的洞察力，并能产生思想上的灵感。你会忍不住感到惊奇，原本只会老生常谈的你也能独树一帜、创意十足。

第一部分

最初的想法

几年前，美国华盛顿特区的一名电台节目制作人获得管理层的升职奖励，表彰他是一名“优秀的决策人”。大多数人遇到这种情况都会充满感激地接受提升，但这个人想要知道为什么，因为他的很多决策最后都不是很有效。管理人员对此不以为然，宽慰他道：“优秀的决策人意味着你善于决策，并不是说你的决策都是好的。”

近年来有证据显示，很多机构对决策的态度和这位管理人员一样，或许这也能解释为什么苏格兰皇家银行的董事们召开了 18 次会议却仍然一致同意收购荷兰银行。鉴于董事长及首席执行官均已经准备做出收购决定，董事们就不用再费神去提出其他观点、分析其利弊、展示并检验不同的解决方案。

大多数人不擅长通过这些方式进行思考，原因很简单，因为我们不知道如何进行思考。面对新观点就意味着需要面对各种挑战，需要相应的技能、方法、技巧。我们手里的选择越多，犯错的机会也就越多，这让我们变得犹豫不决、优柔寡断。因此，那些胆大妄为、不计后果或者相对来说更加自信的人就成为其他人摆脱上述困境的一条出路。

从这一点来看，比较容易的解决方法就是让组织机构的等级制度带有邪教的一切特点，让高层将所有挑战、违逆他们的观点和意见全都视为谋反与不忠。董事和雇员学会了保持沉默、埋头工作。当苏格兰哈里法克斯银行风险控制部主任保罗·摩尔（Paul Moore）向时任首席执行官詹姆斯·克罗斯比爵士（Sir James Crosby）提出警告时，虽然银行当时已经走向破产，但摩尔还是被炒了鱿鱼。

如果我们知道如何提出观点、分析观点，然后提出不同的解决方案，清清楚楚地列出每一种解决方案的风险和好处，那么决策就会变得简单很多。这样，决策的责任也就不会再由态度最坚定或者最不计后果的人来承担，不会像华盛顿特区的那位电台管理人员一样，认为只要有人做决定就行，后果如何并不重要。

在本书的第一部分我们将学习如何爬出“普遍接受的观点”以及“既定常规反应模式”这一令人窒息的深坑，从而能够产生我们自己的观点。在第二和第三部分，我们将探讨如何对这些观点进行分析，并在此基础上提出不同的解决方案。在第四部分里，我们将学习如何验证所提出的解决方案，从而找到最佳解决方案。

在这个过程中，我们将学会不仅要向后看，更要向前看，目的是要找到解决问题的方法，而不是像从前那样只会照搬过去的解决方案，要看清并适应未来可能发生的变化。

当然，我们仍然需要学习过去的智慧，但同时也必须超越简单的模仿。只有这样，当一个优秀的管理人员和专业人员面对困境的时候，虽然过去的经验告诉他们无法应对，但他们仍能找到解决办法，当其他人早已放弃的时候仍能用自己的观点不断创新、继续努力。

1
我们如何思维

我们理解问题的方式决定了解决该问题思维技能的范围。为了使用不同的思维技能，即概念性、创造性、明辨性思维技能，我们就必须从不同的角度看问题。

1.1 设计解决方案而不是寻找解决方案

标准的思维定式会告诉我们要去寻找某个问题的解决方案，而不是为自己遇到的问题设计一个解决方案，告诉我们答案就在那里，你所需要的是一双善于发现的眼睛，只要能够剥离那些伪装，冲破重重障碍，你就一定能够找到自己想要的答案和解决问题的方法。

近年来，世界各地高等教育领域的重大进展之一就是大家普遍接受了一个事实，那就是教育不仅仅是知识的传递，还必须传授思考的技能，不过到目前为止还只局限于教授明辨思维技巧，这主要是因为这些技能无需对原有的思维定式进行大幅度改变，即认为当知识与事实不明的时候，我们可以通过明辨性思维剥离错误，揭示隐藏在层层错误推理之下的真理。我们不需要自行提出观点、设计解决方案，只需辨明已有的观点和答案即可。

提出自己的假设和观点就意味着知道解决方案并非唾手可得或需要去发现，而是必须自行设计。虽然在教育领域不受重视，但这种理念对我们更好地理解自己和自己所处的世界都起到了至关重要的推动作用，产生了不少新颖独特且具有突破意义的观点。不过话虽如此，这仍然是一个反反复复的创造过程，中间会有尝试和失误，会根据已有信息进行各种猜测，会走弯路，也会追随错误的直觉。

> 我们知道什么是由“知道”这一行为决定的。

最重要的一点是，这种思维模式能够从错误中汲取养分，而标准的思维模式是要求给出事实和正确答案，目标是要避免出错。学生们知道，必须用正确答案换取分数才能通过考试。而在针对特定问题设计特定解决方案这一思维模式下，我们可以犯错，评判标准不是看你错了多少，而是成功了多少。实际上，如果想要设计出成功的解决方案，错误是不可避免的，同时也是不可缺少的重要组成部分。

在以错误作为评判标准的体系中，人们就会谨小慎微、稳妥行事、避免冒险。在学校里，学生是被动的学习者，不会自己思考，只会囫囵吞枣地照搬权威文本上的观点，很多时候并不是真的明白那些的内容。为了避免风险，我们全都众口一词，复制别人的智慧和传统的观点，不会自己动脑思考。问题是，这样并不能让我们针对自己面对的问题提出新的观点、概念和答案。

1.2 模式与模式识别

那么，如何才能为形成自己的观点进行思考，而不是一味地想要去发现隐藏的真理呢？首先需要对我们的思维进行重新编程。当然，有些事情想要改变是非常困难的，每个人都想要将自己生活中的不确定因素降到最低水平。这是人类几百万年生存史教会我们的生存秘诀，在我们没有任何察觉的情况下控制并影响着我们的思想和行为，推动我们对这个世界做出各种合理的解释，以期释放内心深处的不安和不确定。

而这个过程是通过模式的形成与识别进行的。人类的大脑会不停地搜索接收到的信息，在各种观点之间寻找联系，并从孤立的观点中寻找特定的模式。我们认识世界的能力、认识世界和人之间关系的能力全都取决于我们识别以及响应这些模式的能力。

鉴于上述影响在很大程度上都是在无意识层面进行的，我们一般不会意识到这些模式的存在。因此，虽然我们处理信息的方式深受其影响，但我们自己却很少意识到它们对我们思维技能使用方式的限制，很少意识到这些因素在我们挑选事实、重组事件、提出观点这一过程中所起的决定性作用。

举例：道德思维。我们在绝大多数情况下都具有道德思维，英国哲学家理查德·黑尔（Richard Hare）在《道德思维》（*Moral Thinking*）中详细描述了人类在道德思维的迷宫中是如何辨明方向的，认为我们不会每一次都认真计算和衡量自己每个决定的后果，而是会遵循特定的“表面规则”或“简单的反应模式”并期待合理的最佳结果。他将这一过程定义为“直觉道德思维”，并表示这种思维模式“非常具有可取之处，每个人都应该拥有这些直觉，一旦违反就会受到良心谴责”。

但是，如果我们所拥有的信息是片面的，或者时过境迁以后我们所拥有的信息变得无关紧要、完全无效，那就会出现问题。

举例：象棋大师。象棋大师会研究大量的棋局及对弈模式，从而了解自己和对手所有可能的走法。在实际对弈的时候，他们不会将所有的走法和应对方法全部罗列出来，因为每走一步都会使棋盘上可移动棋子的走位可能性呈几何级数增加，所以他们会从之前见过或者下过的棋局中寻找对弈模式，然后计算在这种特定的情况下哪一种最有可能取得成功。

美国心理学家赫伯特·西蒙（Herbert A. Simon）和威廉·切兹（William G. Chase）经研究发现，国际象棋大师只要看一眼对弈中的棋局，就能看出双方之前的所有对弈过程。但是如果将棋子在棋盘上随意摆放，大师就会一头雾水，无法判断这之前的对弈步骤。

问题：

1. 当我们只掌握部分信息的时候；
2. 处于变化之中的时候。

在这些情况下，如果我们所掌握的信息不完整、异乎寻常，或者数量巨大，那就很有可能会做出糟糕的判断。在承受压力、情感混乱的时候，我们很有可能会因为无法辨认出正确的模式而做出错误的决定。而这样做的结果就很有可能会是这样：我们在街上走着走着，看见一个素昧平生之人却误以为那是自己的好朋友，于是匆忙跑过去给了他或她一个热情的拥抱。

在没有把握的时候，如果担心市场发生经济衰退，我们就很有可能无法准确判断金融市场的走向，有可能会夸大收购另外一家银行的好处。

举例：苏格兰皇家银行及其对荷兰银行的收购。收购荷兰银行的时候，苏格兰皇家银行的成本收益率（银行收入与运营成本之比）为47%，而荷兰银行的成本收益率则高达96%。弗雷德·古德温爵士计划大幅裁员，通过削减成本来提高利润，但实际上只要利润稍有下降，银行就会转盈为亏。随着金融危机的加剧，很多观察员都不看好该收购项目。但是古德温将苏格兰皇家银行内部的警告与反对声音置若罔闻，一意孤行并最后以失败收场，因为他当时只看到了与过去成功的收购案相似的事实与模式。

如果没有相关的模式可供使用，我们在阐释事件和信息的时候就会出错。罪案目击证人通常都无法对犯罪嫌疑人的外貌进行准确、详细的描述，我们的大脑会将眼睛看到的东西进行重组，目的是要使这些信息“说得通”。在这个过程中，我们一般会基于对特定人群和特定场景的刻板印象将嫌犯归为某个特定的种族、年龄、性别或社会群体。你可以自己试一下，阅读下面三角形里常见的几种说法。

大部分人在阅读的时候都会忽略每个短语里多出来的那个字，因为大脑对这些说法太过熟悉，所以会选择自动过滤掉多余的字。这就是思维定式对我们的影响，就算是白纸黑字地写在那里，我们也会视而不见。

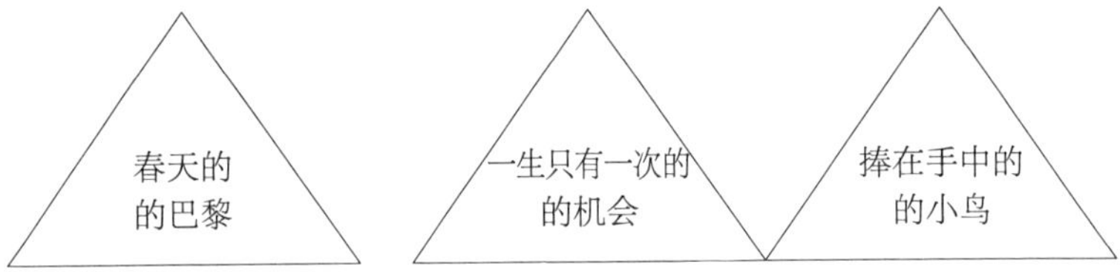

现代科技在过去 350 年间取得了长足的进步，但期间也不乏将已经成熟的理论和模式全部推翻的例子。从泽梅尔魏斯到爱因斯坦，从板块构造论到量子理论，现代科技发展史充斥着发现与抵制、革命与颠覆。

回望过去，我们会发现很多领导人犯下过决策上的错误，看到拥有过人智慧和丰富经验的专业人士及商界人士竟然会对一些非常明显的事实和迹象视而不见，我们总是会感到十分吃惊。但实际上他们的大脑只是做出了下意识的反应，在处理信息和观点的时候不自觉地按思维定式填补了那些空白之处。如果必须要等所有信息全部齐全才能决策，那我们很有可能永远都无法做出决定。不仅如此，我们在对信息和观点进行下意识处理的时候还会重新阐释信息模式，使其符合既定的模式规范。这也是我们大脑处理信息过程中的一个重要部分：我们只看到自己想要看到的东西，看到我们认为事物应该有的样子，而不是事物本来的样子。换言之，大脑会重塑并“纠正”我们的经验。

大脑会对信息和观点进行下意识的处理：

1. 填补空白；

2. 重新阐释信息模式。

阅读以下段落，其中大部分的词和短语都是顺序颠倒的，看你是否仍然能够读得懂：

据根国英一家大学所做的究研，在语英句子里，词单里每个母字的序顺何如并不要重，只要第一个母字和后最一个母字的置位确正就行，就算他其所有母字的序顺都误是错的，你样照够能懂读句子的思意。这是为因你不是逐个母字行进读阅，而是逐个词单行进读阅。

读这段文字的时候我们或许可以自动纠错，正确理解它本来的意思，但在很多其他情况下就不是这样了，重新阐释经常会导致误读和曲解。有研究人员做过一个实验，将实验对象固定在椅子里，然后让实验对象和椅子保持不动，让其所处的房间转动、倾斜。一般情况下，实验对象都会感受到房间是静止不动的，椅子在旋转。就实验对象的结论而言，他们感觉到椅子和房间之间存在相对运动，这一点是准确无误的，但他们据此得出的结论却是错误的，因为大部分人都会根据以往的经验认定，房屋墙壁一般固定不动，所以一定是椅子在旋转。

1.3 犯错

这样看来，弗雷德·古德温爵士和其他人犯错也就不是什么值得大惊小怪的事情了。他们误判了当时的具体情况，认为只不过是过去类似情况的重复。实际上，古德温的这种错误之前有很多人也曾经犯过。悉尼·芬克斯坦（Sydney Finkelstein）、乔·怀特海德（Jo Whitehead）、安德鲁·坎贝尔（Andrew Campbell）在其合著的《三思而后行：为什么好领导也会做出坏决定》（*Think Again: Why Good Leaders Make Bad Decisions*）一书中罗列了历史上一系列的重大错误决定，究其原因都是因为将新形势误判为历史的重演。臭名昭著的"猪湾事件"让刚上任的美国总统约翰·肯尼迪名声受损，撒切尔夫人第三届首相任期未满即因支持人头税而提前卸任。

对于商业界的领导人来说，这些错误会对成功的企业造成致命的打击。戴姆勒-奔驰的首席执行官朱尔金·施伦普（Juergen Schrempp）不顾公司内部的反对，执意促成戴姆勒-奔驰与克莱斯勒的合并，结果十年之后即被迫放弃克莱斯勒。三星公司的首席执行官李健熙领导公司进入汽车制造领域，投资以数十亿计，但在遭受重大损失以后被迫出售该业务，售价仅为当初总投资的十分之一。美籍华人科学家、企业家王安曾经坚持其公司生产的个人电脑必须使用自己的操作系统，而当时 IBM 的电脑操作系统已经成为业界标准。于是王安公司后来不复存在。

根据过往事件和信息的模式，基于对事实的阐释和判断，他们做出了上述决定。

举例：桂格与斯纳普。1994 年，桂格首席执行官威廉·史密斯伯格（William D. Smithburg）决定收购斯纳普，前者是成功的食品公司，后者是市场上首屈一指的冰茶及果汁饮品生产商。但是这次收购直接导致了史密斯伯格和桂格公司的垮台。3 年后，投资公司 Triarc 买下了斯纳普，收购价格比桂格当时买入斯纳普时低了 14 亿美元，史密斯伯格离职，桂格于 2000 年被百事公司收购。

桂格收购斯纳普背后的逻辑是希望它能重复桂格 1983 年收购运动饮料公司佳得乐的成功案例。佳得乐当时极具发展潜力，但市场开发明显不足，而桂格公司在这个领域拥有成功的市场推广经验，能将公司带入全新的发展阶段，事实证明确实如此，于是桂格的管理层对斯纳普也抱有同样的期待。这两个案例的信息模式有很多相似之处，史密斯伯格和当时负责管理饮料业务的总裁唐·乌齐（Don Uzzi）虽然拥有丰富的经验，却忽略了二者之间存在着显著的差异。

实际上，我们每个人都有可能会犯同样的错误，区别就在于我们的错误一般不会造成灾难性的损失。鉴于人类处理信息的大部分过程都是下意识进行的，我们在做出决定的时候并不知道潜意识中我们用了什么方法填补信息上的空白并对自己的所见所闻进行重新阐释。经过几百万年的进化而沉淀下来的模式识别能力让我们得以生存下来，但是战略思维很少会涉及生存问题。为了避免犯这种思考上的错误，我们需要讨论、分析几个星期甚至几个月以来的证据和信息，识别并剔除我们下意识中做出的误导性假设。

> 战略思维很少会涉及生存问题，一般不需要进行模式识别。

问题是，一旦我们的大脑中刻上了某个特定模式的印记就很难移除，因此苏格兰皇家银行的董事们召开了 18 次会议，但最后仍一致同意收购荷兰银行，国际象棋大师的脑子里储存了无数棋局，却仍无法应对一盘随机的棋局。

尽管如此，知道我们的大脑很容易被误导以后，我们就能更好地识别这种情况，尽量避免犯错，然后学习一些简单的技巧和策略，对自己做出的假设进行分析和评估。

首先，我们必须对自己的思维进行重新编程，培养能够更加有效分析、评估自己观点的思维习惯。很多人都会说自己现在已经具有了这些良好的思维习惯，但是因为我们大部分思考过程都是下意识进行的，所以需要用几个步骤来对其进行检验，同时也能将思考的过程变成一种有意识的行为。简言之，我们需要更加深思熟虑，多和自己唱反调，尤其是对那些看上去毫无问题的假设更要多加留意，要严格审视自己所做假设的每一个细节，这样才能设计出更好的解决方案。

1.4 四个原则

这些思维习惯遵循四个简单的原则：

1. 容忍不确定性
2. 暂缓做出判断
3. 天真对待一切
4. 留出思考空间

1.4.1 容忍不确定性

英国哲学家伯特兰·罗素（Bertrand Russell）曾经说过，“教导人们如何在不确定性中生活下去，同时又不会因为犹豫而陷入瘫痪，这就是我们这个时代的哲学能为研究哲学的人做的主要事情”。对于商业人士和专业人士来说，这并不是一件容易的事情，因为他们的价值就体现在运用专业知识和技能做出决定并据此采取行动。但是，如果不经过充分的思考和分析，行动通常毫无价值。

因此，我们需要有勇气质疑一切，虽然这样做会令人感到十分不安：

- 我们需要学会质疑那些被视为理所当然的事情；
- 与他人共情，间接地体会他们的想法和情感；
- 就同一个问题，除了令人信服地陈述你的观点，还要能令人信服地陈述对方的观点。

1.4.2 暂缓做出判断

这就意味着我们必须暂缓做出判断。本书后面的章节将谈到优秀的思考者在进行思考的时候会对思考本身进行思考，会在生成观点和陈述论据的时候对自己思考的可靠性和可信度提出质疑：看自己的思考是否保持前后一致，使用某个特定概念的时候是否看到了所有的相关内涵，所用的语言是否能够推动论证向他们想要的方向发展，是否有足够的论据支持结论。即使是在对所持观点的可靠性有十足把握的情况下我们也应该具有这种质疑精神，因为这正是优秀思考者的核心所在。

优秀的思考者会在思考的时候对其思考本身进行思考。

当代科技最引人注目的成就全都建立在这个基础之上。一个假设不论看上去能够多么完美地回答其对应的问题，只有经过系统的证伪考验，科学家们才会小心谨慎地暂时接纳它，只有长期保持成功通过证伪考验的记录，才能最后被科学界所接受。

优秀的思考者会问自己：

1. 我的观点是否保持了前后一致？
2. 使用某个特定概念的时候是否看到了所有相关内涵？
3. 所用的语言是否能够推动论证向我想要的方向发展？
4. 是否有足够的论据支持我的结论？

除此之外，还有两个原因说明暂缓做出判断具有十分重要的意义。首先，如果我们想要培养思维技能，就必须像其他技能那样对其进行运用。而使用思维技能就必须有机会进行思考，所以必须暂缓做出判断，因为事情尚有待弄清。正如宗教哲学家田立克（Paul Tillich）所说的那样，“对真理的渴求会被带有不容置疑的权威答案消音”。一旦我们接受某个观点为真理，这就意味着不存在讨论的空间，因此也就没有机会培养我们的思维技能。

可惜在各种专业领域中，我们总是轻易认定自己必须精明、果断，如果不能马上做出判断和决策就会显得优柔寡断、糊里糊涂，甚至胆小怯懦。我们可能会认为一个会花时间权衡各项事务，仔细斟酌最后做出谨慎判断的行政管理人员并不是值得我们效仿的好榜样。但实际上大部分复杂的问题都需要进行认真思考，不能急于下定论，不能根据既定模式马上做出决定。

第二个原因和第一个原因不无联系。提出好的观点是一个持续的、不间断的过程，因为不论这个观点是好还是坏，都会据此产生更多的观点。思考问题的时候，我们可能会提出一个完全无效的观点，但是这个观点却很有可能促成下一个观点并最终形成解决方案。换言之，每一个观点都是可能结出果实的种子。我们的大脑在关注其他事情的时候也会同时处理这些种子观点，这样等再回来的时候就会发现思维变得更加具体、更加清晰。因此，我们暂缓做出判断，故意和自己唱反调，甚至提出并不一定能站得住脚的观点，所有这些都是在为创造性的思维过程添加燃料。

1.4.3 天真对待一切

古希腊哲学家苏格拉底公开声称自己是无知的，表示对自己所讨论的话题一无所知，他的两句名言很好地阐释了这一理念："人类的智慧始于承认自己无知"，"未经审视的人生不值得过"。阅读苏格拉底的对话录会让你充分认识到"无知"的重要性，它会让你的眼睛看到那些应该被看到但通常也是人们熟视无睹的东西。

以艺术家为例，他们需要学习如何用一双天真无邪的眼睛去看那些熟悉的物品，看的时候不能带有任何先入之见，直到将熟悉的物品看成陌生、奇怪的东西，也就是说直到艺术家能够真正看到这些东西本来的样子，而不是和平常一样透过传统这个滤镜来观察它们。我们思考的时候也应该这样，需要培养的不仅仅是明辨式思维，还有明辨式观察。第一次接触到一个问题的时候，我们应该尽可能对其形成丰富、生动的印象。其实很多问题的解决方法明明就在你眼前，可你却看不见它。因此，拥有一双天真的眼睛就是解决问题的一个关键条件。

1.4.4 留出思考空间

我们中大多数人都会尽量避免进行思考。英格兰作家奥尔德斯·赫胥黎（Aldous Huxley）曾经说过，“一个人将自己的大部分人生……用在阻止自己思考上”。据一项研究表明，公司行政人员不会在工作日的时候连续独处十分钟以上。欧洲最伟大的管理思想大师查尔斯·汉迪（Charles Handy）因此得出这样的结论：“即使知道应该思考什么，知道从哪里开始，他们也根本没有时间去思考。”

很多人走到了人生的尽头才意识到一个问题，那就是我们没有在自己半封闭、乱糟糟的大脑里为严肃的思考准备空间。所有的想法都在那里，充满洞察力和远见，但是你很可能走过一生都不知道自己脑子里有这些想法。为了让这些好的想法能够浮现出来，我们必须准备好空间，不让那些不相干的当务之急来干扰我们的大脑。

1.4.4.1　执着　在大脑里清理出一个空间，然后呢？答案很简单：不要将问题复杂化，脑子里只想着一件事、一个观点或问题，然后全神贯注，让它占据你的整个大脑。这就像是在高处作业的时候不要安全网：没有书本的支持，也没有其他人的观点作为参考。

解决方案很有可能会突然出现，但前提是必须经过长期的准备以及认真、持续的努力。这是一种积极的思考，需要对同一件事进行很多次认真思考。这并不是简单的重复，而是大脑不停地思考同一件事，直到大脑和大脑的潜意识活动形成最后的成果。

> **举例：牛顿和爱因斯坦。**有人问爱因斯坦是如何工作的，他回答：“我思考再思考，花几个月、几年的时间去思考，有九十九次结论都是错的，但第一百次的时候我就对了。”有人问牛顿是如何发现万有引力定律的，他回答：“就是不停地思考，我脑子里一直都有这个问题，慢慢就能看见第一缕曙光，然后一点一点全亮了起来。”

我们应该像爱因斯坦和牛顿那样执着于一个问题，不休不眠地一直思考这个问题。为了能找到一个复杂问题的答案，我们需要花上几天或者几个星期的时间持续地思考它。

1.4.4.2　厘清　但是，套用一句学术研究者常用的说法，通常情况下“问题就是问题”。如果我们不能厘清它，任由大脑建立连接，我们就会被带往错误的方向。经过长久的进化过程，人类的大脑必须对模式做出迅速识别。虽然这一技能对我们的生存至关重要，但是对思考复杂的问题却是一个很大的障碍。很多情况下，大脑识别的模式均为最大近似值，十分明显但流于表面。

面对复杂的问题，我们必须进行清楚的分析，向大脑提供完整、准确的概念，然后再将其交给潜意识进行孵化。如果我们总想马上就能得到结果，那大脑就会永远采取最简单的方法。对问题进行清晰、明确的定义能够为大脑提供具体的工作议程，一旦完成这一步就可以放心地将问题交给潜意识去处理。潜意识会继续解决问题，不需要进行有意识的干涉与指导。

举例：牛顿。牛顿工作的时候会全神贯注、心无旁骛，等他对问题有了明确的认识以后就会将其暂时放到一边，等他再回到这个问题的时候就会前进一大步。他的传记作者皮特·阿克罗伊德（Peter Ackroyd）对此有这样的解释："他学会了如何'节俭地使用'自己的大脑……会让它暂时休耕，目的是为了让它变得更加肥沃。"

举例：庞加莱。法国19世纪数学家亨利·庞加莱（Henri Poincaré）也讲述了同样的工作经验。当时他想证明"富克斯函数"这样的函数是不可能存在的，于是每天都做大量的排列组合却一直都没能成功。有一天，因为白天喝了太多黑咖啡，他晚上睡得不安稳，做了很多梦。他梦见一个又一个想法绕着圈彼此追逐，不停地组合再组合，而他自己则冷眼旁观。第二天早上，就在半梦半醒之间，答案就这样突然出现在他眼前。在接下来的两个小时内，他全神贯注地投入到工作中，终于证明了自己的观点。

为数众多的作家、哲学家、科学家均表达了同样的意思。他们的知识背景和专业领域迥异，不过都经历过这种"休耕期"，有些人称之为"孵化"或"酝酿"阶段。他们的共同点是工作到了某个特定的阶段以后，似乎完全没有头绪、完全走不通，所以干脆暂时放下手头的工作。

然后，就在他们最不抱希望的时候，答案突然就出现了，有时是在深更半夜，不过一般都是在第二天准备继续工作的时候，发现昨天苦思冥想而不得的答案突然出现在眼前，于是怀疑前一天到底是什么蒙住了他们的双眼。

近年来的研究表明，睡眠对形成想法、孵化答案也具有十分重要的作用，因为睡眠能够增强我们的创造性能力，从而提高洞察力，在貌似无关的想法之间发现新的联系。

人在睡觉的时候，大脑会抛弃白天那种常规的解决问题的方法，并启用更具创造力的思维模式。哈佛大学组织该项研究的杰弗里·艾伦伯根（Jeffrey M. Ellenbogen）认为，如果孵化期内包括睡眠时间的话，人们将貌似不相干的想法结合在一起的可能性将会增加33%。

睡眠能够带来方式、方法上的改变，否则我们就将永远被困在隧道般狭隘的视野里走不出来。视野狭隘可能对不那么重要的决定影响甚微，但如果是重要决定的话，比如重大的科学突破这种被艾伦伯根博士定义为“大局”的情况，则睡眠很有可能起到决定性的作用。他表示：“这个世界上最不缺的就是结论，但是大部分结论都不是显而易见的，发现它们需要时间和睡眠。”

举例：哈维。关于从睡眠和梦境中受到启发的人很多，其中要数缝纫机发明者埃利亚斯·哈维（Elias Howe）的故事最为奇特。缝纫针最初的设计是针眼在针的中间。有一天晚上，哈维梦见很多士兵挥舞着长矛进攻他，那些长矛的尖上都有小孔。他深受启发，马上将该设计注册为专利。当 1867 年此项专利过期的时候，哈维已经赚到了 200 万美元的专利费。

1.4.4.3　答案　将问题交给潜意识后，我们很有可能在几天内就发现最初的想法突然又重新出现了，而且还有了进一步的发展，有时甚至直接形成了我们想要的答案。在这些情况下，我们不停思考的想法已趋完善，同时我们也意识到必须清楚地将其表达出来。要顺从这种冲动，不要拖延或推迟，因为这表明我们的努力终于有了成果，虽然表面上看起来像是“得来全不费功夫”。我们知道自己的知识视野变得更加开阔，思考和认识变得更加敏锐。因此，不论你在做什么，不论是否方便，马上将答案写出来。

1.5　简单的检索系统

到了这一步，人们通常不愿意再花时间对自己的思维进行重新编程并对思维习惯进行相应的改变，但实际上创建这种常规思维模式所需的条件比我们想的要简单得多。

在职业生涯中，有些问题每天都会纠缠着我们，但是一直都得不到解决，因为我们并没有将注意力放在这些问题上。其实解决这些问题并不难，首先用笔记本或日志将我们对特定问题的想法记下来并厘清细节。这种简单但是刻意的做法会让我们觉得有必要为所列的问题提供答案，换言之也就是给我们的潜意识下达了明确的指令。

良好的思维始于良好的组织：使用笔记本、日志、索引卡片、项目盒等创建一个简单的检索系统，这样在你有想法的时候就能马上把它记下来。

1.6 结论

在以下各章里，你将学习一些经常用到的简单技巧和策略，学习如何成为一个创造性的思考者，不仅能够识别主要问题是什么，还知道如何才能得到答案。在这个过程中，你多了一个选择，不再因为别人以前都是这么做的所以你也只能这么做。因为你掌握了这些思维技能以后，不仅可以向后看，更可以向前看。

2
问对问题

据说 18 世纪法国作家、哲学家伏尔泰相信最能判断一个人的不是他能给出什么样的答案，而是他能问出什么样的问题。最优秀的大脑能在任何情况下提出不止一个独特、有趣的问题，并且善于定义这些问题，分析其内在因素和外在影响。

如果想要得到明确的答案就必须先提出明确的问题，否则你的大脑就只能看见它想看见以及一直看见的东西。能提出明确的问题就意味着方向是正确的，继续努力就能找到我们所需的观点和证据。这就相当于为我们的思考设置控件，决定哪些是相关因素，哪些是不相关的因素。问题越明确，这些控件就越具有主导性、越有效。

2.1 问题的种类

首先，我们需要明确的是：需要问的是哪种问题？这个问题属于事实、价值观，还是概念？如果弄错或者混淆这三个分类，那就很有可能会得出令人疑惑的答案，无法解决重要的问题。

几年前，有个地方医疗机构决定取消一位病人的透析治疗，该病人住在无家可归者收容所。因为医疗资源有限，这种决定总是在所难免的。但是，要判断哪种取消治疗的原因是合理的，这就取决于你提出的是哪种问题。如果对不同种类的问题不加识别和区分，那么你就很容易犯张冠李戴的错误，比如将概念问题误以为是事实问题，因此想用事实性的答案去解决概念问题。

以下十个陈述句可以用来解释做出取消治疗决定的原因，请你先自己判断一下最容易陷入哪些陷阱。你能识别哪些陈述句属于事实？哪些属于价值观？哪些属于概念？哪些属于混合型（即包括一种以上的类型）？

1. 病人态度粗鲁；
2. 他具有进攻性；
3. 他生活质量很差；
4. 他不应该得到治疗；
5. 他失业；
6. 他住在无家可归者收容所；
7. 医疗资源应该给别人；
8. 他没有根；
9. 他没有家人；
10. 他弄得一团糟，需要护士们打扫干净。

答案：

混合型陈述：　A. 事实 / 概念：8、9、10

B. 事实 / 价值观 / 概念：1、2

C. 价值观 / 概念：3

非混合型陈述：4、5、6、7

1. 事实 / 概念　在 A 组陈述中，事实这一项应该是无可辩驳的，但是“没有根”“一团糟”“没有家人”是什么意思呢？在某人看来是乱糟糟的东西，对另外一个人来说可能是生活常态，后者很有可能认为这种小事不值得大动干戈。至于“没有根”，病人可能确实没有家人，但他很有可能在收容所有很多朋友，拥有丰富的人际关系。就连“家人”这个词也会产生问题，就算他没有近亲，但有些亲密的朋友也能算得上是“家人”。

2. 事实 / 价值观 / 概念　在 B 组陈述中，“粗鲁”“具有进攻性”这些词不仅描述了一种行为方式，同时也是一种价值判断：通常情况下我们并不赞成这种行为。此外，这些词还有概念性的问题。“粗鲁”和“具有进攻性”到底是什么意思？表达的是一种个人偏见，还是一种能够评判此类行为的客观标准？

3. 价值观 / 概念　我们对 C 组所列的各项陈述也可以问相同的问题。很显然，“很差”这个词的使用与价值观有关，对“生活质量”这个概念也可以提出问题。我们需要经过认真的分析才能将其用于此种情况。

2.1.1　事实与价值观

不难想象，肯定会有人表示：“当然应该撤销他的治疗，因为他住在收容所里！”对这些人来说，这只不过是个简单的事实问题。

但是，如你所见，问题并没有这么简单。虽然表面上看起来问题是他住在收容所里，而实际问题是他的生活质量不足以证明治疗具有合理性。因此在这个貌似简单的事实陈述中同时还蕴含着一个概念问题和一个价值观的问题，分别是：什么是令人满意的生活质量（概念问题）、达不到这一标准就能让取消治疗的决定具有合理性（价值观问题）。

事实与价值观之间的区别最为明显。简言之，事实就是一种关于情况如何的陈述，而价值观则是一种关于情况应该如何的陈述；前者是描述性的，而后者是规定性的。事实陈述旨在描述世界是什么样子的，因此服从理性的批评，我们可以根据该陈述是否能够准确描述这个世界以真假对其进行判断。相反，价值观的陈述则着眼于世界应该是什么样子的，而并非想要表现世界本来的样子，因此无法用正确与否、真或假来判断它。

事实	**价值观**
一种关于情况如何的陈述	一种关于情况应该如何的陈述
描述性的	规定性的

像“他失业”以及“他住在无家可归者收容所”这种陈述很明显属于事实陈述，因为很容易对其进行真和假的判断。相比之下，像“他不应该得到治疗”和“医疗资源应该给别人”这些陈述重点放在“应该”怎样对待病人及其治疗。如果我们不同意这些判断，除非我们能证明这些结论建立在无法令人信服或者相互矛盾的论据

基础上，或者其论证存在前后不一的矛盾，否则这些就属于没有商量余地的价值判断，是与我们的观点不同的看法。

尽管事实与价值观之间的区别不难理解，但是我们还是很容易不假思索地将价值判断引入论证过程。一般情况下，当特定的词语用在不同上下文或者用于不同目的的时候，其含义会变得较为复杂，同时混合了事实与价值观。如“诚实”“承诺”“英雄主义”“胆小懦弱”这种词以特定方式用在特定的上下文里就会兼具事实描述和价值判断双重含义。

举例：承诺。“约翰承诺向萨拉支付 30 英镑”陈述了一个简单的事实，但是“承诺”一词不仅指保证做某事，还有一层价值判断的含义，即兑现承诺为“好”，违背承诺为“坏”。换言之，这个词既有描述性含义，也有规定性含义。因此，根据“约翰承诺向萨拉支付 30 英镑”这一陈述，我们可以推断出这样一个价值判断，即“约翰应该向萨拉支付 30 英镑”。

2.1.2 概念

有关概念的问题也能以同样的方式隐藏在简单的事实陈述中。每一次用到概念的时候，我们都可以问一个问题：“话虽如此，不过你说的 X 到底是什么意思？”用这种探究性的反思方法就可以对一些看上去很普通的词汇提出质疑，也就是说不能想当然地认为某个概念就是什么意思，要仔细探究使用的这些词汇是否还内有隐情。

在有些讨论中，我们需要稍微按下暂停键，后退几步问这种问题。比如说上面提到的有关透析病人的陈述，我们可以这样提问：“没有根”“具有进攻性”“家人”这些词汇是什么意思？我们的辩论通常会变成对概念问题的争论，对事实的讨论最后会变成双方以不同方式使用同一个概念的争论。

> 问题是：
>
> 持续争论所需的准确性和语言的灵活性之间存在矛盾。

我们之所以会有这个问题，主要是因为语言的灵活性。词语一般都具有多重含义，甚至会有几个不同的含义，从而使我们进行理性辩论和交流的时候变得更加复杂。推理与论证的本质是具有准确性，而语言则具有模糊的属性，这两股背道而驰的力量同时在起作用。明确、清晰、稳定的含义对推理至关重要；但是语言具有模糊性，缺乏稳定、明确的定义。

2.2 是否有更好的问题？

对不同类型问题有了深入的了解之后，我们就可以提出一种更好的问题：与待解决的问题更加密切相关，尽量避免可能出现的复杂性。

此外，通过对关键性概念进行分析，我们就能知道是否在不同层面存在不同的解决方案，其中较为有效的方案就是先后退一步，然后用更加客观的眼光看问题。我们对概念提出质疑，走出问题进行自我反思：“我们说的 X 到底是什么意思？”如果能够做到这些，能够不局限于眼前的环境，或许我们就能设计出一个不仅适用于这个问题的解决方案，还能用它解决未来类似的问题。

一个更好的问题具有以下特点：

1. 避免复杂：事实、价值观、概念；

2. 与待解决的问题更加密切相关；

3. 在不同层面提供答案。

2.3 告密揭发

为了进一步说明这个问题，我们可以来具体分析一下“告密揭发”。一直都有人觉得自己别无选择，只能披上英雄的斗篷，甘冒个人危险去揭发那些不惜牺牲公众利益追逐利润的无良公司。

这些人中包括美国加州公共事业委员会主席洛瑞塔·林奇（Loretta Lynch），她于2002年5月揭发了安然公司的腐败行为。英国一家著名建筑学会的雇员加里·布朗（Gary Brown），他对管理层将广告合同签给雇有老板家人的公司提出了质疑。布里斯托皇家医院的会诊麻醉师斯蒂芬·波尔辛（Stephen Bolsin），他注意到该医院接受心脏手术的儿童死亡率高于很多其他医院，所以于1995年向公众揭发了这件事。

举例：丹·艾普盖特。康维尔公司的高级工程师丹·艾普盖特（Dan Applegate）就曾经有过这样的经历，康维尔当时是美国麦道公司（麦克唐纳—道格拉斯公司）DC-10客机开发项目的分包商。1972年，艾普盖特以项目主管的身份给当时的副总裁写信，详细列举了该机型机身设计的缺陷，认为货舱的门有可能在飞行期间打开，这将使货舱内压力下降并导致客舱地板变形。因为飞机的各种控制线都埋设在客舱地板里，因此很有可能会面临坠机的风险。他强烈建议对货舱门和客舱地板的设计进行相应的修改。

但是康维尔公司在收到这封信以后并没有重视他所提出的技术风险，而是强调如果让麦道公司知道了这些问题，康维尔就会面对巨大的财务风险。管理层表示，延期及修改所带来的巨额成本会使公司在竞争上处于劣势。结果在两年后的 1974 年，一架满载乘客的 DC-10 客机坠毁在巴黎郊外，造成 346 人死亡。

艾普盖特一方面需要对公司保持忠诚，不能做出任何有损公司的事情，但是另一方面又有保护公众的职责。就个人层面而言，这是一个十分困难和复杂的问题。但是，如果你是公司的首席执行官，在坠机事件之后看这个问题，除了艾普盖特所面临的这种个人两难境地，你还会有另一个层面的考虑。你会从艾普盖特的问题上后退一步，了解这桩揭发案背后的原因，思考是否有无须挽密也可解决问题的办法，问是否可以改变这个问题或者用不同的方式提出问题。

然后你很有可能会得出结论，至少有两件事是必须做的。第一，应该加强公司内部的沟通与交流，提高各级之间沟通的有效性，让艾普盖特这样的雇员无须诉诸公众、无须破坏与公司的关系即可得到应有的关注度。第二，应该增加公司内部的透明度，促成更加有效的公共参与，降低揭发的数量。从这个案例可以看出，通过重新设计问题，我们就能有一个更好的解决方案，能够解决更大范围的问题。

2.4 行贿

再来举个例子，在一些行贿受贿行为十分普遍的国家工作时，外国商人和专业人士就会面临行贿问题。

举例：伯纳德·弗莱明。1989年，伯纳德·弗莱明（Bernard Fleming）在南欧一个大城市创建了一所培训学院，主要培训当地企业的雇员，提高他们的能力，使他们得到更好的晋升机会。但是开张半年后，入学人数寥寥无几，学院面临倒闭的危险。一天，当地市长来访的时候表示，如果给他一定的“报酬”，他就可以要求手下雇员必须到这所学院来进修，还可以告诉其他雇主向各自雇员提出同样的培训要求。此外，如果每年都能给他这样的“报酬”，他可以保证学院的招生情况年年都有增加。

弗莱明知道，如果学院想要继续存活下去，他就必须招收更多学生。能想到的办法他全都试过了，而市长这番话让他明白了自己之前的努力为什么全都没有用处。实际上，当地商界人士也曾经告诉过他，如果没有市长的批准，一切事情都办不成。如果不按照市长说的去做，他甚至有可能只能关闭这个学院。

如果你是在自己的国家遇到这种事情，解决方案可能会非常简单：行贿受贿属于违法行为，任何情况下都是不对的，所以不能这么做。但如果想要将这些原则拿到国外去，你就会面临这样的情况：如果不行贿就无法做生意，那就不要在这个国家做生意。弗莱明去大使馆征求意见的话多半也会听到这样的答复和建议。鉴于弗莱明在一个完全不同于自己国家的环境下做生意，如果不按当地的规矩来就无法生存下去。对于一个将终身积蓄全都投入到这个项目的人来说，对于一个雇员和家人全都指望他能想出解决方法的人来说，上面这种建议是毫无帮助的。

2.4.1 这是事实、价值观，还是概念问题

因此，我们需要对这个问题进行分析，看是否能够换一种方式表达。具体来说就是首先要分析这个问题的性质，看它到底是事实性问题、价值观问题、概念性问题，还是混合型问题，然后再从不同层面对其进行分析。

分析问题： 1. 问题的性质：事实、价值观、还是概念； 2. 从不同层面分析问题。

首先，我们需要回答一些事实性问题：为什么在有些文化里行贿受贿是一种不可避免的常规行为？这是因为当地官员普遍收入水平较低吗？还是因为当地文化普遍将贿赂视为“礼物”和一种表达尊重的方式？

其次，我们需要考虑价值观的问题：良知告诉我们行贿是不对的，那么我们应该按照良知行事吗？还是应该更加实用主义一点？坚持按照来自不同文化环境的伦理价值观行事是对的吗？还是选择了不同的文化氛围就应该接受这个社会的道德规范呢？

再次，我们还要回答概念性的问题：什么叫行贿？行贿和送礼

物有什么不同？和在餐馆就餐后给服务员小费有何区别？和为了激励员工、提高工作效率的佣金有何区别？

商业行贿：是否可以提出更好的问题？ 1. 事实问题： （1）这是不可避免的常规吗？ （2）官员是否收入水平很低？ （3）这是表达尊重的一种方式吗？ 2. 价值观问题： （1）我们应该听从良心的召唤还是应该更实用主义一点？ （2）我们是否应该接受所在社会的道德规范？ 3. 概念问题： （1）什么叫行贿？ （2）行贿和送礼物、小费、佣金有何区别？

2.4.2 从不同层面看问题

对问题有了更加细致深入的了解之后，我们就可以从不同层面对其进行思考。

2.4.2.1 总体层面 就总体而言，我们需要思考的是：怎样才能在无须行贿的同时在不同国家做生意且不同国籍的人不必以牺牲自己的价值观作为代价？

你对“行贿”这一概念进行分析以后可能会得出这样的结论：行贿和包括小费和奖金在内的佣金之间是有区别的，因为礼物和佣金是制度的一部分，是公开进行的、有账可查的，所有做生意的人都知情。而行贿则是私下进行的，是偷偷摸摸的。市场之所以树立道德规范就是为了保证机会均等、自由竞争。而行贿就等于是绕过了这些道德规范，以不正当手段战胜竞争对手。

这就明确揭示了在总体层面和个人层面上存在不同种类的解决方案。在总体层面上，我们需要回答的问题是如何改变环境，让人无须行贿也能做生意，解决方案包括通过制裁等手段施加国际压力，在该国进行政治改革根除腐败文化，推行社会和经济改革提高官员的收入水平，引入更好的规管和问责制度等。

2.4.2.2　个人层面　将总体层面的问题分离出来以后，我们现在就能更清楚地认识到个人层面的问题。相比之下，后者对弗莱明和其他受影响的个人来说更加重要，因为他们必须在贿赂盛行的环境下做生意和生存下去。在这种情况下，问题就会变得更加清晰、明确，答案也就相应更加明显。

很显然，我们无法避开这个问题。因此，我们现在要面对的问题就是：我们是否能够将行贿活动限制在礼品和佣金的范围内？因为后者在道德上是可以接受的。对弗莱明来说，这就意味着可以通过与市长协商将他们之间的关系进行重新定义。不过即便如此，如果对方通过威胁手段索要“礼物”，这仍会是一个难以定夺的道德问题，但至少我们通过这个例子认识到该问题中所包含的不同因素。

如上所述，对一个问题进行分析不仅能将其中的事实、价值观、概念因素区分开来，还能让我们从不同层面对这个问题有更加深入、明确的认识。

2.5 结论

找到需要回答的正确问题以后，我们就可以开始将注意力放在真正的思考上。我们通常会认为大部分解决方案来自一步一步、循序渐进的逻辑推理过程，这是先有了结果之后再谈发现过程，而不是按照实际发生的顺序。实际上，这是一个更具创造性的过程，首先要认识我们思想的内在结构，这样才能对其进行适当的调整，找到自己想要的答案。这就是我们所说的概念性思维和创造性思维。不过在此之前我们必须先学会如何生成观点。

3
生成观点

专业培训的一个重要内容就是要了解该专业的人是如何进行思考的。身为律师就必须学会像律师那样思考问题，如果想要成为医生、教师、建筑师、审计员或警察，我们就必须学会像他们那样思考，学习某些特定的策略和原则。从这个方面看来，“思考”似乎可以定义为一种像逻辑思维和数学思维那样井然有序的过程。

科学家也用同样的方式定义他们的工作。在描述一些重大发现的时候，他们总是目标明确、步骤清晰，似乎一切都尽在掌握之中。然而，实际情况是他们的科学发现更像是在黑暗中乱戳乱刺，伴随着虚假的希望和真实的失望，然后突如其来的灵感终于照亮了他们面前的道路。

曾获诺贝尔奖的英国免疫学家彼得·梅达沃爵士（Sir Peter Medawar）表示：逻辑性只是表面现象，是我们在思考结束以后回望过去的结果，是我们在大幕拉起以后选择让公众看到的“姿态”。而实际上，这其实是一个想象的过程，是一个凭直觉完成的过程。

所谓良好的思维能力不仅仅涉及逻辑思维和明辨思维，虽然它对检查我们的观点和想法是否前后一致至关重要，但这种思维本身并不能产生新的想法。因为运用逻辑思维技能和明辨思维技能的时候，我们只能根据已有的条件进行思考，形成更好的观点或者对现有观点进行批驳。换言之，这种类型的思维能够帮助我们寻找并修补逻辑上的漏洞。

而为了形成自己的想法，我们就要学习创造性及想象性思维技能和技巧。和逻辑思维、明辨思维不同的是，创造性思维要求我们以不同方式运用自己所掌握的知识和技能，在面对问题的时候采用完全不同的假设。在这个过程中，需要牢记以下两个基本原则：

· 我们无须每个步骤都正确；
· 通往目标的道路并不是只有一条。

3.1 有组织、有条理地提出问题

问题是，当人们要求你产生自己想法的时候，他们经常会给你一些含糊不清、笼统的建议，比如“自己去想”或者“多问自己几个问题”，而这些建议并没有告诉你具体应该怎么做。有人可能会建议你放飞思绪、不要有任何压抑，就好像你的观点和想法是蓄势待发的喷泉一样，只要你能不畏惧貌似天真的愚蠢，思想就会喷涌而出。要不然就是把一群人聚在一起集思广益，让大家说出自己脑子里想到的第一个念头。

我们可以让这个过程变得更条理、更系统。实际上，我们一直都是这么做的，只是自己不知道而已。我们会问自己一些常规性的引导问题，收集、整理相关观点，然后做出决定。

曾经有过无法正常发动汽车经验的人应该非常清楚这个过程。你坐在驾驶座位上，发现汽车发动不起来了，于是好心的邻居和路人围拢过来，你一言我一语地给你建议，然后汽车修理技师来了，你马上知道这是一个有专业知识和专业思维的专业人士。他先检查了一下汽车引擎，然后问你几个问题，做几个简单的测试，排除一些可能性，最终得出专业结论。很显然，他收集信息、一个接一个排除可能性的时候有组织、有调理地提出了一系列问题。

举例：医生。同样道理，医生也是通过系统性地提出问题来收集病人的症状信息，并将这些证据与已知的疾病症状模式进行比对。

举例：教师。当教师发现自己班上最好的学生突然学业表现变差，他也会通过问问题系统地收集所需证据，然后才能得出结论。

3.2 常规问题

我们每个人都会这样做，区别仅在于有些人认识到了这一点，有些人没认识到。因此，首先要做的事情就是认真看一下这些常规问题，将其列成清单。最具创造力的思想者会经常修改、完善这个清单，会添加一些从其他人那里听来的新问题。那些我们称之为“天才”的人，他们能够看到别人看不到的问题，并因此解决别人无法解决的问题。他们提出的问题之前从未有人提出过，他们能够从不同的方向、以不同的方式接近问题。

天才：他们提出的问题之前从未有人提出过。

我们可以来看一下历史上的思想家是如何将人类进行分类的。19世纪的时候，美国心理学家、哲学家威廉·詹姆斯（William James）将人群划分为“意志坚强”和“意志薄弱”两大类，瑞士精神科医生荣格（Carl Jung）按照个人的性格将人群划分为“内向”和“外向”两大类，后来心理学和行为学的发展成果又为一种新的分类方式奠定了基础，将人类的思维模式划分成“内敛型”和“发散型”两大类。这些全新的分类方式及其产生的相应问题能够完全改变我们的态度和思考。

将这些分类进行任意的组合，我们就能得到一些固定的结构，从中产生各种虽说意外但十分有趣的想法，帮助我们走出可预测的常规反应模式。比如我们现在可以进一步讨论研究“具有发散思维模式的内向性格”“具有发散思维模式的外向性格”“具有内敛思维模式的内向性格”“具有内敛思维模式的外向性格”。这些分类形式能够帮助我们解释各种各样的行为。

举例：酒店宾客。美国康奈尔大学的研究人员最近专门对酒店宾客的态度进行了研究。首先，研究人员根据四个概念“满意”“不满意”“下次还会入住者”和“下次会更换酒店者”将酒店宾客划分为四大类：“满意且下次还会入住”“不满意但下次还会入住”“不满意且下次会更换酒店”和“满意但下次会更换酒店”。对酒店服务感到满意所以下次还会入住、对酒店服务不满意所以下次会更换其他酒店，这两种情况比较容易理解。如果不是用这种方式将四个概念两两组合，一般人很少会想到还有“不满意但下次仍会继续入住”和“满意但下次不会入住”这两种情况。

因此，先就某个议题提出常规性的问题，列出问题清单，然后将你能想得到的所有新问题和新分类都列在这张清单上。

列常规引导问题清单：

1. 列出清单；
2. 关注每一个新问题和新分类；
3. 将其列入这张清单。

3.3 列出引导问题清单

清单上一般会有哪些问题？以下问题并非专门针对哪个职业，你也可找到类似的问题。

1. 我们说的 X 到底是什么意思？
2. 为什么会发生这件事？
3. A 和 B 之间有什么联系？
4. 我们是如何知道的？
5. 做出那个判断有什么证据？这个证据可靠吗？
6. 如果真是那样的话，接下来会怎样？
7. 为什么 A 能成立而 B 不成立？这是否前后矛盾？
8. 发生这种事还有其他例子吗？是否存在普遍规律？
9. 这件事的历史和背景如何？

10. 这件事是否独特？是否源自其他事件？

思考引导问题清单的时候，你可以遵守以下四条简单的原则：

1. 问题越多越好；
2. 问题越明确、越具体越好；
3. 打破砂锅问到底；
4. 如果没有得到你想要的结果，继续提问。

举例：警察。如果你是一名警察，正在调查一桩可疑的死亡案件，你可能首先会问一些常规问题。这些问题能够帮助你对死者有进一步的了解：

1. 年龄；
2. 身材；
3. 服饰；
4. 明显的印记；
5. 族裔；
6. 面部特征；
7. 是否戴眼镜；
8. 头发；
9. 随身携带的物品。

举例：营销经理。如果由你来负责推广一个新产品，那么你很有可能需要问以下这些常规问题：

1. 产品的主要市场是什么？

2. 这一市场的规模如何?

3. 该市场有什么明显的特点?

4. 典型消费者有什么主要特点?

5. 是否存在重要的二级市场?

6. 二级市场有多大规模?

7. 主要竞争对手有哪些?

8. 该产品与竞争对手相比有什么优势?

9. 该产品的主要卖点是什么?

10. 产品什么时候准备投产?

如果你是投资经理，正在思考是否要投资某个特定的基金，你的主要关注点就是需求何时将会超过供应从而产生价格高峰，使利润最大化。你可以将上述想法和信息进行组合，提出以下问题：

举例：投资经理

1. 商品价格是否会上涨（石油、小麦、玉米、工业金属、贵金属等）?

2. 是否存在导致价格上涨的因素?

（1）需求是否强劲? 库存量是否高企?

（2）这些因素是如何影响供应的? 供应商（石油输出国组织、矿业公司、农场）是否在减少产量?

3. 政府是否出台、执行影响供需的政策?

（1）如补贴生物燃料?

（2）通过低息刺激消费者购买和投资来提高产量?

（3）关税？

4. 地理：商品在哪里生产？运输和石油价格都是潜在的价格因素。

5. 社会及经济行为是否有重大变化？

如人口和消费习惯的变化导致某些产品（汽车、消费品等）的需求增加。

6. 价格如何变动？

（1）如果价格下降，投资者会选择卖出以期在未来以更低价格买回。

（2）如果价格上升，投资者会买入以期在未来以更高的价格卖出。

7. 汇率是否存在较大波动？大部分商品以美元标价，因此汇率会影响需求。

8. 有什么样的风险和回报？

（1）需求／价格的上涨是否具有可持续性？

（2）供应是否达到满负荷水平？

回想一下你的大学或中学经历，你选修每一门功课都需要学习最基础和最常规的一些问题。比如历史这门学科，设计良好的教学体系不仅仅会教授史实，还会教你如何像历史学家那样思考问题。因此，你可能需要回答以下这些常规问题：

1. 发生这一历史事件的原因是什么？

2. 他这么做的动机是什么？

3. 是否有足够的证据能够证明这一解释？

4. 影响和效果如何？

（1）有多大？

（2）有多重要？

（3）谁最受影响：个人、群体、社会阶层？

（4）哪个领域的影响：经济、社会、政治、知识界？

5. 谁参与在内：社会阶层、个人、群体（宗教、专业、军队）？

如果你的研究方向是文学，那么需要回答的问题肯定会包括：对某个作家的创作产生影响的因素，与其他作家进行比较，以及有关情节、气氛、背景、主题、人物、风格、对话、叙事节奏、悬疑、幽默、悲剧等各种问题。需要指出的是，每一门功课、每一个专业领域都有一整套常规引导问题，能够帮助我们整理思绪、生成观点。

3.4 问题的威力

发问能够开拓思维，能够帮助你最终解决问题并做出决定。如果你对此存疑的话，请认真阅读以下内容。美国作家鲁道夫·弗莱斯（Rudolf Flesch）在《清晰思考的艺术》（*The Art of Clear Thinking*）一书中介绍了美国20世纪50年代深受欢迎的电视节目“20个问题”，其根本原理就是通过一系列问题从无数答案中找到你想要的那一个。

这个电视节目也叫“动物、植物，还是矿物”，每次有四名参赛选手，可以问20个问题，但得到的答案只能为“是”或者“不是”，要求他们用这种方式猜出最后的答案到底是什么。大部分情况下，如果提问得当，选手们很快就能猜出答案。这有什么奇怪的？如果问题提得好，20 个问题就能产生 1,048,576 个答案。换言之，在提问并回答 20 个问题所需的 5 分钟内，你就能从 100 万个答案中筛选出自己想要的那一个答案。

> 使用这套常规问题能让你从 100 万个答案中找到自己想要的那一个。

此外，这一发现并不是电视游戏领域所独有的。在没有电脑的时代，警察会用“嫌犯拼图”系统帮助目击证人拼出最接近嫌疑犯真实面貌的图像。比如说，该系统会将人的面孔划分成 10 个主要类别：发际线、前额、眼睛、鼻子、下巴等，每个类别都细分成不同的形状和样式，画在透明的胶片上。如果每个类别都有 10 种选择，即 10 种发际线、10 种前额、10 种眼睛等，那么共有 100 张透明胶片。通过计算可知，这些透明胶片能拼出 100 亿张不同的面孔，目击证人可迅速从中选取最接近嫌犯相貌的那一个。你看，如果一个问题对应 100 亿个答案，只要使用这种简单的方法，通过一套常规问题，就能在很短的时间里找到你想要的答案。

3.5 在不同层面探索不同视角

3.5.1 不同视角

上述方法之所以奏效是因为这些常规问题能让我们在问问题的时候避免犯错，不会忘记该问的问题，也不会将某些该问的问题视为无关问题。但除此之外，具有独创精神的思考者还会更进一步：发明一些新的问题，开辟其他人没有看到的新视角。因此，除了这些常规性的引导问题，还需要有一种方法来帮助我们跳出以往有限的视角，问一些本来认为不相干或者想不到的问题。

在上述康奈尔大学的那项研究中，我们会本能地认为不存在“不满意但下次仍会继续入住”和“满意但下次不会入住”这两种情况，因为它们不符合酒店宾客的自身利益。我们只有更换视角才能去思考那些违反本能以及不可想象的情况。

可惜的是，那些常规思维模式和行为模式会让我们变得目光狭隘，看不到其他那些视角。我们已经习惯于用某种特定的方式进行思考，很难甚至不可能做到变更视角和方法。不论在哪一个专业领域，这个问题都会对人们的表现造成重大影响。如果一名教师看不到自己的教学方法让学生很难掌握知识，那他就教不出成绩优秀的学生。如果一个商人和客户谈判的时候不能换位思考，不能从客户的角度想问题，那他就很难谈得成生意。

举例：在日本做生意。法国心理学家爱德华·德·波诺(Edward de Bono)曾经注意到一个有趣的现象。来自西方国家的商界人士刚开始和日本公司做生意的时候，经常会在谈判阶段感到十分困惑。对日本管理人员来说，谈判中提到的信息和价值观并不是双方争论的基础，而是形成结果或决定的输入信息。

西方管理人员对此深感困惑，因为他们是先处理双方的争论和主张，然后决定哪些问题与进一步的讨论和谈判相关。他们抱怨说日本管理人员在谈判的时候似乎有所保留，根本就不提任何主张。实际并非如此，日本商人在这个阶段尚未形成任何态度和主张，这些在以后的阶段才会出现。

在医疗护理和社会工作等专业领域，学会改变视角看问题就能更加清楚地了解病人或救助对象所处的环境，而这对他们的工作至关重要。不论身处哪个领域，想要取得成功就需要学会换位思考，需要了解或者间接地体验他人的情感、焦虑、希望、信念。

以商业管理教育领域的现代利益相关者分析这门学科为例，它要求学生通过想象自己站在每一个利益相关者的立场上，思考自己的决策对其有何影响或者如何受其影响。这些利益相关者包括：雇员、客户、供应商、股东。做不到这一点就有可能会做出糟糕的决定。

3.5.2 不同层面

然后，你需要在不同的层面、从不同的视角思考问题。从传统意义上来说，包括医生、律师在内的专业人士会与病人及客户保持一对一的工作关系，涉及的活动也相对比较简单，这就塑造出有关职业技能和责任感的概念。但是今天的社会更趋一体化，像医生这样的专业人士就会面对较为复杂的相互关系，他们的影响力也体现在不同层面上，除了个人层面（生物、心理、道德、智力），还有物理层面（物质需求、交通、气候、食宿、环境）和社会层面（文化、政治、经济）。

举例：医生。今天，医生不仅仅负责单独的病人，还肩负着通过倡导健康生活方式预防疾病的责任，甚至对病人生活区域的环境造成不利影响的规划决策也具有一定的影响力。因此，医生对其倡导的价值观负有公共责任，因为这些价值观对重新规划我们的社区有重大影响。有鉴于此，医生不仅仅对个别病人负责，对整个社区也负有重要责任。

其他专业人士也同样如此。

举例：会计师和投资经理。会计师不再只是记账员，而是兼任审计员、财务顾问、信贷经理、税务顾问等多重身份，为客户提供财务规划服务，为中小企业提供商业规划服务，对人们的生活有十分重要的影响。投资经理则控制着数以千计家庭的存款，控制着他们以往的工作成果和未来的财务安全。

我们的决定不仅会在个人层面上对特定的个人利益造成影响，还会影响到社会利益、价值观以及我们所在社区的生活条件。如果决定投资兴建一座新的制造业工厂，这不仅能增加就业机会，改善个人的生活质量，同时也对当地社区产生一定的影响，能够促进本地零售业和商业的需求。地方政府可能需要投资兴建新的学校和道路，缓解交通压力，这对当地的环境也会造成影响，本地居民需要忍受空气污染和噪音。在更广泛的范围内，这个决定还有可能对全国经济甚至全球气候造成影响。

不论你身处哪一个专业领域，用这种方法进行常规思考都不是一件太过困难的事情。在回答了所有的引导问题以后，你应该做以下两件事：

1. 从相关各方的视角对某个议题进行研究；

2.每个视角都要考虑以下不同层面：

（1）物质（物资需求、交通、气候等）；

（2）个人（生物、心理、道德、智力）；

（3）社会（文化、政治、经济）。

不同层面	
物质	1. 物资需求 2. 交通 3. 气候等
个人	1. 生物 2. 心理 3. 道德 4. 智力
社会	1. 文化 2. 政治 3. 经济

当然，这些层面并非适用每一个视角和每一个决定，但是这些常规思维模式对我们做决定至关重要，能让我们不错过任何可能有用的问题。以康奈尔大学的那个研究项目为例，如果没有全面的认识，我们就很容易出现忽略不常见问题或者违反常识的两种情况。保罗·摩尔警告苏格兰哈里法克斯银行收购决定有可能会威胁到两家银行的生存，但是管理层并未理会他的警告，并且解雇了这位风险控制部门的负责人。这是一项重大决定，但是决策者们却未能做到从不同层面和不同视角看问题，对某些因素过于想当然，同时完全忽视了另外一些重要因素。

3.6 结论

我们在本章内容开始的时候探讨了逻辑推理、明辨思维，以及创造性思维。创造性思维让我们能以不同的方式进行思考，其特点是开放、发散，较少受其内在规则的控制。在做决定的过程中，我们不需要做到每一步都正确无误，因为条条大道通罗马，达成目标的途径并非只有一个。

我们在本章学习了从不同视角出发、在不同层面上生成观点的方法。我们的所思所想并非呈线性展开，而是以多层次的结构呈现出来。我们需要对这些新产生的想法加以研究，将其细分为各项子问题，而且问题越明确越好。这样我们就能看清他们之间是如何组合与关联的，了解其中某些问题之间是如何相互加强、相互影响的，而有些则和我们需要考虑的问题无关。

在接下来的几章，我们将研究这些想法和观点的模式与结构、等级，认识它们之间的相互关联，这能让我们进一步认清它们的组织。掌握了这种结构之后，我们就能开始设计最佳解决方案了。

第二部分

梳理想法

现在，我们已经就某个问题产生了一些想法，接下来就要探究其背后潜在的模式或组织结构。为了更好地理解这些貌似无关的事实和想法，我们需要将其条理化，对其进行组织和分类。它们之间以因果关系或逻辑关系相联系，即该事实和想法要么是某个事件因果关系的一部分，要么是某个概念以逻辑关系相互连接的内在因素。通过了解这些事实和想法之间的相互关系，我们就能更好地理解它们的含义和意义。

在接下来的四章里，我们将学习如何对这些相互关系的模式进行分析，并探究不同种类的关系。有些想法和观点之间是趋同或趋异的关系，有些是比较的关系，有些只是在举例，有些是因果关系，有些是补充、追加或者相互加强的关系。不论是哪一种关系，它们都能帮助我们有效梳理自己的观点和想法，建立起等级关系，让我们更好地理解其含义和意义。这些关系模式就是帮我们理解身边世界的脚手架。

不过正如我们在第一章所了解的那样，这些关系模式并不一定有助于我们理解某个问题或情况的相关事实与想法。环境和条件的变化会削弱常规方法、模式与需要解决的问题之间所具有的相关性，过去的解决方案或经验模式有可能导致我们做出不明智的决定。苏格兰皇家银行董事会在已经出现信贷危机的时候仍决定收购荷兰银行就属于这种不明智的决定。

有的时候，通过分析概念就能以完全不同的方式揭示一个问题，从而得出更好的答案。就像阅读探案小说一样，我们经常发现指向凶手的重要线索其实一开始就明明白白地告诉了我们。对日常生活中显而易见、习以为常的概念提出质疑，这是当代科学史上很多突破性发现的基础，也成就了哥白尼、伽利略、达尔文、爱因斯坦这样的科学巨匠。

伽利略和哥白尼均对地心说这一普通人视为理所当然的概念提出了质疑，爱因斯坦对绝对时空概念提出了质疑并最终提出了著名的相对论，推翻了称霸物理学两个世纪的牛顿定律。

如本书下面第三部分内容所述，我们还需要对这些关系和模式做进一步的分析和加工才能得出最后的结论。但需要特别指出的是，有些科学家之所以能有突破性的发现，并不是因为出现了新的证据和研究成果，只是因为他们换了一个角度看问题。

4
因果思维

简单来说，思考就是在想法和观点之间建立连接。想法本身并没有多少价值或意义，只有当我们将其与别的想法和观点联系起来之后它们才会变得有用。举例来说，“我面前这个物体是红色的”，这个观点本身的价值和意义十分有限，但是如果将其与别的事实相联系，如“这个物体是一个人”以及“红色的东西是血”，这几条信息合在一起就变得重要起来。

因此，我们思考的品质并不取决于想法和观点本身，而是取决于我们所发现的关系以及所建立的连接。在有了想法以后，我们现在要做的就是看这些想法之间有什么关联，并用简单的模式或结构将其表示出来。

> 我们思考的品质并不取决于想法和观点本身，而是取决于我们所发现的关系以及所建立的连接。

4.1 想法和观点的模式与结构

如前所述，我们的思考大部分是以模式或结构形式完成的。大脑会根据以往的经验建立起特定的行为模式，并将那些曾经成功应对过常规问题的模式保存下来，形成相互关联的信念、价值观以及个人喜好。这些就是人类大脑中的“捷径”，它们能让我们避免每次遇到问题都花很长时间翻来覆去地考虑、权衡各种利弊决定最佳方案。

长此以往，我们的思维就形成了定式，在面对无数选择和无数可能性的时候会不假思索地运用这些行为模式，不断总结经验，将混乱和不确定因素降到可控水平，并能预测做出某个选择后的结果。

举例：消费者。身为消费者，我们每天都要面对一大堆选择，不可能逐一进行分析和比较再做购买决定。于是我们就会走“捷径”，以信念、价值观、个人喜好等方式形成固定模式，然后作为标准操作程序指导我们的日常决定。

我们解决大部分问题的方法都是一样的，就像每天按照相同的路径上班、下班，大脑里有一张清单，列着我们的各种思维模式和行为模式，其中包括可用于超市购物的日常消费习惯、面对几百个电视频道时预先设好的喜好清单。

但问题是最熟悉的模式并不总是最有效、最有用的模式，而我们很多情况下并没有意识到这一点。一旦形成某个模式，我们一般就很少会再去想它，否则就很有可能会推翻重来。于是我们选择已经习惯了的那些选择，因为在面对无数可能性和不确定性的时候，这是最简单的办法。这样一来，我们就会忽视那些看上去与既定的行为模式相矛盾的因素，不希望因为这些因素的存在而对我们的选择提出质疑。20 世纪 50 年代，研究认知失调的学者们发现，消费者在购买新车后仍会继续看这种车的广告，同时还会有意识地避开其他汽车品牌或车型的信息，害怕在购买行为完成以后会产生疑虑和后悔情绪。

有了想法以后，我们下一步要做的事情就是找到其内在的组织结构，对其进行检验和发展，创建一个能够更加准确、完整地理解和解决问题的模式，以期通过这个模式最终获得最佳解决方案。

这些模式的呈现方式是我们所熟悉的等级制，即将几个主观点细分成次观点，然后再细分成次次观点。这种方式能够帮助我们重组自己的观点和想法，从而实现对问题更加全面、透彻的理解，然后就可以对其进行检验和运用了。

4.2 梳理我们的想法

和其他思考技能一样，梳理想法看上去好像很困难、很复杂，但实际上我们大部分时间都能下意识地做到这一点。模式和结构就像是帮助我们认识和理解的脚手架，存在于我们做的每一件事里。如果无法识别、比较、运用这些模式和结构，我们就有可能听不懂别人机智幽默的讲话，甚至无法完成简单的填字游戏。

猜字谜的时候，比较典型的就是谜面两部分内容加在一起组成谜底。比如用“喜上眉梢”这个词打一字，这里的窍门就是要识别字谜的模式（拼凑偏旁部首组成新字），然后通过比较和尝试将该模式加以运用，得出最后的答案。将“喜”字上面的部首“士”加上“眉”字上面的部首正好组成“声”字，得出谜底。而有些猜谜题则要求你将线索的结构稍加变动，才能得出答案。比如：“H、I、J、K、 L、M、N、O（打一物质）”，答案是“水”。将所给的八个字母概括成从“H 到 O”，英语表达为“H to O”，其中“to”和“two”（数字 2）同音，因此“H to O”即为 H_2O，是水的分子式。

关于机智和幽默，英国生物学家彼得·梅达沃爵士（Sir Peter Medawar）曾在《科学思维中的归纳与直觉》（*Induction and Intuition in Scientific Thought*）中提到过这样一个有趣的例子：

> 西德尼·史密斯牧师以诙谐、机智著称。有一天，他和朋友走在爱丁堡狭窄的街道上，街道两旁的房子挨得很近，突然听到两位家庭主妇站在各自家中的窗旁隔街对骂。于是他对这位朋友说：“这两个人永远都无法达成共识，因为她们的立足点不同。”

梅达沃在书中指出，这个例子形象地说明：当两个或两个以上的思路和想法之间存在明显的相似之处，就可以对其加以利用，从而达到机智、诙谐的效果。“立足点”这个词既可以表达两位女士所处的物理位置，也可以指她们的立场和出发点。

从具体（物理位置）到抽象（立场和出发点）能够体现智慧和机智，而从抽象到具体则可以产生幽默的效果。前者需要有综合能力，将具体、特定的事物转化成一般、普遍的事物；而后者则需要有分析能力，将一般性的想法和观点转化成具体、特定的人、事、特点、场景。

机智综合：具体 抽象

幽默分析：抽象 具体

更重要的是，如果观点结构之间确实存在这种相似性，我们就会有恍然大悟的美妙感觉，就像是第一次弄懂了一个很难的原理或观点。上课的时候，老师可能会用类比的方法讲解一个难点，帮助学生掌握这个难懂的知识点。这种顿悟就来自突然明白了课程知识点和类比这两组信息之间在结构上的相似之处。

顿悟就是突然明白了两组信息之间在结构上的相似之处。

为了弄懂孤立的事实和想法，我们就必须首先弄清楚它们之间的联系，揭示它们之间的相互关系。做到这一点有两种最有效的方式：分析它们之间的因果关系和概念关系。

想法和观点的结构

1. 因果关系

2. 概念关系

4.3 因果关系

我们要解决的问题中大部分源自因果关系的变化，这些因果关系有可能存在于个人与个人之间、组织机构内部或者社会和经济层面。因此，第一步就是要找出这些因果关系，否则就不知道需要寻找单一原因还是具有一定模式的多个原因，不知道产生问题的原因是出现了一个对事情有重大影响的因素，还是因为一系列影响因素发生变化并自组形成不同的模式。

举例：房地产经纪人。在一段时间里，房地产经纪人收到的问询量可能会突然下降，以前几个星期就能卖出去的房产现在几个月才能出手，此时他首先要做的事情就是要找出哪些市场因素会影响买家的购房决定。他有可能发现这一现象背后的原因十分单一，因为有几家当地企业正好在这段时间大幅裁员。他也有可能找到相互影响的一系列原因，如利率上调期间又遇上食品价格上涨和水电成本增加，同时政府收紧了抵押借款政策。

一旦找到原因，他就更有希望设计出有效的解决方案，同时对其过去工作模式的依赖也会相应降低，因为当环境发生变化的时候，过去曾被证明成功的行为模式很有可能不再有效。

这种复杂的决策行为需要一种不同于常规模式的思维方式，需要对模式进行分析，对信息之间的关系进行评估。通过这种方式，我们能够识别并剔除虚假的以及带有误导性的推论和假设，然后我们就能决定到底是运用常规的思维模式还是寻找新的思维模式。

4.4 实践知识

不论是教育还是培训都在很大程度上忽略了这种实践思维，从而导致我们相信商业和专业领域的知识都是专门的理论知识，源自学术研究，然后才运用到我们的实际工作中。

但实践知识也同样重要，因为它是我们在每天面对日常的实际事务时，通过思考和反思创建起来的思想和行为模式。在此基础上，我们建立并学习使用预测模式。在遇到难题的时候，这些模式能帮助我们决定到底该怎么做。我们会将这些模式用于日常工作，从而对面临的情况有更加深入细致的了解。实践知识就是在这样的过程中获得并累积起来的。

丽萨·霍施曼德（Lisa Tsoi Hoshmand）和唐纳德·波尔津霍恩（Donald E. Polkinghorne）曾将其定义为“实践范例”，认为我们应该学习两种知识：一种是理论和学术知识，一种是实践知识。

> 在日常实践中至少存在两种类型的知识：一种包含在理论和研究文献中……一种源自实践经验（其存在形式通常为阐释性模式，源自实践推理）。有证据显示，相比单独使用一种类型的知识，两种知识一起使用更加有效。

我们每次遇到难题的时候，首先做的事情就是使用从尝试和错误中学会的常规反应，对当前情况进行深入了解。积极、正面的反馈和结果能够让那些成功的常规反应得到进一步加强，因此最有效的模式会变得越来越强，而效果最不好的那些则会越变越弱。接着，我们会对其进行检验和修改，使常规的因果模式更加适用于复杂的状况并最终找到最佳实践范例。

这就是实践思维的核心所在。商业人士和专业人士在工作经验的基础上总结出来的实践知识既带有历史特点，也具有个人特点，不仅体现了社会现实，还让我们有办法预测下一步最有效的行动措施。

4.5 发现因果关系

不论遇到什么问题，识别因果关系模式均可采用以下几个简单的步骤。

4.5.1 将你所知道的一切全都列出来

首先，完整列出你所看到的全部想法和事实。我们经常会想当然地认为一切都在自己脑子里，所以没有必要一个一个列出来。但是这样一来我们不仅会遗漏那些最显而易见的事情，还会漏掉那些可能的答案和需要提出的问题。因此，要保持天真的心态，不将任何事情视为理所当然，把自己知道的一切全都写出来。只要能做到这一点，很多时候你都会看见一些自己之前从未看到过或者想过的东西，那是因为此时已经没有常规思维模式蒙蔽你的双眼了。

4.5.2 将想法和事实进行分级和分层

将所有想法和事实都列出来以后，接着就要开始研究它们之间的关系。这些关系模式将显示分层和等级，有些观点会比另外一些更加重要，有些是从更为基础的信念中演绎出来的，而有些则作为证据或事例起辅助作用。这种分层和分级同样适用于你的喜好和价值观，有些喜好是你不愿意放弃的，而有些价值观可能是不可更改的。

此外，你还会发现有些想法和事实是相互矛盾的。如果是信念上的冲突，这就意味着我们对实际情况的理解有可能是前后不一的，说明我们在什么地方出了错，需要回过头去重新检查一遍。如果是个人偏好和价值观之间出现矛盾，这就意味着我们必须重新考虑哪一边相对来说更为重要。如果某个价值观是不可更改的，那就是说我们必须做好准备放弃另外一个价值观。同样道理，如果我们无法同时满足两个相互矛盾的个人偏好，那么不仅要看这些观点是如何组织的，还要看如何通过改变其结构找到当前问题的不同解决方法。

当然，对有些人来说，即使明确了可以指导我们进行选择的信念、价值观和个人喜好模式，最后也未必能做出更好的决定。

举例：烟民、酗酒者、暴饮暴食者。对很多人来说，一生中总有些时候会按照个人喜好行事，做出一些不仅有违信念和价值观甚至对生命造成威胁的决定，尤其是在涉及高风险行为的时候更是如此。有很多烟民、酗酒者、暴饮暴食者就会一直做出这类决定，即使他们自己也知道这样做对自己健康所造成的严重后果，并且事后很有可能会后悔。实际上，他们中有很多人愿意花钱请健身教练、心理医生和其他专业人士帮助他们做出更好的决定或者干脆替他们做决定。他们似乎被自己的瘾蒙蔽了双眼，看不到长期的后果。

但是对我们这些没有被烟瘾、酒瘾蒙蔽双眼的人来说，这种方法能让我们更容易看出需要做出的决定，尤其是在面对复杂问题的时候更是如此。

4.5.3 趋同因素和趋异因素

如果到了这一步仍未看到任何解决方案，那么你就需要采取更加慎重、明确的步骤进行分析和阐释。

阐释模式和结构：

1. 趋同因素

2. 趋异因素

先看一下这个案例，想一想你会如何着手寻找答案：

举例：卫生监督人员。几年前在加拿大魁北克市，短时间内出现了 50 起相似病例，患者的症状全都一样：恶心反胃、呼吸急促、咳嗽、胃疼、体重下降、出现蓝灰色斑块。所有这些症状都表明是严重的维生素缺乏症，但无法解释为什么会在如此短的时间内出现这么多病例。不仅如此，其中 20 个死亡病例的尸检结果均显示心肌和肝脏都遭受严重损伤，而这两个特点均与维生素缺乏症这一判断不符。

4.5.3.1　趋同因素　首先要做的就是找到每个集合的交汇之处。有些因素之间可能是彼此加强的关系：它们方式相近，或许能提供证据支持某个特定的解释；有些之间相互补充，你会发现当 A 成立的时候 B 也一定成立，二者缺一不可；有些因素之间则是追加和增补的关系。

趋同因素：

1. 加强

2. 补充

3. 追加

举例：卫生监督人员。将有关信息全部收集好以后，卫生监督人员开始从中寻找趋同因素，即所有病例之间的共性，希望能找到病因。最后，他们发现50名患者拥有一个共同的特点，那就是大量饮用啤酒，而且经常饮用加拿大某个特定品牌的啤酒。因此，结论似乎显而易见，疾病和这种在魁北克和蒙特利尔酿造的啤酒之间肯定存在某种联系。

4.5.3.2 趋异因素 在寻找问题的答案和解决方法或者寻找有价值问题的时候，趋异因素通常更有用。

举例：卫生监督人员。为了检验他们根据趋同因素得出的初步结论，进一步弄清楚疾病与该品牌啤酒之间是否存在因果关系，卫生监督人员开始着手调查趋异因素，很快就发现那些饮用了在蒙特利尔酿造的同一品牌啤酒的人并没有出现同样的症状，这表明两个啤酒厂的酿酒流程之间肯定存在着巨大的差异。最后调查结果显示，为了让啤酒产生丰富、细腻的泡沫，魁北克的啤酒厂添加了一种含有钴元素的化合物，而蒙特利尔的工厂则没有这么做。此外，添加这种化合物之后刚过一个月就出现了首批受害者，啤酒厂停用该化合物之后就没再有过同样的病例。

因此，合理的结论是：导致这次疾病的是钴元素。而且这一结论此后不久再次得到证实。美国内布拉斯加州奥马哈市有64位啤酒消费者显示出同样症状，事后查明是因为当地啤酒厂在产品中添加了同样的钴元素化合物。啤酒厂停用该化合物以后就没再出现新的病例。

尽管如此，卫生监督人员仍然保持谨慎的态度，因为啤酒中的钴元素含量并不足以杀死一个普通人，之所以会有这么多受害者（奥马哈 30 人、魁北克 20 人）应该是因为他们饮用量极大，导致他们对这种化合物的抵抗力下降。

如前所述，通过识别、分析重要的趋同因素、趋异因素，最后成功找到了问题的答案。

趋同因素	1. 所有受害者都大量饮用啤酒； 2. 所有受害者都饮用同一品牌的啤酒； 3. 只有饮用啤酒的人受到影响。
趋异因素	1. 受影响的仅限魁北克的消费者，蒙特利尔的消费者未受影响； 2. 适度饮酒者未受影响。

4.6 个案研究

以下案例展示了本地报纸的编辑面临的典型问题，需要决定是否报道某项活动或者某个事件。我们以此为例看一看上述方法是否能够帮助编辑做出决定。

举例：本地报纸的编辑。有人计划当天上午在水流湍急的河段游十六公里，为当地医院即将关闭的儿童病房筹款。此人希望报纸能够报道这次活动，并派一名摄影记者拍摄现场图片。他的赞助商是一家大型超市，这家超市也在报纸上投放广告。编辑必须决定是否报道这次活动。

当然，版面安排取决于当天还有哪些新闻需要报道，不过就算没有这些背景信息，我们仍可从中了解到编辑做决定时所遵循的思路。大部分编辑可能会根据直觉做出决定，但是这些直觉本身就很有可能是上述思维模式熟能生巧以后的“捷径”。

4.6.1 生成观点

第一步是从有关各方的角度出发，了解他们的想法，其中包括当地社区、读者、广告商、慈善机构、报社，他们的想法和观点试列如下：

1. 社区支持那些能够体现人与人之间互助、友善的活动报道；
2. 读者希望看到本地新闻报道；
3. 广告商希望得到正面的宣传；
4. 慈善机构希望活动得到宣传；
5. 其他。

4.6.2 揭示结构

接下来，编辑会将上述信息按重要程度排个顺序。多年来形成的信念、价值观、个人偏好都能帮助她对指导自己做出决定的规范原则进行分级，判断哪些活动有新闻价值，哪些没有。规范原则列表如下：

1. 所有新闻都必须是本地新闻；

2. 永远都要让广告商感到满意；

3. 本地新闻有助于报纸销售；

4. 照片对新闻报道有很大的推动作用；

5. 其他。

编辑拥有多年的记者经验，知道有意思的本地新闻有助于报纸的销售。如果忘记这一点，报刊发行量就会下降。因此，她要遵守的第一个规范原则就是必须报道本地新闻。

上述规范帮助她对信息和观点进行分级，建立起组织结构。如果一条新闻符合所有这些原则，完美契合上述分级结构，那么做决定就是一件水到渠成的事情，否则她就需要进一步了解趋同因素和趋异因素。

4.6.3 趋同因素和趋异因素

寻找趋同和趋异因素就是要将这一则新闻和其他待选新闻进行结构比较。每一则新闻都有它的结构，编辑通过比较发现最符合规范原则分级的那则新闻，那么这肯定是最有利于报纸和发行量的新闻。编辑做出的决定也就反映了趋同因素和趋异因素的重要性。

4.7 结论

本章内容讲述了如何通过分析因果关系了解信息和观点的结构。下面两章内容将围绕概念关系对思维模式和结构进行分析。

5 概念思维：概念分析之二阶思维

如果大学教育只能教授一种本领，那就应该是如何培养学生概念性思维的能力，只有这样才能超越日常普通对话，在保持一定距离的情况下对其进行研究，对我们的思维进行思考。

5.1 二阶思维

这就是二阶思维，也叫“元认知”（metacognition）。我们先放下争论，后退一步问自己：“以这种方法使用该概念我是否看到了其中包含的所有内涵？”“我是否能够将这些观点综合起来，将它们用一个概念来总结，看一看能否发现之前没有看到的东西？”，以及“如果我以这种方式使用该概念，这是否会将我的论证推向自己不想要的方向？”

可惜，几乎没有人在大学里接受过这种教育，我们只能偶尔从一些碎片式的瞬间接触到这些技能，比如教授分析某个概念的时候会将几个观点综合起来，让我们从完全不同的角度看问题。如果当时就知道这些技能多么重要的话，那我们就会留心教授所使用的方法，并在有机会的时候自己进行尝试。

5.1.1 分析

因此，很多大学毕业生甚至对“概念思维”是什么意思都不清楚，更不用说该怎么做了。其中最重要的一点就是要先放下正在使用的概念，后退一步对其进行分析，问一下自己：我们所谓的“权威”“自由”“行贿”等概念到底是什么意思？不过，这只是概念性思维的一个方面，大多数人虽然没有意识到，但实际上已经这么做了。

5.1.2 创建新概念

第二个方面就是创建新概念的能力。各种观点汇集起来以后，因为无法用现有的任何概念对其进行描述，我们就必须创建一个新的概念对其进行概括。

5.1.3 综合

第三个方面就是运用概念对想法和观点进行综合的能力，从而让我们用全新的方法看问题。这项技能是洞察力和领悟力的源泉，能够帮助我们发现之前看不到的事情。

> 概念思维：
>
> 1. 分析概念；
>
> 2. 创建新概念；
>
> 3. 运用概念对观点进行综合。

在本章及下一章里，我们会重点研究第一方面的内容，其余两项内容将放在第 7 章探究。如前所述，我们知道可以通过分析因果关系来揭示想法和观点之间的结构，现在要研究的是另外一种方法，通过概念分析来揭示这种结构。实际上，如果想要弄清观点和想法的组织结构，一般都会涉及概念分析。只有对概念进行分析，你才能看到其中所蕴含的结构。

5.2 什么叫概念?

概念是对特定事物的一般性分类，将具有共性的“所有”事物划至某个观点或原则旗下，比如具有某些特点的所有职业合在一起就被称为“专业”。我们将自己的经验概念化，这个过程就是将具体特定的经验抽象总结成为“概念”。在这些概念或一般分类的背后隐藏着模式，我们以此对实际经验进行收集和组织，进而以某个特定方式看问题。英国哲学家罗素认为：“对共性的认识为‘构想’（conceiving），我们所认识的构想的共性即为‘概念’（concept）。”

5.3 概念对思维的影响

概念所带来的思维模式具有十分重要的意义，但是这一点经常遭到忽视。我们已经看到这些模式让我们有能力解释这个世界、将生活中的不确定性降至可控水平，而概念则是我们做到这些的最有效途径。我们每一次使用概念的时候都是在用过去传下来的经验指导我们未来的行动。从这个意义上说，概念降低了环境的复杂性，让我们更容易做出决定。

概念的作用类似于现代图书馆的分类系统，能够帮助我们在短时间内获得大量有用信息。人类之所以能够生存下来，这一点至关重要，因为对远古时代的人来说，是否有能力在短时间内迅速识别某种猛兽的颜色和动作事关生死，是性命攸关的大事。

举例：保险理赔评估员。在1944年上映的电影《双重赔偿》（*Double Indemnity*）里，由爱德华·罗宾逊（Edward G. Robinson）扮演的理赔评估员告诉老板不应该将一个从列车上坠入铁轨而亡的男人归类为自杀。他迅速过了一遍每种自杀类型的精算证据以及构成这些证据一般分类系统的各种概念，通过这种方式马上就找到了这个人不可能死于自杀的证据。

使用这些有效的思维工具，我们似乎毫不费力地就能对问题做出自己的判断：会计师只要认真研究资产负债表，老师认真阅读学生的论文，律师看一眼案情摘要，记者拿到一份孤立事件的清单，通过概念性思维，他们就能从这些材料中有所发现。

实际上，这既表明了概念性思维的重要性，也表明了概念性思维的危险性。因为这其中所蕴含的创造性思维会让我们想到所有的可能性，不仅仅是事实，还有那些可能存在或者应该存在的情况。我们进行概念性思考的时候会将适用于所有情况（过去、现在、未来）的一般性概念或原理抽象化，并将其从植根于现在的具体环境中剥离出来。

将个性抽象为共性能够帮助我们认识其中的普遍模式，进而通过这种普遍模式预测某种特定行为可能产生的后果。

虽然概念能够将我们从不确定的未来手中解救出来，但同时也会让我们深陷可预测的常规思维中不可自拔。概念能够绕过我们的理性思维，影响我们的行为，让我们的思维列车沿着既定的轨道行驶。

使用概念的时候，我们的视野和视角都会受到很大限制，会用概念对自己的经验进行诠释和组织，会提倡某种行为或态度。概念的核心就是时刻准备着以某种特定方式进行回应，因此我们应该对概念进行认真分析，这样才能知道使用这些概念的时候它们会将我们的思维带往何方。

> 我们需要对自己使用的概念进行分析，这样才能控制概念而不是被概念控制。

以上解释了为什么学习概念分析的基本技能在商界和专业领域十分重要。概念分析能让我们以及供职的单位看清未来需要采取哪些行动，而不是重复过去的做法。公司想要继续生存下去就不能总是用过去的成功经验来指导现在的管理决策。

只关注此时此地就会导致一种错误的想法，认为将来也会和现在一样，于是很容易被困在我们自己的文化里，相信这是我们一直以来的行为方式，过去总是能够带来成功，因此应该继续保持下去。就像管理大师查尔斯·汉迪所警告的那样，用昨天的经验培训今天的人，这是一个巨大的诱惑。公司培训员工的目的不是为了过去，而是为了将来。要做到这一点就需要进行概念性思考，这样才能超越日常的管理思维，站在战略高度思考问题。

概念：

1. 对经验进行诠释和组织；
2. 对重要信息提供即时获取途径；
3. 帮助我们预测行动的后果；
4. 提倡某种行为或态度；
5. 让我们更容易做出决定；
6. 让我们在思考的时候发挥想象力。

5.4 解决难题

我们在认识领域取得的很多重大突破并非因为研究人员拿到了新的数据或者更好的数据，而是源自他们思考的质量和他们创建的概念。在很多情况下，当我们面对难题的时候，是否能够找到答案在很大程度上取决于我们是否能够跳出常规思维和既定概念圈定的那些条条框框。一旦弄清我们所创建概念背后的结构以及思维方式，下一步就能够对其进行操控，形成新的模式和结构，就像猜字谜和做填字游戏那样。

我们一般认为大部分的答案都是逻辑思维过程的结果，但这其实是讲述发现过程的方式，而不是实际发生的情况。在实际操作的时候，我们首先需要拥有分析概念的能力，然后从中创建新的模式和结构，用不同的视角了解世界、组织信息。

新颖的观点来自走出既定的概念以及这些概念所框定的常规思维。

举例：塞麦尔韦斯和产褥热。1847年，维也纳综合医院爆发产褥热。当时所有专业人员得到的信息和数据全都一样，但是只有塞麦尔韦斯（Ignaz Semmelweis）能够在这些零散的信息之间建立起联系，并最终找到了答案：孕妇之所以死亡是因为有肉眼不可见的微小颗粒进入了她们的血液系统。即便如此，和人类历史上诸多重大发现所面临的命运一样，塞麦尔韦斯受到当时同行们的嘲笑，认为这种荒唐可笑的理论近似巫术。当然，我们今天已经将其视为生活常识。

实际上，对不少科学家来说，他们绝大部分的工作时间都用在对理论、概念的思考上。

举例：沃森、克里克和DNA。1953年，弗朗西斯·克里克（Francis Crick）和詹姆斯·沃森（James Watson）共同发现了DNA“双螺旋”结构并因此获得诺贝尔奖。在谈到合作伙伴的时候，沃森表示“一想到我和弗朗西斯一起动手做实验就觉得很好笑”，因为弗朗西斯·克里克非常不耐烦做实验，更愿意把时间和精力用在理论思考上。他是一个难以预测的思考者，经常给人带来灵感，有时会突然陷入沉思，然后一直苦思冥想的某个问题就有了答案。

有一天，沃森和克里克一起乘火车前往牛津。就在列车上，克里克突然有了灵感：

> 他像是想到了什么，于是在手稿的空白处写了起来。我当时不知道他想干什么，于是继续读我的《泰晤士报》。但是几分钟以后，弗朗西斯让我失去了对外部世界的所有兴趣……他画了很多张图，向我解释这个问题有多简单。

一个半小时的旅途结束以后，两个人就已经很清楚下一步该怎么做了。

像这样的例子说明解决问题除了取决于信息的质量之外，思考的质量和使用概念的种类也很重要。我们经常听到有关“信息时代”的说法，知道掌握最新信息的重要性，但实际上更重要的是我们如何使用这些信息。如果我们不能对自己使用的概念进行分析和评估，那就很有可能会在做决策的时候重复过去的错误。

5.5 分析概念

我们现在面临的问题是，对每天都在使用的概念进行分析似乎是一件没有必要的事情,原因显而易见,我们都知道“需求”“隐私”“行贿”“权威”“生活质量”这些词和短语的意思。因此，我们必须学会问自己那个经典的哲学问题：“是这样没错，但是X到底是什么意思呢？”越是每个人都懂的常见词语越是需要问这个问题，通过这种刨根问底式的反思，我们就不会再将这些普通词汇的含义视为理所当然。

第一步就是要认识到词语的含义不止一个，其具体的意思要视上下文或使用目的而定，它们本身并没有特定的含义，因此重点应该放在它们实际和可能的用处上。如果我们去查字典，只会看到别人在特定的上下文里对某个词的解释，就像是抓拍一样，从动态中抓取静态图像，每一幅画面都代表某个概念在特定时间的含义，这些词义曾经发生过变化，而且还在继续变化中。因此我们的任务就是要对概念进行分析，列出它的全部使用方式。

词义取决于：上下文 / 使用目的

随着文化和社会领域所发生的变化，加上使用方法的变化，我们所使用的大部分概念都在不断变化和发展。像“进步”“成功”“奢侈”“必要”“贫困”“繁荣”等概念的具体含义均视使用者的身份以及使用的上下文而有所变化。

举例：贫困。就其“绝对”意义来说，贫困这一概念指没有途径获取食物和永久居所，但是就其“相对”意义而言，贫困的具体含义视人群与情况的不同而有所不同。在有些国家，如果一个家庭没有彩电、冰箱或者第二辆汽车，即可被称为“贫困”。从这种意义上讲，如果一个人无法保持其所属社会阶层典型的生活舒适水平，就会被认为是“贫困”人口。

5.6 封闭式概念与开放式概念

5.6.1 封闭式概念

尽管如此，对有些概念进行分析以后，你会发现它们的具体含义与字典上的解释相差无几，我们称之为“封闭式概念”，其含义通常很少发生变化，意思也明确无误，并不具有含糊性。比如“自行车”“单身汉”“三角形”这些词语的含义结构均受逻辑必然性的制约，我们在对这些词语的词义进行解释的时候通常会遵守特定的传统和规范。因此，如果你说“这辆自行车有一个轮子”或者“这个三角形有四条边”，那么所有人都会认定你犯了逻辑错误。当我们根据传统和规范使用这些概念的时候，实际上我们就是在用特定的方式认识和了解这个世界。

封闭式概念：其结构受逻辑必然性的制约。

5.6.2 开放式概念

开放式概念与封闭式概念刚好相反，我们对这个世界的体验塑造了这些概念的具体内容。这种概念的含义不像封闭式概念那样受既定规范的制约，因此也就无法通过查字典这种方式获取其具体含义。它们的意思根据我们不断变化的经验而发生变化，就像上面所说的“贫困”这一概念一样，其含义随着文化背景和时代的变化而变化。

封闭式概念与开放式概念：

1. 封闭式概念受既定规范的制约，而开放式概念则随环境和体验发生变化；

2. 封闭式概念定义了我们认识和体验的方式，开放式概念则由认识来定义。

因此，我们关注的重点并不是词语和词义，而是词语所处的语境和上下文。如果我说那位透析病人“生活质量很差”，虽然你知道这个句子是什么意思，但还是会问“你所说的‘生活质量很差’到底指什么？”尽管明白这个短语的意思，但其作为概念的具体含义仍有待明确。

举例：家人。这个词的意思不难理解，但是作为概念的“家人”含义却不是一成不变的。在有些国家和文化中，“家人”以及与之相关的其他概念，如“叔叔”和“阿姨”，其含义相对固定，不会产生歧义，仅指有血缘关系或姻亲关系的家族成员。但是在另外一些国家和文化中，这些概念的适用范围则较为广泛，除了亲属关系之外，还延伸至上一代家人的老朋友。

这反映了在不同文化以及不同的社会发展阶段普遍盛行的社会实践也有所不同。在流动性较为有限的乡村社会里，狭义概念较为通用；相反，在一个经历快速工业化进程的地区，社会流动性较大，到处都是新兴社区，“叔叔”“阿姨”这些词汇就会经常用于称呼孩子父母的好朋友。一对年轻的夫妇如果远离故乡，在其他城市定居下来，他们就会希望重新构建大家族所带来的那种稳定感和安全感，让身边亲近的朋友担当孩子们的“叔叔”和“阿姨”。

有些开放式概念相比之下更为开放一些，虽然名称并未改变，但实际上已经不再具有原概念的核心要素。

举例：游戏。哲学家路德维希·维特根斯坦（Ludwig

Wittgenstein）在其代表性著作《哲学研究》（*Philosophical Investigations*）中对“游戏”这一概念进行过分析，最后得出一个结论：所谓游戏并无一定之规，没有什么普遍适用的核心特点。有些游戏具有某些共同的特点，但是这些特点并不适用于其他游戏。有些游戏是竞争性的，有些却可以一个人玩；有些游戏需要技巧，有些则只需要运气。他认为“所有游戏的共同点和相似之处纵横交错、相互重叠，构成一个复杂的网络”。

你可以自己试一下，将能想起来的游戏全都列出来，然后找出所有游戏都具有的共同特点。谁知道呢，说不定你比维特根斯坦厉害，能成功解决这个难题。

5.7 结论

概念具有一种秘而不宣的特点，其蕴含的一整套设定能够左右我们的思维，让我们在无须做出慎重选择的情况下就以特定的方式想问题、做事情。因此，我们必须学会认真分析概念，这一点十分重要。下一章我们将通过简单的几个步骤培养这方面的能力。

6 概念思维：概念分析之“三步法”

可能会有不少本书的读者认为研究抽象概念是知识界和学术界的事情，不属于各行各业专业人士应该钻研的课题，但实际上所有人在工作中都会用到概念，都需要对概念进行分析。商人需要寻找商机，广告商为了推销客户的产品需要寻找新的营销手段，工程师需要取得突破性的设计方案或发明创造，他们全都需要通过分析概念更好地迎接工作上的挑战。

新的概念每天层出不穷，为了满足人们不断变化的需求，各行各业的专业人士需要不断推出新的产品、新的服务。我们过着忙忙碌碌的生活，每天很多时间都在路上，因此需要与他人时刻保持联系，于是移动电话应运而生。接着有人坐下来认真分析移动电话这个新概念，了解这其中蕴含着怎样的商机。越来越多的人将“移动”这个概念与传统领域结合起来，其中包括广播、电视、电脑、电话等，催生了数以千计的新产品。

举例：房地产经纪人。当房地产市场不景气的时候，为了继续生存下去，身为房地产经纪人你可以对“房地产经纪人”这个概念进行分析，研究是否有办法改变它的结构，让你有机会开辟新的商机。你很有可能从这个过程中发现机会，进入之前没有注意到的租房市场或者房地产管理领域。

概念思维对所有人都有影响，而不仅限于商界人士。如果想要成为一名优秀的教师、护士、牙医、验光师或物理治疗师，你就必须和大脑里既定的专业角色保持一定距离，后退一步问自己：“这个专业领域的人应该做些什么？我是否还能为患者或客户多做些什么？”

举例：本地医生。第三章曾经提到过本地医生这个概念并非一成不变，会随着时间的变化而变化。如今，本地医生不仅负责治疗身为个体的患者，还肩负着社区疾病防治的责任，具体任务包括推广健康的生活方式、监督政府的规划和决策、反对影响本地社区环境的规划项目。

不论你从事什么样的工作，都会有一些核心概念，想要做好这项工作就必须经常对这些概念进行思考。护士、医生以及医院的管理人员都必须明确“患者护理”“生命质量”“患者自主权”等概念。教师必须明确“注意义务”这个重要概念，必须知道它的适用范围。记者和编辑应该知道“隐私”和“公众利益”这两个概念的意思，知道到什么程度的时候就不能再用其中一个作为借口去侵犯另一个概念。

举例：教师的“注意义务”。如何在有限的预算条件下履行自己的职责和义务，这似乎是全世界每个国家的教师都会面临的问题。过去几年内，不少商业机构都发现了这个问题，将其视为向下一代消费者进行商业推广的好机会，向学校提供各种形式的资助，提高教育质量。像埃克森这样的大企业选择向学校捐赠教材，另外一些公司则会捐赠自动售货机等设备，以增加其品牌和产品在校园的曝光率。

但是，到底什么叫教师的“注意义务”？其边界在哪里？教师有责任保护学生免受身体上的伤害，那么智力上的伤害呢？如果商业机构想要说服学生去相信的那些东西或许并不是真的，或者商业机构通过诉诸情感、情绪等手段绕过学生的理智，让他们无法对听到的一切进行理智的判断，那么教师是否有责任保护学生不受这些影响呢？

美国消费者联盟对两百多份赞助教材进行了评估，发现将近80%的教材包含“带有偏误的信息或者不完整的信息，这些信息均提倡消费或者使用赞助商所提供的产品或服务，均站在有利于赞助商或其经济计划的立场上”。

6.1 概念分析“三步法”

由此可见，不论从事什么样的工作，我们都需要培养这种能力，对概念进行分析并从中认识观点的内在结构，然后才能在此基础上进行调整和修改，最后找到问题的解决方法。接下来，你会学到一种简单的“三步法”技巧，可以在日常的工作中使用。阅读以下内容的时候，你可以思考自己工作中的一些概念，比如“贿赂”“权威”“隐私”“需要”“注意义务”等，然后问自己：“这个概念是什么意思？”

6.1.1 第一步：收集典型例子

首先，需要花点时间收集证据，比如说五六个你在日常生活中如何使用这个概念的例子，尽量做到每个例子都有很大的不同，这样才能透过差异看清其本质上的相似之处。

> **举例：权威。**如果你是一名律师或陪审员，在法庭上听被告人为自己辩护，说他之所以采取暴力行为是因为必须拥有号令社区的权威才能解决争端、维持秩序。你对此怎么看？

为了更好地分析“权威”这个概念，清楚地理解被告的辩护词，你需要更多实际例子，看一下这个概念在你的家庭、社区、社会以及你上过的各大中小学校是如何使用的，其中很有可能会涉及权威人物，包括警察、教师以及其他人，他们全都有权利、有影响力让你去做自己不想做的事情。

6.1.1.1 我是如何使用这一概念的？ 如果你想不出什么合适的例子，请问自己三个问题。第一个问题就是“我是如何使用这一概念的？使用这个概念的方法是否不止一个？”如果你的答案是肯定的，那接下来要做的事情就很明确了。你需要探究每一种使用方法，弄清楚其中所蕴藏的内涵。在很多情况下，我们对概念的使用方法能够明确指向该概念的不同含义。举例来说，“权威”这一概念有两种不同的使用方法，如果某人就职于“权威”机构，那我们就会说此人拥有“权威”。

举例：自由。“自由”这一概念也同样如此。在英语表达中，我们经常会说自由就是“摆脱”（free from）某些事情，如各种形式的压迫和约束。我可以通过吃止疼药“摆脱”病痛的折磨，一个政治犯可以“摆脱”牢狱生活重新获得自由。这两个例子都从反面说明“不自由”就是受某些东西的束缚，前一个例子是病痛，后一个例子是监禁。

如果从正面表达这一概念或许更好理解一点。我们经常会说，如果有个朋友意外得到一大笔钱，那他就拥有了财务的自由，可以回去读大学，可以买自己的房子等。政府也可以这样使用“自由”的概念，说将资金投入教育就能让更多人拥有就业的自由，能让他们获得梦想成真的自由。

6.1.1.2　我用这个概念指什么？　如果第一个问题没有太大用处的话，那就接着问第二个问题：“我用这个概念指的是什么？”这就意味着你需要回忆一些简单的日常场景，说话的时候会在什么地方使用像“权威”这样的词。当你使用“贿赂”“隐私”“需求”这些词语的时候，你都是在指什么？

6.1.1.3　这个概念与其他相似概念有何区别？　为了帮助你进一步弄清某个概念的含义，你可以问自己第三个问题：“这个概念与其他相似概念有何区别？”以“贿赂”为例，它与“佣金”“礼物”“小费”“奖金”有何区别？

当我使用“权威”这个词的时候，它与“权力”“武力”“合法性”“影响力”有何区别？

> 问自己三个问题：
>
> 1. 我是如何使用这一概念的？使用方法是否不止一个？
> 2. 我用这个概念指什么？
> 3. 这个概念与其他相似概念有何区别？

6.1.2　第二步：分析典型例子

现在就可以用这些例子创建你的概念了，就是用概念性思维技能将具体抽象成一般。换言之，你需要识别不同例子中的普遍共性，将其分离出来，然后集合在一起构成概念。这种事情实际上我们全都知道该怎么做，但要我们解释如何做到却十分困难。

就其本质而言，这是一种简单的模式认知。通过识别每一个例子所包含的普遍特点模式，我们就能找出藏在所有例子背后的那个概念。举例来说，对七个例子进行分析以后，你会发现其中四个具有相同的核心特点，而其他三个则不具备这些特点。这没有关系，你将四个相似的例子放在一起，用它们创建概念，然后再用剩下的三个例子对该概念进行验证即可。

> 创建概念之识别模式：
>
> 1. 识别例子中的共同特点；
> 2. 将它们分离出来，然后将其集合起来形成概念。

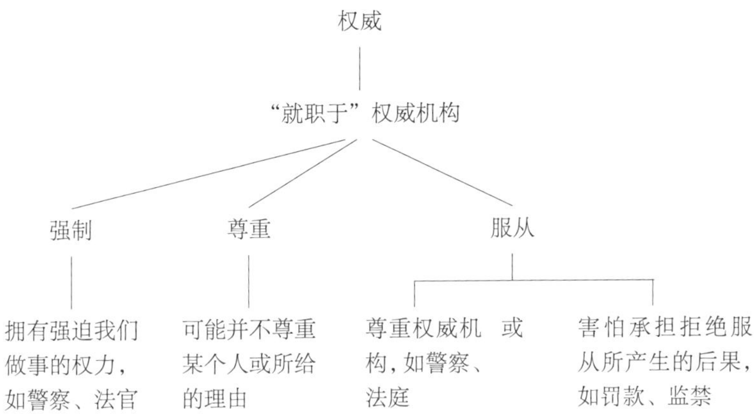

结构 1

举例：权威。通过例子，你可能会得出这样的结论：认为我们谈论的是“就职于”权威机构的人，比如警察或法官等。在这种情况下，我们会用“权力”这个词来形容有能力强迫我们去做自己不想做的事情，警察就拥有这种权力。如果某人“就职于”权威机构，那我们尊重的很有可能并不是这个人，也不是他们命令我们做事的理由，而是他们所代表的那个机构。我们选择服从他们的命令或许只是因为害怕承担拒绝的后果。警察手里掌握的权力会对我们产生严重影响，甚至包括剥夺我们的自由。

6.1.3 第三步：检验你的概念

大部分情况下，你会发现大体的结构是对的，但有些细节可能弄错了，或者没有发现一些细微的差别。因此，在对概念进行检验的过程中，你会发现有些特点是必不可少的，有些则是附属性的。

这个过程会帮助你加深对核心特点的认识和理解。

你只需通过简单的几个步骤就能做到这一点，目标是通过思维实验对概念进行验证：首先用边缘案例对其进行验证，其次用对比案例进行验证，最后用存疑案例对其进行验证。这些步骤能够帮助我们进一步精炼所得到的概念，最终得到正确的理解。

6.1.3.1　边缘案例　首先，面对你总结出来的概念，在脑子里想象一个边缘案例，即并不是完全贴合概念结构的例子。边缘例子有可能缺少结构中的某项因素，也有可能具有结构中没有的因素。然后对这些因素进行分析，最后会发现它们还是符合概念结构的。通过这种方式，你有可能会发现原来的概念在形式上有所延展，新发现的因素也符合其结构模式。当然，也会出现相反的情况，你考虑了所有的可能性，但是边缘案例与概念不符，那就意味着你需要修改原来的概念模式，将这种情况也包含在内。

举例：权威。拦路抢劫犯、本地帮派头目或者上文中声称自己对街道、社区具有管辖权威的被告都属于“权威”这一概念的边缘案例，因为他们都能用和警察、法官同样的方式通过武力或威胁强迫我们做事。但是他们虽然具有同样的权力，将其称为“权威”似乎并不恰当。

这就意味着权威并不等于拥有权力，被告不具有通常意义上的“权威”，不能像警察那样命令我们做事，因为警察是由议会或市政机构的代表任命的，而议会与市政机构的代表是我们通过选举产生的。因此，这些代表机构及其正式任命的警察具有民主合法性。

这样的验证有三种结果：确认边缘案例不属于概念案例的范畴、属于概念案例的范畴且符合你所得到的结构、属于概念案例的范畴但不符合你所得到的结构。如果是第三种情况，这就意味着需要调整你的结构。不论是哪种情况，你都对结构的一些重要特点进行了确认。

举例：权威。在以上例子中，边缘案例与结构并不完全相符，因为少了一个重要的特点。被告虽然拥有强迫别人做事的权力（power），但是他并不具有这方面的权威（authority）。换言之，他没有权利（right）这么做。因此，该验证过程排除了这样一种情况，即权威表面上看起来像是有权力让别人去做但自己不愿意做的事情。

6.1.3.2 对比案例　经过上述验证以后，你可能变得更有信心，认为这次大概没错了。现在，真正严峻的考验到了。在脑子里想象一个与概念形成鲜明对比的例子，这个例子明显不符合概念的结构范畴，不具备你所得结构中的一个或者多个核心特点，然后用这个例子对你的机构进行验证，看是否需要对结构的各部分组成及其相互关系进行调整。

举例：权威。权威所拥有的并不仅仅是权力（power），为了明确这个概念的其他核心特点，我们必须将其与不符合一个或以上核心特点的例子进行比较。

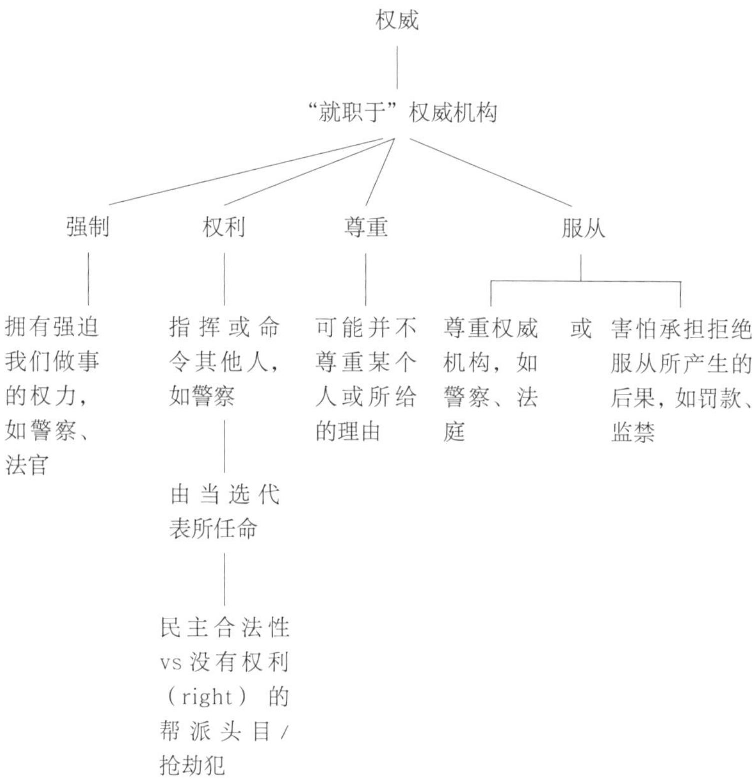

结构 2

举例：艺术品收藏家。以一位经验丰富的艺术品收藏家为例，她在艺术品收藏这个领域里是权威，因此我们可以说她的见解具有说服人的力量，但实际上她并不需要诉诸武力强迫我做任何违反自己意愿的事情。我们“尊重”她的观点和建议，但是这种尊重和被告在法庭上说的“尊重”不是一回事，因为后者的本质更像是畏惧，而不是我们对经验丰富的艺术收藏家所表现出来的这种尊敬。

1. 权力（power）与力量（force） 尽管如此，该艺术品收藏家并不具有能够使人就范的“权力”和“力量”，我们说她“具有说服人的力量”，这里的力量是辩论和观点的力量，说明她有能力说服我们去做之前没想过要做的事情，她所使用的方法是将具有说服力的理由摆在我们面前。通过这种辩论的力量以及说服人的能力，她可以让人自觉自愿地服从她，无须使用威胁和武力，因为她所具有的权威是她自己用专业知识和经验赢得的。

2. 权利（right） 我们可以说她所赢得的权威是她的一种权利，但是这种“权利”不同于警察所拥有的权力，因为后者不是赢得的，而是权威机构所“授予”的。艺术品收藏家所具有的权威和当选代表所拥有的权威也有所不同，前者的权威是其通过学习和努力工作所赢得的，而后者则是通过参加竞选和得到选民支持所获得的，二者均因赢得尊重而具有权威及合法的影响力。

到了这一步，你会发现对自己的概念已经有了非常深入的认识，并且找到了一两个原先概念分析中不是非常清晰、明确的特点。

6.1.3.3 存疑案例 以上两项验证帮助你看清了概念的核心特点以及定义其相互关系的结构，如果你对此仍然不确定的话，可以再用其他对比案例进行验证，不过这种情况很罕见，一般不是非常必要。

接下来就可以进入下一个阶段，验证概念核心特点的实际应用后果，想象出一些后果难以接受的案例，然后分析是这些案例不属

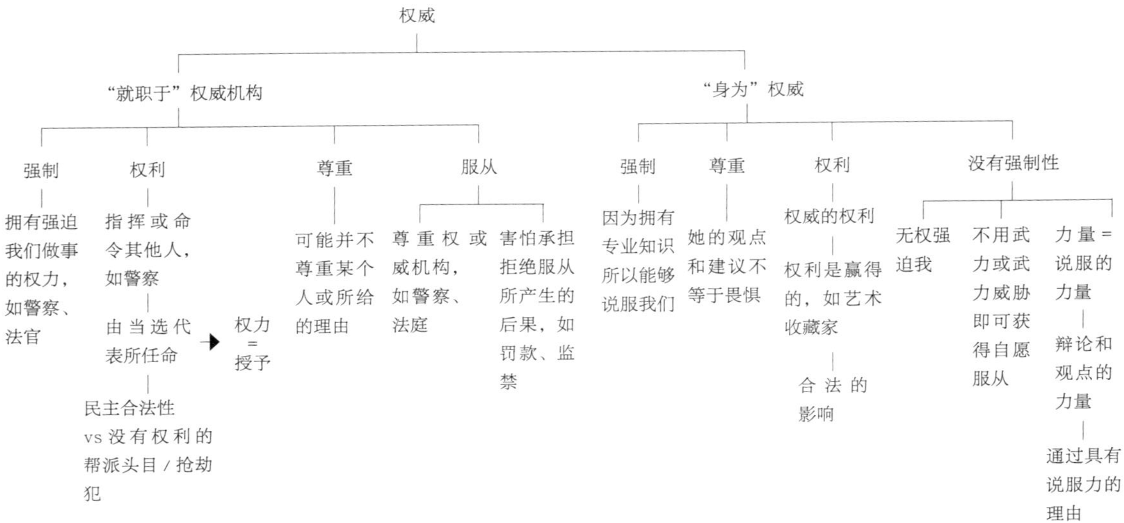
权威
“就职于”权威机构
“身为”权威
强制
拥有强迫我们做事的权力，如警察、法官
权利
指挥或命令其他人，如警察
由当选代表所任命
民主合法性 vs 没有权利的帮派头目 / 抢劫犯
权力 = 授予
尊重
可能并不尊重某个人或所给的理由
服从
尊重权或威机构，如警察、法庭
害怕承担拒绝服从所产生的后果，如罚款、监禁
强制
因为拥有专业知识所以能够说服我们
尊重
她的观点和建议不等于畏惧
权利
权威的权利
权利是赢得的，如艺术收藏家
合法的影响
没有强制性
无权强迫我
不用武力或武力威胁即可获得自愿服从
力量 = 说服的力量
辩论和观点的力量
通过具有说服力的理由

结构 3

于概念案例的范畴还是我们遗漏了什么东西。

和前两个步骤不同的是，我们在这个阶段不是要寻找核心特点，也不是要剔除某些特点。我们现在手上已经掌握了某个概念的核心特点，也弄清了这些特点之间的相互关系（这种相互关系定义了这个概念）。这个阶段的目标是要进一步明确概念分析中的各种区别，以便对概念的核心特点及其之间的相互关系有更加清晰的认识，对其中的区别拥有更加深入细致的理解。

举例：年长者。社会上某些类别的人群也拥有同样的合法影响力，如社区里的年长者，但这种影响力并不是像警察那样由权威机构所赋予的，也不是像艺术收藏家那样的权威人士通过专业知识和经验所赢得的，而是通过其他途径得到的。年长者之所以能够得到他人的尊重，这是因为他们拥有丰富的经验和岁月带来的智慧。有些人则是以个人品质以及正直诚实的名声赢得了大家的尊重，让我们愿意听取他们的建议，希望得到他们的支持。

1. 道德理由　我们可以说，服从此类权威具有很好的“道德”理由，并且相信这么做完全是出于个人的自由意志。但实际上，当我们服从就职于权威机构人士的命令时，并不一定出于道德理由，不一定是在尊重这些个人，而是因为知道服从是最谨慎、周到的做法，否则就有可能会遭到某种形式的制裁和惩罚。面临这样的威胁，即使违反自己的意愿我们也会服从他们的命令。

2. 被迫 / 责任与义务　如果帮派头目或抢劫犯威胁说要伤害我们，那我们就很有可能会“被迫”服从。但是“被迫”不等于“有义务”

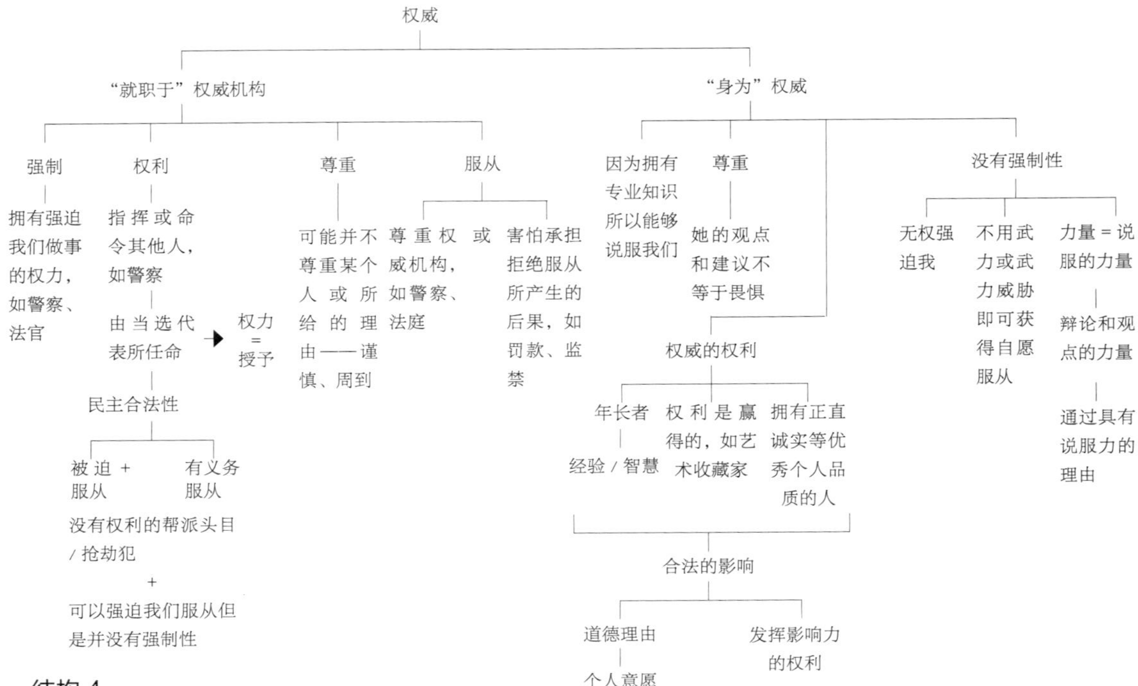

权威
“就职于”权威机构
强制
拥有强迫我们做事的权力，如警察、法官
权利
指挥或命令其他人，如警察
由当选代表所任命
权力＝授予
民主合法性
被迫＋服从
有义务服从
没有权利的帮派头目/抢劫犯
＋
可以强迫我们服从但是并没有强制性
尊重
可能并不尊重某个人或所给的理由——谨慎、周到
服从
尊重权威机构，如警察、法庭
或
害怕承担拒绝服从所产生的后果，如罚款、监禁
“身为”权威
因为拥有专业知识所以能够说服我们
尊重
她的观点和建议不等于畏惧
权威的权利
年长者
经验/智慧
权利是赢得的，如艺术收藏家
拥有正直诚实等优秀个人品质的人
合法的影响
道德理由
个人意愿
发挥影响力的权利
没有强制性
无权强迫我
不用武力或武力威胁即可获得自愿服从
力量＝说服的力量
辩论和观点的力量
通过具有说服力的理由

结构 4

服从，因为这些威胁的背后并没有任何权利作为支撑。艺术品收藏家通过年复一年的研究和实践赢得了让人自愿服从的权利，警察虽然作为个人没有赢得这种权利，但是被我们所选出的代表赋予了合法的权威与权利。同样道理，我们也可以说年长者以其多年来积累的经验赢得了同样的权威以及发挥影响力的权利。

一般结构：概念分析“三步法”

做法	目的
第一步：列出例子 列五六个典型且尽可能不同的例子	提供能够说明相同点和不同点的材料
第二步：进行分析 识别模式：分析一般特点及其相互关系	形成假设：概念原型
第三步：验证 1. 边缘案例 将概念与边缘案例（缺少结构中的某些特点或者具有结构中没有的某些特点）进行比较	识别结构中有哪些特点是偶然、次要和附属的
2. 对比案例 将概念与缺少结构中一个或以上核心特点的例子进行比较	识别核心特点及其相互关系
3. 存疑案例 对核心特点进行验证，通过研究某些难以接受其实际应用后果的案例明确是否有遗漏	进一步明确分析中的各种区别，以期对核心特点及其相互关系有更加清晰的认识

如上所述，我们在每一个步骤都特意提出一些难以回答的问题，用以检验及改善最初分析中所做的各种区别。上表明确列出了这三个阶段，你可以在实际工作中对其加以应用。

6.2 结论

我们的思考过程在大部分时间里都受常规思维与直觉的控制。但是要回答其中最难的那些问题、要做出重大的战略决策，就不能仅凭常规、本能的反应，必须对问题所涉及的主要概念进行分析，通过主观努力，借助想象力的帮助，一步一步地使用分析技巧，才能最终揭示那些核心议题。在有些情况下，经过这个过程以后，问题的解决方法就会变得清晰起来。如果还是不行，那就可以带着所得到的概念结构进入本书第三部分所述的下一个阶段，继续寻找问题的解决方案。

概念分析“三步法”这一技巧使用过几次以后，你就会发展出属于自己的“捷径”。不过必须记住，一定要对平时习以为常的概念进行真正意义上的思考，不要让常规思维模式控制你的思考。历史上富有创造力的思想家至少有一个共同点，那就是有勇气质疑那些他们自己和其他人早已接受了的观点，不论这种质疑的声音有多么令人不安和困惑。他们那些才华横溢的观点和答案通常并非来自新证据，而是通过改变他们所使用的概念或者改变使用概念的方式而获得的。

7
概念思维：综合

我们的思考大部分内容都是从一般到特殊、从抽象到具体，并用这种方法对事物进行解释。前两章的内容就是这样的，我们对概念进行分析，找出其内在的观点模式，了解这种模式如何帮助我们更好地理解想要解决的问题。

现在，我们要往相反的方向走：从具体到抽象。如果说从抽象到具体能让我们找到万事万物的解释，那么从具体到抽象就能让我们更好地理解这些解释。从具体到抽象有两种方法，一种是在具体的观点和事实基础上创建新概念，一种是用现有的概念对具体的观点和事实进行综合。

这也是我们在第五章里提到概念性思维时除了分析之外的另两项内容。当各种想法汇聚在一起形成组合的时候，我们发现无法用任何现有概念对其进行描述，因此必须发明一种新的方式来表示这种结构的观点。有些情况下，我们可以用一种全新的方式使用现有的概念，认识身边的事物和现象，得到之前没有发现的新见解。

概念思维：

1. 分析概念；

2. 创建新概念；

3. 用现有概念对观点进行综合。

我们将在本章学习如何将这一技能用于常规思考以及如何将其纳入自己的思考习惯，其中有些方法和第四章中提到的方法类似，不过本章所揭示的并非因果关系，而是逻辑关系。相似的地方包括：寻找趋同因素和趋异因素，这些因素之间的关系是相互补充或者相互加强，区别仅在于它们在概念上的关系不是原因和结果，而是逻辑相关。

7.1 创建新概念

和其他思考过程一样，创建新概念听上去好像很复杂，要求很高，但实际上却是普通人几乎每天都在做的事情。不论是思考如何用新颖方式推广产品和服务的公关人员和广告人，还是开发新产品和新服务的发明者和设计人员，比如有人第一个想到可以在互联网上创建网站帮助人们交友，归根结底他们实际上都是在设计、创建新概念。这一切均适于个人行为，然后推而广之，从特殊到普遍。我们从中可以发现一般性的规律和模式，并由此预测某个行为可能产生的效果。

举例：电影《*2001* 太空漫游》（*2001: A Space Odyssey*）。这部由斯坦利·库布里克（Stanley Kubrick）执导的电影于 1968 年上映，并于次年获多项奥斯卡金像奖提名。影片开始有这样令人胆战心惊的一幕：有个猿人从一具惨白的动物骨架上抽出一根骨头，然后狠狠砸向头骨，将它砸得粉碎。接下来画面定格在这个猿人身上。只见他用两只手将那根骨头高高举过头顶，这形成了一个概念，这已经不再是一根砸碎头盖骨的骨头，而是一件能够敲碎所有敌人头骨的“武器”。

7.2 用概念对想法进行综合

创建新概念的时候，我们通常很容易就能认识到这是自己的成果，相比之下，用一个概念将几个想法综合起来的成就感就没有这么明显。没有人刻意向我们传授这些技能，虽然大学一般都是基于这些技能对学生进行评估的。实际上，我们都是捎带着学习这些技能的，只有那些具有敏锐观察力和感知力的人特别留意才会意识到它们的存在。

举例：文艺复兴研讨会。我在读大学期间只记得一次这样的情况。那是在一次有关文艺复兴的研讨会上，大约有十个学生参加了此次活动。主持研讨会的是两名教师，其中一位是这个领域颇负盛名的学者。在开始的一个小时里，这位学者一言不发，只是认真地听我们发言。讨论进行到一半的时候他才加入进来，并对我们提出的观点做了黑格尔式的阐释，将我们的想法归纳为四种不同的观点。

换言之，他从19世纪德国著名哲学家黑格尔提出的概念出发，让我们对自己正在讨论的议题有了全新的认识。这给我们带来了很大的感悟和洞见，虽然我当时完全不知道发生了什么，更不知道自己怎样才能做到这一点。

将一系列观点用一个概念来总结，或者将几个不同的概念综合起来，这些都能带来全新的认识，让我们从一种新的角度看问题。在第三章里，我们谈到过概念的组合，如将“内向”“外向”与“内敛型思维方式”“发散性思维方式”两两配对，就能产生常规及可预见反应之外的有趣组合。用这种方式综合各种观点即可得到“具有发散思维模式的内向性格”“具有发散思维模式的外向性格”“具有内敛思维模式的内向性格”和“具有内敛思维模式的外向性格”四种类别，让我们有机会看到以及解释各种可能出现的情况。

举例：酒店宾客。前文提到过康奈尔大学酒店宾客的研究项目，研究人员将住客划分为四个类别，提出了四个概念：“满意”“不满意”“下次还会入住者”和“下次会更换酒店者”，两两组合之后得到四个结果：“满意且下次还会入住”“不满意但下次还会入住”“不满意且下次会更换酒店”和“满意但下次会更换酒店”。如果仅凭常规思维和直觉进行判断的话，一般不会想到还有“不满意但下次仍会继续入住”和“满意但下次不会入住”这两种情况。因此，这种方法能够产生各种有趣的想法，能够很好地帮助我们做出选择和决定。

同样重要的是，这不仅让我们得以拥有新的见解和看待问题的不同方式，还提供了一整套结构化的可控任务与提问，让我们可以着手解决问题及寻找答案。不仅如此，这种结构还可进一步细分为二级任务与问题，引导并推动我们不断思考。

7.3 概念管理及思维模式三原则

我们的问题是背负了太多包袱。几乎每个人都知道不少科学家的传奇故事，说他们是怎样取得突破性的成就、如何有了那些惊人的发现，似乎一切都有迹可循、一切都符合逻辑。但实际上，这种叙事完全不符合现实的思考过程。

如果稍加思考你就会发现，这种理性化的科学方法所反映的是科学家们应该做什么，而不是他们实际上做了什么。英国生物学家梅达沃认为，这种观点只不过是在大幕拉起以后我们选择想让公众看到的亮相“姿态”，它之所以具有逻辑性，只是因为当我们思考告一段落以后回望过去的时候“看上去如此”。他认为思考实际上更加倚重想象力和直觉。

尽管如此，这并非意味着我们无法认识思考的过程、无法学习思维技能提高自己的思考能力。对概念进行管理的方式以及思维模式遵循三个基本原则，其中第一个我们已经有所了解，其余两个则点明了我们综合、创建新概念的方法：

1. 知识是通过结构或模式这种形式表达出来的；

2. 模式之间是竞争关系，经验会让有用的模式得到加强，让不那么有用的模式变弱；

3. 已有模式组合之后会产生新的模式。

这三个原则解释了我们是如何产生新想法并最终找到难题的解

决方法，这些难题中包括人类历史上最伟大的科学发现：牛顿和树上掉下来的苹果、凯库勒和苯环结构、爱因斯坦和狭义相对论。

如第一个原则所述，我们将知识组织成稳定的模式（以概念的形式表现出来），每当遇到问题的时候，我们都会在这些模式中进行搜寻，看面前是不是有证据显示存在某种模式。

举例：文艺复兴研讨会。在我参加的那次文艺复兴研讨会上，老师之所以使用黑格尔的那些概念就是因为他从我们的讨论中发现了一种模式，这种模式和黑格尔所使用的模式有很多相似之处，他认为这能让我们对问题有新的认识。

实际上，我们在做填字游戏或听到一个笑话的时候也是这么做的。我们首先会将其内在的观点模式进行比较，如果没能解决问题就会根据后两个原则对观点进行综合处理。认识到模式之间存在的相似之处以后，我们会将其进行组合或者修改，用以解释面前的证据或从已有的模式中创建一个新概念。

7.4 具体方法

如前所述，人类的大脑并非天生就具有创造力，我们只能看到那些事先准备好要看见的东西。拥有直觉和预感的人不仅注重身边发生的事情，也注重自己的想象力。这是基于事实的猜测过程，而不是天马行空、不受任何限制的创造。

但这同时也意味着我们在处理所有相关事实的时候看不到它们之间的相互关系模式，因此也就无法找到解决办法，因为从既定的思维模式看来，最终的答案很有可能表面上看起来毫不相干，会被我们完全忽视。从这个意义上说，是否能够解决问题取决于我们是否有能力看到事物之间潜在的联系。

举例：塞麦尔韦斯与产褥热。1847年，塞麦尔韦斯开始在维也纳综合医院寻找产褥热的发病原因。当时产妇的死亡率创下历史新高，但是没有人知道如何治疗或者控制产褥热。

传统观念认为导致产褥热的原因有内在和外在两个方面。外部原因是当时维也纳综合医院里瘴气盛行，因此与在家分娩的产妇相比，住院产妇的死亡率高出很多。内部原因是因为瘀滞无法通过子宫排出而在体内积聚起来，从而导致腹膜炎。

但是这两种解释均与事实不符，因为没有怀孕的女患者也会得这种疾病，塞麦尔韦斯有个病人在住院切除子宫颈肿瘤后发烧并死亡。在维也纳综合医院，医生病区的产妇死亡率是助产士病区的五倍，因此瘴气理论也说不通，否则很难解释同一家医院为什么两个病区的死亡率会有这么大的差别。

要回答这个问题到底该从哪里入手呢？当时既没有相关的理论，也没有可用的其他概念，只有塞麦尔韦斯掌握的那些事实，如果是你的话会怎么做？如何从已知的事实中找出一个可以解释这些事实的假设？你会寻找哪些事实？会用哪种模式对这些事实进行组织？仅凭事实本身并不能得出任何理论，我们必须对这些事实进行处理，创建一个模式来解释它们并最终解决问题。

我们在第四章里学习了如何用简单的步骤来揭示各种想法之间

相互关系的不同模式，这里的一些步骤与因果思维类似，区别就在于概念思维的重点是要揭示各种想法之间的逻辑关系模式，而不是因果关系模式。

其实我们在日常生活中也会运用类似的步骤，只是没有进行系统的应用。我们的思考受一系列假设和直觉的指引和控制，而这些假设和直觉就是这种概念思维的捷径，我们对系统性的步骤进行了精简和凝缩，同时更加倚重本能和经验。问题是经验通常会将我们引向常规思维，做出糟糕的决定。

7.4.1 列出所有事实

首先，我们需要将有关这个问题的所有已知事实全部列出来。我们经常会想当然地认为自己什么都知道，觉得没有必要将自己知道的事情专门列出来。正因为如此，我们无法穷尽所有的可能性。正如第一章里说过的那样，我们需要对自己的思维进行重新编程，要用天真的态度进行思考。有些人之所以能够冲破传统的藩篱取得惊人的成就，他们的秘诀就是对人们最司空见惯的常识提出疑问。在旁人看来，他们所提出的这些问题看上去十分无足轻重，完全没有必要。

> **举例：哥白尼与伽利略。**这方面最著名的例子就是哥白尼和伽利略对地心说提出的质疑。17 世纪的时候，人们普遍认为是太阳绕着地球转，对这一“常识”提出疑问是十分荒诞的事情，因为当时的人们认为所有证据都表明地球是静止不动的，而太阳一直都在运动。

在哲学领域，这种质疑会迫使我们去思考一些最基本的问题，而这些问题会颠覆之前的理论，重塑我们对这个世界的认识。

举例：经验主义（实证主义）。经验主义者认为我们关于外部世界的知识全部来自感官。英国哲学家约翰·洛克（John Locke）认为这种感官数据源自物质实体，这看上去是个显而易见的常识，但贝克莱主教（Bishop Berkeley）却不这么想。他对人类是否能够通过感官获取有关物质实体对知识提出了质疑，认为我们所知道的仅为感官数据，只不过是人类大脑里的想法，除此之外我们无法感知任何实体的存在，比如桌椅，只知道它们的颜色、形状、质地、气味和味道。如果我们因此得出结论说桌椅是物质实体，那就是超出了感官证据的范围，是在实证证据范围外做出推论。

洛克对我们司空见惯的常识提出了质疑，而大卫·休谟（David Hume）则更进一步，提出人类不仅不能感知和证明物质实体的存在，也不能感知和证明精神实体的存在。他将贝克莱主教的观点扩大到逻辑领域，认为我们对精神的认识和对物质的认识一样，全都是感知、认识、印象、支离破碎的想法、记忆、情绪，像电影胶片那样一幅画面接着一幅画面地闪现在我们面前，画面之间完全没有任何联系，只不过是一堆不同的感觉，以难以置信的速度一个接一个地出现，不断变化，永远处于运动中。就这样，贝克莱主教和休谟分别摧毁了物质和精神这两个概念。

因此，我们需要放慢脚步，就显而易见的常识提出问题，将有关的事实和想法全都罗列出来，分析它们之间错综复杂的关系。遇到困难的问题或者复杂的决定，很多人实际上已经在某种程度上做到了这一点，虽然有时并非有意为之，有时做不到彻底和全面。

举例：护士或教师。如果你是一家大医院的护士，注意到病区里感染率上升，或者是学校的教师，注意到学生的成绩下降，那你首先要做的事情就是尽可能收集所有的相关信息和事实，这样才能揭示出将它们结合在一起的内在结构和关系模式，从而让你通过推理得出初步结论。

为了记录这些信息和事实相互之间的关系以及你所得出的推论，可以将其用清晰的结构表达出来：使用表格或类似结构，会让你一目了然地看清各因素之间的逻辑关系。最能显示这种做法之效力的就是解决一个标准的逻辑问题，就是那种你会在有关逻辑问题的畅销书里、SAT 或 GRE 考卷上、A-Level 国际课程或牛津入学考试题里看到的那种问题。以下即为其中一例。

西蒙、戴维、克莱夫、贾斯丁四人均为专业人士，其中一个是律师、一个是牙医、一个是会计、一个是教师。根据以下事实判断他们分别为什么职业：

（1）贾斯丁和会计均在社区大学上教师开设的课程。

（2）克莱夫从未听说过戴维。

（3）会计曾帮西蒙做过财务重组，让后者摆脱了严重的财务危机，现在正做克莱夫的财务顾问。

（4）律师第一次出庭辩护的时候，克莱夫和戴维就坐在旁听席上。

首先绘制一张表格列出上述事实之间的相互关系和结构，如下所示：

	教师	律师	牙医	会计
西蒙				
戴维				
克莱夫				
贾斯丁				

由（1）可知杰斯丁不是会计也不是教师，因此可在其姓名后面这两个职业下面相应的方格里打叉。由（3）可知会计不是克莱夫也不是西蒙，因此可在相应的两个方格里打叉。由（4）可知克莱夫和戴维不是律师，在相应的两个方格里打上叉。

现在可以开始进行推理。用排除法可知戴维一定是会计，因此可在戴维名字后面的其他三个方格里打上叉。现在根据（1）可知戴维曾经参加过教师开设的课程，由（2）可知克莱夫不认识戴维，因此克莱夫不可能是教师，由排除法可知他一定是牙医。那么克莱夫名字后面的四个方格中，除牙医所对应的那一列之外，其余三个方格均可打叉。此时，贾斯丁名字后面有三个空格为叉，因此他一定是律师，这就意味着西蒙一定是教师。

	教师	律师	牙医	会计
西蒙	O	X	X	X
戴维	X	X	X	O
克莱夫	X	X	O	X
贾斯丁	X	O	X	X

通过这个简单的例子我们可以看到，标出所有事实之间的关系模式这个步骤至关重要，接下来的推理过程就会变得很简单。当然，这并不意味着其他问题也能像以上例子一样马上得出最终结论，但至少让你得到一个清晰的框架，能够更加准确地分析、解决问题。

如果做不到这一点的话，那就需要用第四章分析因果关系结构的时候提到过的方法，对趋同因素和趋异因素进行分析。

7.4.2 趋同因素

如前所述，找到可能的解决办法有很多种方法，其中一个就是找出所有彼此补充、加强的事实与想法。

举例：塞麦尔韦斯与产褥热。塞麦尔韦斯注意到同一所医院的两个不同病区（医生病区和助产士病区）产妇死亡率有差别，同时也注意到医生会对死亡产妇进行尸检而助产士不会进入解剖室。这三个事实之间的趋同因素似乎指向这样一个假设，那就是解剖室的某种东西经由医生感染了病人。

7.4.3 趋异因素

对趋异因素进行分析相比之下通常更加有用，因为可以用这种方法缩小可能性的范围。

> **举例：塞麦尔韦斯与产褥热。**塞麦尔韦斯的推理过程是这样的：既然由助产士接生的产妇面临患产褥热的风险低，就可以排除瘴气致病的可能性，因为不论病人进入哪个病区，她们都身处同一家医院，暴露在同样的瘴气环境里。于是他将注意力放在两个病区的不同之处上，希望能够进一步明确病因。
>
> 塞麦尔韦斯开始逐项比较两个病区之间的趋异因素，基于每项差别形成假设，然后挨个对其进行验证：不同的食物、不同的生产地点，他甚至还注意到神父及其随从会经过医生的病区，但不会经过助产士病区。

科学家们经常用这种方法在研究的初级阶段对各种假设进行快速排序和评估。虽然达尔文的大部分工作内容都是认真、耐心地收集数据，而不是理论先行，不过他也承认总是无法抗拒就每个议题形成一个假设的诱惑。

7.4.4 放弃有意识的努力

通过证据收集和推理这个过程通常会得到一系列相互矛盾的解决方案，其中不少都反映了我们在这种情况下的常规思维模式，而有些则可以直接排除掉，因为它们与事实不符，另外一些解决方案或许只能回答部分问题。

到了这个阶段，在不同的解决方案之间不知如何选择的时候，我们需要做的就是先把问题暂时放到一边。如果我们面对一个问题苦思冥想而不得其法，那就必须学会暂时放弃有意识的努力，去做别的事情，把问题交给潜意识去处理，将寻找结构化的体系和模式这一任务作为潜意识的内在动力。我们必须学会在思考过程中充分利用意识和潜意识这两个层面。

> **我们进行最后综合的时候需要：**
>
> 1. 找到稳定模式的推动力；
> 2. 认真、持续的努力；
> 3. 对想法进行孵化；
> 4. 有能力在意识和潜意识两个层面之间移动。

多萝西娅·布兰德(Dorothea Brande)在其传奇著作《成为作家》(*Becoming a Writer*)中曾经谈到作家的创作过程，将潜意识称为“伟大的形式家园”，因为相比有意识的理智，潜意识能更加迅速地识别类型和模式：“(它隐藏)在心智、精神层面背后很深的地方，深得他(作家)几乎意识不到……有任何活动正在进行，他的故事被融入作品中。”布兰德认为我们必须学会相信这种“较高级别的想象力”，并以此帮助我们进行日常思考。潜意识是人性中非常有用的重要组成部分，“隐藏在直接知识门槛的后面”，我们应该接受并善用它。

潜意识是：
“较高级别的想象力”
“伟大的形式家园”

通过这个过程将会产生最后的综合分析结果。与之前持续的努力相比，几乎毫不费力就能得到洞见与顿悟。不同的思绪汇聚在一起，各种线索彼此配合，我们将会找到一个解决方案，能够将所有内容都概括进去。英国生物学家梅达沃认为，这种顿悟具有三个特点：

1. 突然出现；
2. 构思完整；
3. 不存在有意识的预先策划。

完形心理学（格式塔心理学）创始人之一沃夫冈·科勒（Wolfgang Köhler）认为这绝非出于偶然，绝不是在黑暗中胡乱摸索就能正好撞到的解决方案。说一个人就某个问题有了顿悟，这就意味着他知道解决方案是什么，知道自己应该做什么，知道如何获得解决方案。

虽然爱因斯坦的那些顿悟看上去像是自发的，好像得来全不费功夫，但实际上都是他之前持续努力的结果。他曾经对自己的工作有这样的描述：“我会一直想一直想，想上几个月、几年时间。这样的思考有99次结论都是错误的，但到了第100次的时候终于对了。”经过长时间持续不断的思考以后，当他不再去想这个问题的时候，就在他去做别的事情或者在做白日梦的时候，答案却自己出现了。

举例：爱因斯坦。早年在专利局工作的时候，有一天爱因斯坦正坐在办公桌前望着窗外做白日梦。他看见对面楼顶有个建筑工人，就突发奇想地在心里问自己：如果这名建筑工人突然从楼顶摔下去会怎样？他后来形容那是“我一生中最开心的想法”。他意识到，建筑工在摔到地面之前不会感觉到自己的重量。有了这个线索，爱因斯坦将相对论与地心引力结合起来。德国理论物理学家马克斯·玻恩（Max Born）后来形容其为“人类对自然进行思考的最伟大成就，是哲学洞察、物理直觉及数学技能的最完美结合。”

这种“无心插柳”的顿悟例子还有很多。前文提到过的沃森和克里克是在开往牛津的火车上突然有了关于DNA“双螺旋”结构的顿悟。沃森在文章中提到克里克像是突然之间想到了什么，“于是在手稿的空白处写了起来……画了很多张图，向我解释这个问题有多简单。”

7.5 结论

关于本章提到的方法，你可能对有些比较熟悉，发现它们和你日常使用的方法十分接近，而对另外一些会觉得有点陌生。就算你还没有从中找到问题的解决方法，但至少掌握了能够对问题进行综合解释的观点模式，同时还有一系列超越常规思维的想法和洞见。

我们将在本书第三部分学习使用这些观念模式的方法与技巧，学习如何通过修改模式及其不同使用方法最终设计出问题的解决办法。在这个过程中，我们将成为更具创造力的思考者，成为更加成功的问题解决者。

第三部分

创造性思维

遇到问题的时候，我们在本书第一部分产生了自己的一些想法，在第二部分通过因果思维及概念思维找出了这些想法之间稳定的组织模式。到了第三部分，任务相对简单起来，只需对模式进行辨别，然后决定到底该怎么做。我们在数据库中进行搜索，了解该模式是否属于平时处理此类问题的常规思维和常规行为范畴。为了认清现在，我们需要将其与表现出类似因素模式的过去进行比较。

当然，大多数情况下事情并没有这么直截了当。商业人士和专业人士的知识结构与专业技能并不是由简单的模板和规则构成的，其内容会随着环境和应用而不断变化，这是适应认知模式变化的结果，也是与认知模式互动的结果，可以让我们了解事件、情况及触发其应用的环境。

过去 30 年时间里，不少认知心理学家通过研究对专业领域的这一面进行了探索，他们尤其关注专业人士根据实际经验和反思对这些模式进行修改和完善的方法，发现这种模式化的知识体系源自实验和加强的过程，然后通过反思对其进行完善，检验它是否仍然有效，这样做能够防止出现重复无效的常规反应这一现象。即便如此，有证据表明，即使早已证明最初的模式不足采信，在目前情况下行不通，但人们还是会倾向于用它来阐释自己所面临的问题，就像苏格兰皇家银行的董事会一致决定收购荷兰银行那样。

实际上，上述修改和反思的过程并不仅仅是识别模式这么简单，霍施曼德和波尔津霍恩将其描述为“一种框架实验，对用于理解某种形势的模式进行修改，使其更加贴合该形势的复杂性”。

不过尽管如此也无法尽显真实的复杂情况。专业人士需要在遇到的所有情况下识别潜在的模式，并寻找最有效的平行模式。如果做不到这一点，他们就会对模式进行修改，找到最终的解决方案。在此期间，他们一直面临决策的压力。美国教育家唐纳德·舍恩（Donald Schön）将这种“行动中的反思”能力称为一种双重视野：既要对行动进行反思，又要在行动中进行反思，不能先停下脚步然后从不同的视角反思正在进行中的某个行动。

这个过程的复杂性充分说明了解过程中的每个细节至关重要，在此基础上才能做得更好。有证据显示不少人在这方面做得远远不够，并对组织机构、社区团体以及个人造成了灾难性的影响。而那些做得好的人大多数情况下也不明所以，对自己所做的事情并没有真正意义上的了解。这种现象几百年来都没有太大的变化。

举例：石匠与建筑师。在13世纪到15世纪的欧洲各国，石匠和建筑师们建造了不少雄伟壮观的哥特式教堂，但他们对现代力学中的压力和应力概念一无所知，只是严格遵照几百年间一代一代传承下来的那些结构、行为模式以及标准操作程序。从表面上看起来，他们似乎非常保守，只知道墨守成规，不敢质疑传统的行为模式，每一种技能都受传统的约束。

但是他们却运用自己无穷的想象力建造出无数令人叹为观止的建筑，不断突破挑战极限更高、更大胆的创新结构，抛弃常规行为模式创造出飞拱这一建筑形式，分担墙壁的承重，在墙上开挖出更大、更美的彩色玻璃窗，让明亮的光线和绚丽的色彩改变原本黑暗、幽深的室内环境，为信众们创造出更加具有亲和性的礼拜氛围。当大束大束的光线从宽敞明亮的窗户透射进来的时候，每一道光线的截面都呈现出不同的几何图形，似乎印证了上帝创造万物的雄伟与秩序。

从中世纪石匠和建筑师身上，我们可以看到当代决策者们面临的所有问题。我们现在已经就某个具体问题形成了自己的想法并从中概括出一个稳定的模式，接下来就必须寻找一个能够指向解决方案的平行结构。如果这样还是不行，那我们就需要对模式进行适当的修改，不能简单地重复过去的经验与结论。

在接下来的两个章节里，我们将学习有关的方法和技能，并运用这些方法和技能设计出问题的解决方法。虽然很多解决方法看上去像是灵机一动或者顿悟的结果，实际上每一个创造性的活动都植根于扎实的准备工作。与此同时，如果能够将这些方法和技能用于常规思维，我们就能成为更具创造性和创新能力的思考者。

8
解决问题之一：类比法

我们现在已经掌握了想法和观点的组织模式，将其与我们之前用过的常规模式进行比较之后，如果找不到一样的就必须去寻找可以提供答案的其他模式或者对已有的这个模式进行修改。下一章我们将学习模式修改的各种方法，这一章我们先来了解如何才能发现替代模式并最终找到解决方案。

8.1 优秀的思考者

遇到问题的时候，出色的思考者会做两件事情。首先，他们会有意识地摆脱常规思维模式，用看似无关的思想框架去解决这个问题。这样就能最大限度地解放思想，不会陷入狭窄的圈子，从而考虑更大范围内一切可能的模式。

其次，他们在进行思考的时候会忘掉自己，忘掉自己想要什么，只关注实际上有什么。

优秀的思考者会：

1. 摆脱常规思维模式；

2. 忘掉自己。

在思考上的这两种转变都会对我们的生活和工作造成重大影响，帮助我们成为更具创意、更有创新精神的思考者。人类思想发展史上一些重要的发现都可以归功于它们，思想家们因此得以发现问题的答案，而此前虽然他们为此付出了很多努力却一直求之而不得。摆脱了自己的常规思维模式之后，他们不再执着于自己想要什么样的答案，反而能够在突然之间清晰地看到问题的解决方法，有时候还会疑惑为什么如此明显的事实之前一直没有发现。

举例：自私的基因。达尔文在《物种起源》（*The Origin of Species*）中指出，物种是通过生存竞争得以进化的，只有那些最能适应环境的物种方可存活下来生殖繁衍，并将这些特质遗传给下一代。但是有一个问题困扰着达尔文和他之后的进化论生物学家：为什么像勇敢和利他主义这种行为特征能够遗传下来呢？因为这些行为很明显会降低生存和繁衍机会。举例来说，鸟类发现敌情会鸣叫报警，这显然会让报警者更容易受到攻击从而面临更大的风险。

答案最终于 1964 年揭晓。当时英国生物学家威廉·汉密尔顿（William Hamilton）读到英国遗传学家霍尔丹（J. B. S. Haldane）写的一篇文章，后者在文章中开玩笑地说，为了自己的两个兄弟或姐妹、四个侄甥辈后代或者八个第一代表兄妹能活下去，他愿意牺牲自己的生命，而前者的数量取决于他们身上共同的基因百分比。有人将这句话当成笑话看待，而汉密尔顿则严肃对待这一观点，并由此打破一般性的常规思维模式，最终解决了达尔文当初的疑问。他的发现被称为进化论史上自《物种的起源》之后最重要的进步。

汉密尔顿从基因层面而不是人们早已习惯的个人层面出发，重申了基于自然选择的进化论，指出生物之所以会牺牲自己，是为了通过血缘关系确保其基因的更多副本继续生存下去。霍尔丹的那句话并不是一句笑话，因为所有子女都带有其父母的基因，牺牲自己换取两个兄弟姐妹继续活下去就意味着以失去一套基因的代价换取两套基因的存活，从基因层面来看，这个结果远胜于丢掉所有三套基因。侄甥辈后代及表兄妹身上所携带的基因没有这么集中，因此需要更多数量方可将整套基因保存下来。英国生物学家理查德·道金斯（Richard Dawkins）在 1976 年出版的著作《自私的基因》（*The Selfish Gene*）中对这些观点进行了推广，让更多人了解了汉密尔顿的这一发现。

8.2 学习成为一名优秀的思考者

那么，我们如何才能拥有这两项能力，成为优秀的思考者呢？

8.2.1 忘掉自己

我们之前说过，优秀的思考者会在思考的过程中对其思考进行思考，会对自己的观点和思考提出质疑。他们会谦卑地接受这样一个事实，那就是他们有可能是错的，有可能全都错了，或者有可能其中一部分错了。此外，他们还知道答案有可能来自最不可能出现的地方，这就意味着遇到任何事情都想着这个问题，不要急于做出判断。大多数人会认为这样做十分令人不安，因为我们很难接受“不确定性”。但是如果赋予某些答案不可置疑的权威性，一般情况下就很难出现真正意义上的思考。

大部分机构组织内部的管理风格都不鼓励真正的思考，因为管理层心里只有他们自己，认为他们在机构中的角色职责就是提供“确定性”。有些管理人员手中握有不容置疑的权威，具有新时代邪教组织领导人的所有特点。通常情况下，这些机构的决策过程中不存在公共语境，领导人拥有绝对权威，很容易将任何形式的争论或批评视为背叛与不忠。

苏格兰哈里法克斯银行风险控制部主任保罗·摩尔声称，当初他曾经向银行首席执行官詹姆斯·克罗斯比发出过警告，结果被炒了鱿鱼。在古希腊悲剧故事中，这种狂傲自大的人最终结局都很悲惨，因为他们冒犯了神祇，所以遭到了命运的报复。实际情况可能更加糟糕，就像我们在第一章讨论过的那样，这种傲慢自恃导致思维盲点，让整个机构对错误视而不见，最终做出糟糕的决定。

举例：戴姆勒—奔驰与克莱斯勒。戴姆勒—奔驰的首席执行官朱尔金·施伦普（Juergen Schrempp）不顾公司内部的反对，执意促成戴姆勒—奔驰与克莱斯勒的合并，结果十年之后即被迫放弃克莱斯勒。

举例：桂格与斯纳普。桂格收购斯纳普背后的逻辑是希望它能重复桂格 1983 年收购运动饮料公司佳得乐的成功案例。但是管理层虽然曾经有过成功的经验，却陷入常规思维的陷阱，没有广泛听取别人的意见，只关注前后两个案例的相似之处，忽略了二者之间存在着显著的差异。

相比之下，那些能够忘掉自己、能够和他人共情的人会看到更多东西，因此也会做出更好的决定。对他人的生活和经验保持好奇心能够让你在交易场所更具效率，在进行思维实验的时候也更加高效，因为有共情能力的人会问自己：如果在同样的情况下，我会怎么做或者会有什么样的感觉。他们能够得到更多假设，拥有更多体验（虽然只是间接体验），从而有能力创建更多结构和模式，对事情有更加细致深入的处理和理解。最终，他们会拥有更加广泛的共情能力，做出更加全面的判断。

因此，我们首先要培养与他人共情的习惯，间接地体验别人在某个特定情况下的感觉、喜好或信念。为了培养这种习惯，我们必须经常进行思维实验，即运用想象力去做实验。第三章里曾经提到思维实验的重要性，因为它能够帮助我们从不同视角、不同层面思考问题并生成观点。现在，我们对特定的问题有了想法，并对这些想法的结构和模式有了认识，需要开始对这些结构进行修改并加以运用，思维实验就变得更为重要。

优秀的思考者会：

1. 忘掉自己：培养与他人共情的习惯；

2. 摆脱常规思维模式：暂时先不要妄下断语，多问几个“如果……会怎样”。

8.2.2 摆脱常规思维模式

想要摆脱常规思维模式，最简单的办法就是培养用“假设句”提问的习惯，这种问题能够让我们暂停做出判断，先问自己“如果我做了 X，结果会怎样？”或者“如果发生了 Y，然后会怎样？”因此，每当你看到一个直截了当的判断句，多用几个假设句来提问，然后再寻找答案。

举例：历史学家。研究历史问题的时候，历史学家们经常使用这种方法拓展看问题的视野与对史实的理解。这种问题叫反事实假设问题，即如果历史上没有发生某个事件，结果会如何？比如说，他们会问：“如果没有拿破仑战争，工业革命的发展是否会有所不同？”通过这个问题，他们会得出这样一个假设：“如果没有拿破仑战争，那么重工业很有可能就不会在英国经济中占据主导地位。”

举例：科学家。除了反事实假设，科学家还会使用虚拟条件句设计思维实验提出假设：“如果发生 A，则也会发生 B。”

8.3 找到假设问题：类比法

如前所述，虽然所有的重要研究成果在事后看来好像都很符合逻辑，甚至非常显而易见，实际却并非如此，尤其是从发现者的视角来看，情况刚好相反。在他们看来，这个过程充满困惑、怀疑以及不确定性，他们需要从其他观点模式中搜寻不同的解释方式。我们也必须和他们一样，学会识别无关结构之间的相似之处，学会用假设句提问“如果……会怎样？”如果你不知应该如何下手，这里有几个步骤可以帮到你，其中出色的思考者使用最多同时也是最简单的就是“找类似”。

举例：达尔文与物种多样性。对藤壶（附着在海边岩石上的一种节肢动物）进行了多年研究之后，达尔文意识到自己之前所提出的假设是错误的，实际上物种的稳定性纯属例外，而物种的多样性才是常态。问题是：怎么解释这一现象呢？

最后，达尔文从英国19世纪工业发展史中找到了与这个问题的相似之处。在过度拥挤的市场里，由于竞争十分激烈，那些能够运用自己所掌握的技能去填补市场空白的人最受市场青睐。在这种情况下，谁能抓住新机会并填补空白谁就能蓬勃发展。达尔文注意到一个现象，在竞争激烈的市场里，各行各业的人拥有不同的技能，所有人都在努力工作，但他们之间并不是直接的竞争关系。

达尔文意识到自然界也同样如此。面临同样的竞争压力，所有物种都必须适应环境，填补环境中出现的空白。物种的功能多样性越大，其生存空间也就相应越大。在这方面，自然界的表现比人类的工业社会更加高效。自然选择提高了竞争环境中动物们的“分工”，增加了物种的多样性。

如你所见，类比就是在日常经验中得到的无关模式之间寻找相似之处。这不是一个机械的过程，需要运用想象力将原本没有关联的模式联系在一起。一旦找到可类比的模式，通常都会得到惊人的回报，让你从别人看不出有什么特别的事实中洞察到天机并有所顿悟。

想要做到这一点你只需问自己三个简单的问题。

三个简单的问题：

1. 是否有平行模式？
2. 该模式是否适用？
3. 它是否能解决这个问题？

8.3.1 是否有平行模式?

寻找平行模式就是在寻找与面临的问题具有相同或类似模式的类似案例，只需简单的模式识别技能即可做到这一点。

举例：马普尔小姐。马普尔小姐是英国著名小说家阿加莎·克里斯蒂（Agatha Christie）12 本侦探小说的主角，住在英国的圣玛丽米德村，经常通过与人闲聊和认真观察寻找蛛丝马迹，并将它们与罪案联系起来，发现其中共同的行为模式及人性动机，用于解释案情并最终破案。

如果想要做到这一点，我们就必须做好充分的准备，将自己浸泡在各种想法和观点中。类比关系就在那里，只要做好准备，谁都能看得到。问题是人类的大脑并非天生就具有创造性，我们只能看到自己准备好了之后能看到的那些东西。不过一旦做好准备，脑子里自然而然就会出现各种类比，然后从中选择最有效、最适合的即可。

8.3.2 该模式是否适用?

为了回答这个问题，我们必须关注两件事情：相似之处的数量和质量。很显然，如果两种模式在很多不同方面都十分相似，那么我们就会对得出的结论更有信心。同时，相似性的质量也很重要，因为必须保证类比关系能够建立起可靠的连接。

需要关注两件事：相似之处的数量和质量

8.3.2.1 **数量** 寻找两种模式之间的连接就是从之前的经验中找到一种相当稳定的模式，让我们可以得出这样一个可靠的结论，即某个事件发生以后，另一个事件也有很大可能会随之发生。如果在过去 A 是 C 的数量越大，A 不是 C 的数量越小，则在未来所有 A 均为 C 的可能性就越大，因此下一个 A 就会是 C。

8.3.2.2 **质量** 相比之下，这种模式之间连接的质量较难确定，我们需要寻找的是一种可靠的连接。一件事跟随另一件事发生的例子有很多，那么这究竟是意外、巧合还是二者之间可能存在因果关系?

我们将在后面详细说到相关性和因果关系之间的差别。口香糖的销售与暴力犯罪之间可能存在某种相关性，但是很难从中找出任何有意义的关联。但是如果我们发现暴力犯罪与暴力影片 DVD 的销售之间存在联系，那就可以考虑二者之间存在因果关系的可能性了。

举例：偶适概括。我们有可能会发现停放在员工停车场里的车全都是福特车，但这并不意味着我们可以就此得出结论，认为下一辆开进来的也一定是福特车，因为这只是一个偶然适应的概括。哲学家威廉·尼尔（William Kneale）曾经提出过一个著名的论点。隔壁房间里所有男人都在打牌，根据这一前提我们无法得出这样的结论：如果坎特伯雷大主教也在隔壁房间，那他也会去打牌。

换言之，两个事件之间必须有可类比性。如果我把钢笔掉地上了，接着我们两个望向窗外，看见下面的街道出了车祸，那么我就不能说第二个事件是由第一个事件所导致的，因为根据已有的知识和经验，我们知道钢笔掉到地上是不会引起车祸的。

但是，如果我说是因为钢笔掉落过程中反射光线，干扰到开车司机的视线，因此导致汽车失控撞毁。这个解释虽然有点牵强，但还算是说得通，因为我们通过实际生活中获得的类比经验知道，很大的声音或者很亮的光线确实会让人分心，从而导致犯错或发生意外。这种事件的模式我们之前使用过而且经过了证实，因此我们完全可以充满信心地用在这个案例上。

8.3.3 该模式是否能解决这个问题？

一旦明确了两个模式之间的相似之处切实有据，接下来就要问第三个问题：它能否改变我们对问题的阐释？能否让我们通过假设提问（“如果……会怎样”）以不同的方式对问题进行阐释？通常情况下，当模式适用的时候，你仿佛听到“咔嗒”一声，突然之间一切都说得通了，这是真正的思考过程中最为重要的一刻。

问题的关键看上去就像是个隐藏的线索一样，我们之所以没有看见它或者没有注意到它，完全是因为它看上去毫不相干，而实际上并非如此。我们使用了一种不同的模式对原来的想法进行阐释，证实因为模式的改变，这个原本隐身不见的关键线索才会露出其关联性。具有这种能力就可以体验到真正意义上的创造性和洞察力。

8.4 有效的类比

有效的类比能够带来真正的启示与顿悟。以下例子是美国的两位心理学家玛丽·吉克（Mary Gick）与基斯·霍利约克（Keith Holyoak）给学生出的问题：

> **举例：外科医生。**如果你是一名外科医生，面前的病人患胃部肿瘤且肿瘤已经无法通过手术割除，但是你可以使用射线。这种射线在特定强度下可以摧毁人体组织，而低强度的射线对人体健康组织无害，但同时也不会影响到肿瘤。请问如何使用这种射线才能摧毁肿瘤但同时保住周围的健康组织？

大部分学生都认为这个问题很难回答，不过阅读以下文章后，百分之九十的学生都能解决这个难题：

有位将军想要占领位于某个国家中部的一座堡垒。有很多条道路通往这座堡垒，但是每一条道路都遍布地雷，只有小组能够安全通过，大部队通过的时候就会引爆这些地雷，因此无法组织全面进攻。于是将军把部队分割成小组，每个小组走不同的道路，然后同时到达目的地，在堡垒外面集合。

8.5 误导的类比

模糊不清的关联是造成无数错误与简单化谬误的源泉，是迷信、神话和仪式的基础。据说看见黑猫代表好运气，那可能是因为之前有人看见黑猫之后就走运了。为了避免犯这种错误，我们就必须对类比和问题之间的关键因素进行验证。

政客们最喜欢用画面性很强的类比形象地表明自己的观点，但是这些论点通常都经不起深究。

举例：政治类比。他们会举起两个购物袋，告诉选民小购物袋里装的是现在用一英镑或者一美元可以买到的东西，大购物袋里装的是他们当选以后用同样价钱可以买到的东西。你知道这样的论点实际上很难站得住脚。

为什么购物袋里的每一样东西现在的价格都更高？是因为市场需求变少、生产成本上升，还是因为和政府有关的通货膨胀？这种比较是否考虑了家庭收入的实际价值而不只是货币价值？因为区别在于，即使一英镑或一美元的购买力减少，但是家庭的平均生活水平有可能维持不变或者得到改善。

8.6 结论

这种解决问题的能力可以带来真正的创意和顿悟，让你以不同的方式看待事物，将背后的结构分离出来并与无关的结构进行比较。优秀的思考者能够摆脱习惯性的常规思维模式，使用看上去无关但实际上拥有相似结构的模式。有时你会觉得将如此不同的两件事放在一起非常荒谬，但正如英国哲学家怀特海（A. N. Whitehead）说过的那样，几乎所有真正意义上的新想法出现的时候都在某种程度上带有愚蠢的一面。

9
解决问题之二：修改结构

如果我们找不到类比项，无法以不同的方式看待同一个问题，那我们就必须对已有的结构进行修改，使之贴合要解决的问题。用这种方式对问题进行重组，改变组成问题的各项因素，这是抽象思维最重要的特点。我们已经习惯将这种用不同方式思考问题的能力称为“横向思维”，实际上称之为“非线性思维”或许更为合适。换言之，这种思维并非按照平常那种线性步骤一步一步地进行，而是采取完全不同的思考顺序。

9.1 修改结构并加以运用

你可以通过以下四种方法对结构进行修改并加以运用，所有创造性的工作实际上都植根于这些常规方法。认真学习这些方法就能在思考的时候超越常规定式，创造性地解决问题。

修改结构并加以运用：

1. 改变结构
2. 换个方向使用结构
3. 换个出发点使用结构
4. 创建新结构

改变结构需要对各项因素及其关系进行重新组织。这四种方法中，第二种和第三种无需改变结构，但是需要用不同的方式运用结构，需要换个方向、换个角度或者换一个起点看待这个结构。第四种方法最为激进，需要通过将已有的结构组合起来根据实际情况改变基本概念等方式创建一个新的结构。

9.1.1 方法一：改变结构

这是一种自下而上的方法，对我们所收集的想法和观点进行调整和重组，就像我们做填字游戏的那种过程一样。有些线索鼓励我们按照较为明显的方式进行处理，而实际上只有改变这种预期的模式才能得到答案。通过改变整个结构得到答案，而不是仅改变其中的一两个部分，这也是为什么经常以顿悟的形式得到完整的答案。美国科学史家库恩（T. S. Kuhn）在《科学革命的结构》（*The Structure of Scientific Revolutions*）中表示科学的发展也遵循同样的道路，两个完全不相容的范式之间会以革命的形式产生突然的转变，这绝对不是一个渐进的过程。

这种方法的关键就是要学会操控和改变正常的预期模式。问题是，我们的大脑会自动地将信息组织成模式，而我们也已经习惯了这种做法，因此必须学习一些简单的技能来改变结构，并从中发现一些全新且更加有效的视角。改变结构的方法主要有三种：

> **改变结构：**
>
> 1. 拆开分解
> 2. 重新排列
> 3. 重新阐释

9.1.1.1　拆开分解　最简单的办法就是将结构分拆成两个或以上的部分。在很多情况下，使用这种方法能够将原本令人无处下手的难题变成两三个简单的小问题，这些小问题的答案通常一目了然，可以用我们之前用过的结构进行处理，或者可以使用平行结构和类比法进行处理。

举例：猜字谜。拆分法是出字谜的人经常使用的一种方法。比如用“喜上眉梢”这个词打一字，出题者希望猜谜人能够将“喜”和“眉”这两个字分拆开来，将“喜”字上面的部首“士”加上“眉”字上面的部首组成“声”字，得出谜底。同类字谜还有“给一半，留一半”，拆开“给”“留”二字，各取一半得出“细”字。

举例：桂格与斯纳普。我们在第一章谈到过桂格收购斯纳普的案例，其失败的原因主要在于桂格的管理层忽视了斯纳普和佳得乐这两个公司信息结构之间的差别，只看到了它们之间相似的地方，因此毫不怀疑地坚信斯纳普能够重复佳得乐的成功。如果他们能够将问题进行拆分处理，对其进行单独分析，了解每一种产品之间的异同或者比较每一种产品的市场，很有可能会避过这个灾难性的收购陷阱。

1. 相似与差异　用这种方法对问题进行拆分就能得到一系列较小的问题，桂格的管理层就能对这些小问题进行思考，在最后做出是否要收购斯纳普的决定时对问题有更加全面、透彻的把握。但实际上他们只考虑了两个收购案例中的相似性，没有考虑到以下这些不同：

（1）佳得乐是上升市场的代表，而斯纳普是衰败市场的代表，面临新的竞争对手；

（2）佳得乐在收购后保留了原来的管理团队，而斯纳普则更换了管理层；

（3）佳得乐的运作秩序良好，而斯纳普的库存及生产出现失控状态。

2. 市场　两者之间的市场也存在巨大差异，对其进行分析同样能够看出一些较小的问题。如果桂格的管理层能够解决这些小问题，他们就能对最后的收购决定有更加清晰的认识。

（1）斯纳普是一种“形象”饮料，而佳得乐则是“补液产品”；

（2）斯纳普过去的成功基于一种独特的营销方式，制造了狂热的跟风潮；而佳得乐则是在谨慎选择的细分市场里用传统方式进行推广；

（3）斯纳普依靠企业分销商进行销售，而佳得乐则使用仓库系统。

概括而言，斯纳普使用不走寻常路的独特营销策略，在很大程度上依赖公司在客户、渠道及产品推广方面所掌握的知识；而佳得乐则较为传统，适用桂格其他产品的推广策略。

9.1.1.2　重新排列　对有些问题来说，通过对结构进行重新排列就能得到答案。

举例：猜字谜。仍以“喜上眉梢”和“给一半，留一半”这两个字谜为例，拆字之后都需要对拆分出来的偏旁部首进行重新排列，才能得出最后的谜底“声”和“细”这两个字。

每天面对这种需要重新排列结构的问题时，我们首先要做的就是辨别哪些因素可以移动或者改变。这种方法的关键就在于将每一个因素都看作能够改变局面的因素。

举例：塞麦尔韦斯和产褥热。塞麦尔韦斯就是用这种方法一个一个地改变相关因素，看是否会造成影响。这些因素包括：产妇生产地点、医生病区的产妇饮食、神父及其随从的行走路线。

举例：教师和学习方法。如果你是一名教师，致力于帮助高中学生提高学习技能，那么你可能会面临这样一个问题：为什么还是会有这么多学生为了达到他们所理解的教学大纲和考试要求而拼命记笔记、读课本、写作文？通过普通的因果关系结构分析会得出这样一个结论，即学生没有得到有效或者充分的指导。但是你很快就会发现，对大部分学生来说事实并非如此，因为他们实际上得到了很好的指导却仍然有同样的问题。因此你必须找到其中的一个可变因素，并借此发现最有可能成立的答案。

普通的结构显示以下因果关系，学习方法指导决定了我们的学习技能以及是否能够达到我们所理解的教学大纲及考试要求：

学习方法指导→笔记、阅读、写作技能→达到我们所理解的教学大纲及考试要求

经过思考，我们可以将自己所理解的教学大纲及考试要求这一影响项因素分离出来，并对上述结构做出以下调整：

我们所理解的教学大纲及考试要求→学习方法指导→笔记、阅读、写作技能

虽然对学生做了很多学习方法上的指导，但是因为学生如何理解教学大纲及评估形式（考试、论文）的要求仍然深受教师的影响，因此他们还是会像以前那样记笔记、阅读和写作，还是会面临和以前一样的那些问题。

如果教师让学生相信学习的主要目标是知道某些事情，并通过测验和考试这种形式让学生用“正确”答案交换分数，那么就算学生选修了学习方法这门课程，在实际学习的时候还是会只关心字面意思，只会照抄没有任何结构可言的笔记，担心自己漏抄一个字就会答错题在考试的时候丢分。在这种情况下，解决方案就不在于是

否能够开设更多更好的学习方法课程，而是让老师们重塑学生对考试、写论文等学习任务的理解和认识。

9.1.1.3 重新阐释 如果上述方法仍然不奏效的话，我们可以对结构进行重新阐释，改变它的含义。我们理解结构的方式本身就会将我们引入歧途，因此有时无须改变结构就能发现问题的答案，这时需要的是一双天真无邪的眼睛，看问题的时候不带任何先入为主的想法和概念，就像是第一次遇到这种问题。

举例：《开罗谍报战》。1943年上映的影片《开罗谍报战》(*Five Graves To Cairo*）讲述了在北非的盟军想要弄明白，德军统帅隆美尔是如何在不延长供给线的前提下迅速移动军队的。盟军推测德军一定是在沙漠的某个地方储存了大量的燃料，有情报显示一共有五个这样的燃料储存基地。但是他们盯着从德军那里缴获来的地图，就是不知道这五个基地到底在什么地方。

最后，盟军终于发现，原来答案一直就在他们眼前。只要换一个视角看地图，答案就变得一目了然。在那张用英语标注地名的北非地图上，埃及这个英语单词由五个字母组成，每个字母代表一个基地，字母所在的位置就是基地所在的位置。

举例：填字游戏。有很多猜谜游戏也需要对谜面进行重新阐释。比如之前提到过的这个谜语：“H、I、J、K、 L、M、N、O（打一物质）”，我们需要将所给谜面进行重新解读，把本来按顺序排列的八个字母用不同的方式表达为从“H到O”，然后利用“to”

和“two”（数字2）谐音，将“H to O”表达为H_2O，从而得出“水”这个答案。

9.1.2 方法二：换个方向使用结构

有些问题无须改变结构，只需要换个方向从不同视角对其进行解读即可。在柯南·道尔（Conan Doyle）创作的短篇小说“松桥探案”（*The Problem of Thor Bridge*）中，福尔摩斯对其侦查理论有如下精辟之语：“一旦看问题的角度发生改变，最可诅咒之事亦可摇身变为通往真相的线索。”我们通常会用以下三种办法改变顺序：上下颠倒、里外颠倒或前后颠倒。

换个方向使用结构：

1. 上下颠倒
2. 里外颠倒
3. 前后颠倒

9.1.2.1 上下颠倒 这种方法我们在日常生活中可能很少用到，但是不少科学家和哲学家就是用这种方法取得人类历史上最伟大的成就和突破性的进展。

举例：休谟（问题）。苏格兰哲学家大卫·休谟（David Hume）曾在《人性论》（*A Treatise of Human Nature*）中提出过这样一个问题：既然我们无法看到原因，只能看到外部世界里每个物体或者我们假设其为物体的印象，那么我们是如何认定一件事必然导致另一件事的发生呢？他坚持认为我们所见只是一个单独的事件接着另一个单独的事件，见得多了以后，由于这两个事件之间存在这种“恒常的连接”，我们就会出于习惯或者“温和的习俗”认定第二件事是由第一件事所引起的。因此，我们所认定的某个原因和某个事件之间存在的这种必然联系实际上只不过是我们头脑思想的产物。

德国哲学家康德看到休谟有关因果论的观点以后，马上从“教条主义的沉睡”中惊醒，开始创作自己第一部重要作品《纯粹理性批判》（*The Critique of Pure Reason*）。他觉得休谟所言极是，外部世界确实不存在这种必然性，所谓必然性只不过是人类思想的内部产物。用康德自己的话来说，这一顿悟对他来说是一场“哥白尼式的革命”。

举例：康德（答案）。他将人类对外部世界的印象和人类头脑内部所产生的思想颠倒了一下位置，就像哥白尼将地球从中心位置抹掉一样，康德将我们感官的俗世体验从中心位置挪到思想过程的外围。换言之，他认为知识并不只是人类感官印象的总和，而是头脑概念思维的产物，其本身并非源自经验。

德国哲学家马克思也是用同样的方式回答了黑格尔所提出的问题。

举例：黑格尔（问题）。黑格尔认为历史是“精神”的产物，精神是贯穿历史的一种理性力量，而“国家”则是人类精神最近以及最完整的体现。他表示自由存于理性之中，如果个人想要得到自由就必须将一切都献给国家。

马克思认为，在大规模生产的时代，为国家牺牲自己就意味着完全为统治阶级服务，结果就是个人越来越受到奴役，逐渐变成机械化的工厂里毫无意义的生产因素，只为提高统治阶级的利润和财富而存在。马克思年轻的时候有几年曾经属于黑格尔派，那么他是如何解决这个问题的呢?

举例：马克思（答案）。他表示自己使用的是将黑格尔的观点颠倒过来这种办法，认为决定一个人是否自由的因素并非“精神”这种贯穿历史的理性力量，而是经济力量和物质力量。换言之，不是观点和理性思想决定物质力量，而是以社会和经济因素这种形式存在的物质力量塑造了社会、社会关系、个人，以及个人的信念与价值观，即个人的自由。社会力量和物质力量是造成每一个重大变化的最根本原因，不论是物质世界还是思想生活中的变化都可归因于此。只要社会力量和物质力量发生改变，从中发展起来的客观社会关系也会相应发生变化。

由此出现了一种与休谟及康德的学说同样具有革命性和影响力的哲学流派。尤其值得注意的是，这些突破性的成就不仅源自颠覆前人的观点，也充分表现了优秀的思考者是如何摆脱常规思维模式、完全忘掉自己的喜好的。

9.1.2.2 里外颠倒 反转一个问题的第二种方法就是里外颠倒。虽然很难做到，但是能够产生惊人的效果。具体方法就是将最本能、直观的假设里外颠倒，通过思考这些假设的反面寻找问题的答案。

> **举例：酒店经理（问题）。**如果你是一位酒店经理，发现酒店入住率呈下降趋势，想知道为什么住客对酒店所提供的服务感到不满意。如果直接提问，那么得到的信息很可能只会进一步加强原有的设想，无法得到你想要的答案。

因此，你需要改变思路，而其中一种方法就是像康奈尔大学的学者们那样，对最本能的假设进行反转。

> **举例：康奈尔大学的研究者。**他们设计了四个研究类别，将酒店宾客分为四大类："满意且下次还会入住""不满意但下次还会入住""不满意且下次会更换酒店"和"满意但下次会更换酒店"。如前所述，对酒店服务感到满意所以下次还会入住、对酒店服务不满意所以下次会更换其他酒店，这两种情况较为显而易见，而"不满意但下次仍会继续入住"和"满意但下次不会入住"这两种情况则不符合本能和直观思路。

当政府开始在公共场所禁烟的时候，很多餐厅、酒吧业主均担心这会对他们的生意造成影响。在这种情况下，如果像酒店经理那样提出显而易见的问题，就只能得到预料之中的结果和答案。因此需要将问题反转过来，尽可能收集不同意见，以期对问题有更加全面的认识。

举例：禁烟令。我们一般都会本能地认定吸烟者喜欢烟雾缭绕的空气环境，而不吸烟者则喜欢干净清洁的空气，一般不会想到有些吸烟者喜欢干净的空气，更不会想到有些不吸烟的人会喜欢不干净的空气。但是这种更加细致的分类能够帮助你收集到更多有用、有趣的证据。

通过反转我们惯常的思维方式会带来不对称现象、不同寻常的结合与对比，这种做法经常会产生非常出乎意料的感悟与洞见。

9.1.2.3　前后颠倒　修改结构的第三种方法就是将前后顺序颠倒过来，在很多情况下都能得到幽默的效果。20 世纪 50 年代英国有个喜剧广播节目“呆瓜秀”（*The Goons*），曾经有人说过这样一句话：“莫里亚蒂的整套西装裁剪巧妙，让双手和脸全都露在外面。”这句话非常幽默，因为说到衣服的时候我们根据常规思维一般都会想到身体被盖住的部分，而不是露在外面的部分。这种突如其来、意料之外的视角转变马上就产生了一种喜剧效果。

正如第四章里英国生物学家梅达沃的那个例子，对常规思维及其产生的期待进行操控就能产生机智、幽默的效果。用同一个词或短语结合起来的两种结构实际上不对称，我们在顿悟之后就会认识到其中的创意和智慧。尽管二者在结构上十分相似，却能引起不同的期待。

听到“整套西装”这个词，我们一般都会在心里有这样的期待：

这套衣服包括上衣、裤子，可能还会有背心，用同一种布料裁剪而成，可以盖住人的整个身体。但是紧接着，喜剧演员突然将我们的期待引到完全不同的方向，这种意外和不对等就会产生幽默感。

举例：数学老师（问题）。如果你是一名数学老师，想要帮助学生提高数学理性思维方式。学生现在只是在做运算，对如何得到答案的这个智力过程并没有多少概念，你希望他们能够认识到：得出正确的答案并不是最重要的目标，如果他们能够理解整个过程，这将让他们有信心变得更富有创造性。

因此，你必须想办法让他们思考自己是如何解决问题的。你可以让他们在班上解释自己的计算过程，这样做有一定的帮助，但还是比较肤浅。

举例：数学老师（答案）。然后你开始思考想要他们写出自己是如何进行数学推理的，但是基于普通的预期模式，我们知道要想清楚地写出来就必须首先有清晰的思路，所以这看上去行不通。于是你想：如果将这个过程前后颠倒会怎样？我们的普通预期会不会是错误的？或许清楚地写出来有利于理清思路？就这样，你得到了一个完全不同的有趣答案，可以要求学生写日记，并将日记和其他解释自己如何解决数学问题的书面文字一起上交给老师进行综合评分。

让学生以写作这种更加明确的方式对自己的想法进行思考，这种方法不仅对数学这门学科至关重要，还可以广泛应用于所有其他课程。写出自己是如何得到某些想法以及如何解决问题能够帮助学生理解自己的思考过程。

举例：犯罪心理学家（问题）。美国心理学家斯坦顿·萨梅洛（Stanton Samenow）多年来一直与犯罪的精神病人打交道。作为弗洛伊德精神分析法心理治疗师，他工作的理论基础就是相信自己能够影响病人的行为，能够改造他们，帮助他们过上正常的生活。但是几年之后，他意识到自己并没有取得预期的成功。

如果你遇到这个问题会怎么做？萨梅洛的做法是把这个问题前后颠倒过来看。他一直以来都假设自己是施加影响力的一方，那么如果事情刚好相反呢？最后他得出结论：这些犯人并未得病，而是司法及精神病治疗体系的精明操控者。他们的精神生活充满想象力，精神治疗并没有改造他们，反而让他们学会了如何愚弄自己的心理治疗师，每次接受治疗都在跟心理治疗师玩心理游戏。

在《进入罪犯心理》（*Inside the Criminal Mind*）一书中，萨梅洛提出犯下罪行的是罪犯，这不是坏邻居、不称职的父母、电视、学校、毒品或者失业的错。这些罪犯知道善恶有别，但还是选择了作恶。罪犯之所以犯罪是因为他们喜欢这样，对他们来说偷窃和强奸是令他们兴奋的事情。他们的人生哲学就是认为整个世界都应该迁就他们，稍不如意就会亲自动手处理问题，完全不管这么做是否会伤及他人或者违反法律。

举例：犯罪心理学家（答案）。将影响流程颠倒过来以后，萨梅洛改变了自己的策略，根据新理论要求心理治疗师将犯罪的责任全部归到罪犯身上，不为他们找任何借口，也不听信任何“人生艰难”的故事。这种治疗方法的核心就是假设罪犯可以自由选择行善还是作恶。通过这种方法，心理治疗师引导罪犯逐渐学会如何遏制犯罪思维并改变原有的行为模式，学会在遇到事情的时候如何进行理性的思考，比如在看到一个女人的时候不要想去强奸她，而是想其他事情。简言之，萨梅洛认为问题的关键是要让罪犯获得某种道德观，从而让文明得以存活下来。

9.1.3 方法三：换个出发点使用结构

与上一个颠倒过程中前后顺序的方法不同，这个方法需要我们换一个新的出发点，将注意力放在结构的不同部分上，一般可以从与问题有关的核心概念入手。

如前所述，概念的核心就是我们用来组织各种想法的结构，其主要构成是组织原则，我们如何使用这些概念一般都是由其中的一两项原则来决定的，而其他被忽视的原则就是我们能够加以利用的新起点。它们能够帮助我们从不同角度看待问题和解决问题。

举例：公司律师（问题）。如果你是一名公司律师，需要给客户建议。你认为客户的行为涉及贿赂，是违法行为。你是根据贿赂这一概念做出以上判断的，认为贿赂就意味着绕过市场道德规范，获取竞争优势或者非法利益。

但是客户表示必须这样做才能让公司保住在市场上的地位。这是一个搬家公司，多年来一直以擅长处理电脑之类的易损财产或设备著称，他们在搬运这种贵重易损物品的时候会收取额外费用，这种做法现在看上去似乎违法，因为所收费用像是以威胁手段从顾客那里获取的，即如果不支付这笔费用，其财产就有可能会遭受损失。

举例：公司律师（答案）。解决方法就是从贿赂这个概念入手，选取其中"佣金"和"手续费"的含义，将这笔费用解释为一种激励手段，激励搬运工人更加努力、高效地工作，激励公司为顾客提供更好的服务。如果搬家公司能够稍微改变一下这笔费用的性质，就能够避开索贿的指控，为了使用特殊技术或材料以及投资培训搬家人员而收取额外费用是完全合理合法的。

举例：剧院公关推广人员。如果你是剧院的公关推广人员，需要推广根据著名悲剧作品新排剧目，但是所有推广想法都太过循规蹈矩，你想要个新点子，想要更好地推广这个剧目。于是你重新审视"悲剧"这个概念，对它进行认真的分析，发现可以换个角度对其进行阐释，所谓悲剧就是在无意中摧毁了我们最为珍视的东西。现在你对这部剧有了独特的解读视角，可以用一种全新的方式对其进行推广。

如果你没能从问题的核心概念中找到可以利用的新角度，那么可以试一下更加简单的方法：退后一步，用门外汉的眼光来看问题，学会并习惯问最简单、最明显的问题。

举例：爱因斯坦那些天真的提问。爱因斯坦之所以能够在1905年发表了四篇具有划时代意义的论文，背后一个十分重要的原因就在于他养成了天真发问的习惯，开始的时候总是会提出一些简单的甚至孩子气的问题：跟着一束光飞行会怎样？如果你的飞行速度和光速一样，那么光线看上去会静止不动吗？电梯一直下坠，里面的人会怎样？

有位记者曾经问爱因斯坦，一个二十多岁的年轻人为什么还会思考这些孩子气的问题呢？爱因斯坦说那是因为自己发育比较晚，因此长大了才开始问其他人小时候问的那些问题。当然，既然他已经长大了，所以也就不像小孩子那样好骗，不能用简单的答案来打发他。

9.1.4 方法四：创建新结构

如果上述三种方法都没有用，那么你就需要创建一个新的结构来寻找答案。和以上三种方法不同的是，这种方法是自上而下的，所创建的新理论会占据主导地位。

创建新结构：

1. 将已有的结构组合起来；
2. 改变基本概念。

9.1.4.1 将已有的结构组合起来

创建新结构的方法主要有两种。一种是将已有的结构组合起来，一种是根据具体情况改变基本概念。

举例：历史中的群众。20世纪三四十年代，世界各地很多国家都出现了极权主义领导人，对人民群众拥有催眠般的影响力。有些历史学家因此开始思考此前领袖人物操纵集体情绪这个问题，比如法国的拿破仑。他们从社会学领域借用了极权主义的理论，将不同的结构结合在一起，从全新的视角和思路研究这个问题，得出了不少令人吃惊的结果。

因此，你需要问自己一个问题：是否可以从你所掌握的其他知识领域、从其他职业、从日常生活中引入一种理论或者一种阐释事情的方式，这些不同来源的结构综合起来通常就可以产生新的结构。

这里需要注意的是，当你寻找答案的时候，创造性思维通常意味着要抛弃自己的文化传统和习俗，因为它们会主导我们的行为方式以及组织机构、职业、工作的运作模式。在你的专业领域里，遇到问题或许会有一种约定俗成的处理方法，但是不要让你的思维受限于此。有人说过，天分就是违背所受教育做出创造性反应的能力。

创造性思维通常意味着要抛弃自己的文化传统和习俗。

这一切的前提是我们必须认识到，永远按照常规和熟悉的方法做事并没有特别大的好处。能够认识到这一点的组织和机构通常都非常成功，如果它们拥有较弱的企业文化和较强的道德规范就更是如此。换言之，这种组织机构允许员工拥有创造力，将他们从不必要的传统和惯例中解放出来，同时让员工对工作环境产生信任，相信自己能够发挥最大限度的创意并得到应有的待遇和奖励。

很多研究项目表明，如果允许员工贡献自己的创意并具有主观能动性，尤其是鼓励员工输入非传统的想法，不走寻常路挑战既定行为方式和做事方法，这样的组织机构通常都会取得很好的成绩。当员工相信管理层和同事理解并尊重他们，当员工理解并接受管理决策背后的逻辑思维，他们就会变得更有信心，相信自己的贡献能够得到认可。因此，他们就会变得更有动力，会对工作更加投入。

· 你是否能引入一种新的理论或者不同的阐释方式？

· 遇到问题的时候能否不让自己困在约定俗成的思维模式和处理方法上？

· 组织机构是否需要弱化企业文化、强化道德规范？

· 组织机构是否允许员工发挥创造力？

· 组织机构是否能够确保员工的想法得到足够的尊重？

9.1.4.2　改变基本概念

此外，还可以考虑改变问题的基本概念。就像我们在第五章里看到的那样，一个概念代表着一个我们借以了解情况的结构，每一个概念都是一种通过学习获得的反应体系，我们可以自动套用这些概念对数据进行组织、对经验进行分析。没有概念就不可能有理解，在任何情况下，我们都会用现成的概念对感知到的一切进行分门别类的处理。

但是与此同时，概念也会影响我们的行为，它们代表了特定的反应或者对特定反应的预期，将高顺位反应列为标准并以此为基础组织我们的基本反应模式。它们不仅将我们过去习得的经验用于解决现在的问题，而且彼此影响、相互组织，构成了独立于我们主观意愿存在的复杂体系，影响着我们的行为模式。

每当面对不同寻常的情况和局面，我们总是会将其归入某个熟悉的类别，然后根据类别对其进行相应的处理。就这样，一个词或者一个短语就能引发一连串的想法，最后指向正常或常规的行为模式，但这样做却不一定能够解决问题，我们必须对相关概念进行分析，并在适当的时候对其进行改变。

举例：医生、会诊医生、医院管理层。如果你的工作是负责解决医疗资源有限，无法满足患者需求这个问题，那么你到了某个阶段就必须对“需求”这个概念进行分析。这个概念在绝对意义上指基本生存所需要的一切，但是你很快就会认识到，它在相对意义上指在特定社会中保持某种生活品质所需要的东西，而后者才是涉及有限资源的分配问题时思考、寻找答案的基础。

9.2 结论

创造力和幽默一样，均来自结构的不对等性。这些结构存在于我们的头脑里，帮助我们理解这个世界并在这个世界上行走。对这些结构进行改写和操纵能够让我们从不同的视角看问题，让我们得以拥有真正意义上的洞察与顿悟。使用本章讨论的这些方法，你就能够更加有效地获得这种领悟力，甚至能够将其变为你的常态。某些方法可能看上去很复杂、很繁琐，不过你一旦用简单的格式将其固定下来并经常使用，它就会变成你的第二天性。

第四部分

明辨性思维

近年来关于优秀思维的讨论主要集中在明辨性思维上。学会在思考的过程中对自己的思考进行思考，这是一项十分复杂的任务，需要掌握不同层面的多种思维技能。我们必须学会生成自己的观点，学会概念思维、因果思维、创造性思维以及明辨思维。

我们在学校不愿意教授学生这些思考技能，在课堂上教学生应该思考什么而不是如何思考，这主要是因为这些思考技能很难掌握，需要复杂的教学技能。相比之下还是向学生解释和描述事实、传授知识更加容易，而学生也只需准确记录这些事实和知识即可，不需要主动进行思考。

提高明辨思维能力是一项综合、复杂的任务，其目的是培养技能：

· 处理因逻辑和语言之间的张力而产生的所有问题；
· 对问题进行评论和讨论，并从我们最常用的角度看问题；
· 用演绎法和归纳法进行理性分析；
· 评估证据并从中得出可靠的推论。

这就意味着要用更加综合的讨论和理性分析来代替大部分学校里教的那种简单化对抗性辩论，参与者的目的是要揭示真理，而不只是在辩论中获胜，其中最重要的区别就在于要诚实面对所有议题，而不仅仅是那些支持你的证据和观点。想要做到这一点就必须调整我们的推理与论证，要对证据进行准确、客观的评估，不论最后的评估结果是否支持我们的观点。

这种较为全面完整的思考方式是苏格拉底于2400多年前提出来的，他反对空洞且过于简单化的传统辩论和辞藻华丽的雄辩术，发展出这样一种推理论证方法，剥去掩盖真理的一切误解和困惑，小心谨慎地探究权威及其学生、门徒的观点，不将任何事情视为理所当然，对最简单、最明显的事情也要天真发问。通过这种方式，他揭示了隐藏在令人困惑的语言背后那些论证过程中被视为理所当然的概念、缺乏足够证据证明的观点，以及被充满自信的辞藻所掩盖的那些自相矛盾的思想。

我们也必须使用同样的技能以同样的方式审视他人或自己的所有论证。一个论证过程想要做到令人信服取决于两件事：首先，论证的前提或陈述必须为真；其次，论证必须有效，即前提能够支持结论。换言之，即论证的内容必须为真，论证的形式必须有效，是否真的可以从前提中得出结论。

记住这两个关键点之后，我们还需要注意推论过程中不能犯错，使用语言的时候必须明确清晰并保持前后一致，要有充足的证据显示前提为真。然后我们需要将以下三点内容纳入常规思维的范围：

1. 论证

（1）是否有效？

（2）我所得出的结论是否符合我的假设？

（3）我的论证过程中是否有隐藏的假设？

2. 证据

（1）是否有足够的证据证明我的观点？

（2）是否准确描述了这个证据？

（3）我是否从证据中得出了可靠的相关推论？

3. 语言

（1）我的意思是否清晰、明确？

（2）我使用词语的时候是否保持前后一致？

（3）我所使用的语言中是否有我所不知道的含义？

即使是最伟大的思想家脑子里也会有半真半假的观点，会有迷信、谬误和偏见。我们都会犯同样的错误：未做基本的逻辑检验就从某个不知真假的观点推论出另外一个观点；使用了未经检验或者以偏概全的证据；使用语言的时候出现误导或者前后不一的现象，从而未能揭示其内在含义。解决所有这些问题的关键就是要对我们的观点和想法保持怀疑态度，并在写作和思考的时候牢记这一点。

在接下来的七章里，我们将学习如何对论证、证据、语言进行审核，学习一些简单的方法与惯例来检查论证的构成以及论点之间的连接，确保我们对论据的描述尽量准确，能从论据中得到可靠的推论，清晰地使用语言、保持语言的连贯性，理解我们所使用的概念所具有的全部含义。

10 用论点思考之一：论点的构成

我们从第二部分的内容得知思考的意义不在于想法本身，而在于想法之间的关系。人类智力的一个突出特点就是有能力识别想法之间的相关联系并对其进行组织，这个过程就是概念思维。认识到这些关联并创建思维模式以后，我们在第三部分用它们来寻找问题的解决办法，这个过程就是创造性思维。

现在，我们必须对这些新的想法和观点进行审视和检验，确保论证的前后一致性，这个过程就是明辨思维。虽然明辨思维本身不会产生新的想法，但是它能帮助我们决定哪些论点值得保留，告诉我们如何做出想要的关联，然后理性、持续地发展自己的想法。你或许提出了最具洞察力的观点，用全新的方式对自己的想法进行了综合，但是如果不能用合乎理性和逻辑的方法建立起连接，那么你的观点就很有可能毫无价值可言。

在本章和下一章里，我们将研究如何提出具有连贯性、前后一致的论证。首先，我们必须了解所提论点的构成：前提属于哪一类?

是否有遗漏？我们是否将某些前提视为理所当然？然后在下一章里，我们将学习一些对所建关联进行检验的方法。

10.1 两种思维方式

那么，我们怎样才能学会从一个论点合情合理地推导出另一个论点，在保持前后一致、符合逻辑的情况下推动论证过程呢？首先，我们必须学会区分两种不同的思维方式：演绎思维和归纳思维。

10.1.1 演绎思维

演绎论证是由一般到个别的论证方法，即从“所有”或者“有些”这种一般性前提或大前提（“所有单身汉都是没有结婚的人”），加上一个特定案例的小前提（“约翰是个单身汉”），得出最后的逻辑结论（“因此，约翰没有结婚”）。如你所见，在这个简单的例子中，最后得出的结论建立在两个前提的基础上且符合逻辑。在一个合逻辑的或“有效的”演绎论证中，如果前提为真，则结论一定为真，因为结论永远不会超出前提的范围。

举例：有效论证。

如果我的大前提为：“所有狗都是动物”；

那就必须再加上一个特指某条狗的小前提：“奥德斯是一条狗”；

这样就能得到符合逻辑的结论：“奥德斯是一只动物。”

上述例子中，我们知道大前提为真，如果小前提亦为真，则结论一定为真，因此这样的论证是有效论证。换言之，结论是前提的逻辑论证结果。这里需要注意的是有效性和真实性之间的区别。

> **有效性**：论证的形式，前后是否一致、是否具有连贯性。
>
> **真实性**：论证的内容，前提是否为真。

有效性保证在前提为真的情况下结论一定为真。如果某个论证为有效论证，则不可能出现前提为真的情况下结论为伪。

> **有效性**：保证在前提为真的情况下结论一定为真。

10.1.2. 归纳思维

与结论永远不会超出前提的演绎论证正好相反，归纳论证的结论永远超越其前提所圈定的范围。在归纳论证中，我们从对某些特定事件的观察所得入手，鉴于它们全都在某个重要的方面表现出类似特点，因此推而广之认为其适用于该类型的所有事件，不论我们有没有实际观察到这些事件，不论这些事件发生在过去、现在还是未来。换言之，我们虽然只掌握了数量有限的观察所得，但是能够在此基础上得出普遍适用的无限结论，能够超越实际观察所得的范围。

> 归纳论证超越前提所限定的范围。

17 世纪法国哲学家、物理学家布莱士·帕斯卡（Blaise Pascal）为了检验其提出的大气压定律，曾和姐夫贝利埃一起带着气压计多次爬上多姆山顶，最后得出水银柱的高度随着海拔高度的增高而降低这一结论。他根据实际观察，得出了大气压随着高度的增加而降低的结论，其论证过程如下：

1. 第一次将气压计带到山顶的时候（即高度增加），气压计的读数下降。

2. 第二次将气压计带到山顶的时候，气压计的读数下降。

3. 第 n 次将气压计带到山顶的时候，气压计的读数下降。

4. 因此，当高度增加的时候，所有气压计的读数都下降。

如果想要让这一论证成为有效论证，我们还必须在前三句话后面插入另外一个假设：

所有未实际观察所得与观察案例所得类似。

这样我们就可以提出以下有效论证："高度增加时所有气压计的读数都下降。"如你所见，这种假设都有一个同样的问题：根据有限的证据得出具有普遍性的结论。正像苏格兰哲学家休谟所指出的那样，这是一个恶性循环：如果想让归纳法为真，我们需要归纳法为真。

这样一来，所有归纳论证都有可能无效，因为其前提永远都没有办法证明我们从中得出的结论。即便如此，这是我们能从实践证据中得出普遍结论的最好方法。在本书第十二章至第十四章中，我们将详细论述进行归纳论证时需要避免哪些常见错误。本章和下一章的内容则主要关注演绎论证法。

在这些用演绎法和归纳法进行论证的简单结构中蕴藏着人类巨大的推理能力，同时也显示了逻辑的重要性。这两种论证方法让我们迈出了探索世界的第一步，让我们开始尝试着去理解他人和外面的世界。归纳法让我们有能力将自己对独立、个别事物的理解延伸至更大范围，增加了我们对世界及自然力量的认识与了解。

10.2 检查论点的内容：前提属于哪一类？

使用演绎法进行论证时，我们必须检查以下两项内容：

1. 论证的内容：包含我们想法的前提；

2. 论证的逻辑：明确前提之间的连接与关系，即推理。

我们要问的第一个问题是：都有哪些种类的前提？如果混淆它们的种类，我们就会犯错误。其中最为明显的两个类别就是事实和价值判断。如第二章所指出的那样，事实指事物本来的样子，可用对错进行评估，而价值判断指事物应该有的样子，无法用对错进行评判；前者是描述性的，而后者具有规范性。有很多价值判断都是个人的意见和见解，并没有客观标准对其进行评价。

事实	价值
事情本来的样子	事情应该怎样
具有描述性	具有规范性

因此，我们需要特别注意的问题就是不能将二者混为一谈，不能从纯事实的前提得出含有价值判断的结论。很多人都会趁别人不

注意的时候将自己的意见当作事实陈述提出来。比如以下这个例子：

所有重要的工程项目最后都会导致税收上涨。新的发电厂是重要的工程项目。因此必须阻止建设新的发电厂。

这里的大前提和小前提均陈述了事实，不论其是否为真，但最后的结论却属于价值判断。前面我们说过，演绎论证之所以有效，是因为其结论已经包含在前提里面。这里需要记住一个关键的原则：

不能得出没有包含在前提中的结论。

这就意味着不能从没有包含价值判断的前提中推论出价值判断的结论。因此在上面的例子中，如果想要得出“必须阻止建设新的发电厂”这一结论，大前提就必须为：

必须制止所有的重要工程项目，因为它们会导致税收上涨。

我们经常会在不知不觉之间将价值判断引入论证过程中，就像第二章中提到过的那样，“诚实”“英雄主义”“承诺”这些词中既有事实因素，也有价值判断因素，将其用于事实性的论证很有可能在不自知的情况下夹杂了价值判断。

10.3 是否有遗漏?

确定所使用的前提属于哪一类之后，我们还必须检查是否有遗漏。

时间不宽裕的时候，或者认为某个隐含前提是其他人都知道或认可的时候，我们进行论证的时候通常不会将这些前提清楚地说出来。这样做出的论证可能是有效的，但是必须将隐含前提也列出来才能得到印证。以下论证中就有隐含前提：

1. 奥德斯是条狗。

2. 因此他很忠诚。

很显然，这里的隐含前提是：

所有狗都很忠诚。

这看上去并不难，但是我们经常会遇到下面这种浓缩在一个句子里的论证过程，判断其是否为有效论证就需要费一点思量：

1. 客户不能期望 ×× 这样的跨国公司提供无微不至的照顾。

2. Dishglow 牌洗涤液今年的销售超过排名其后三个竞争品牌的总销量，显然是市场上最好的洗涤液。

3. 近年来进教堂做礼拜的人数大大增加，显示我们的社会更趋宗教化。

4. 如果连他都不信，那你还能相信谁呢？毕竟他是位神职人员。

10.4 要点一览

这些并不难理解，但是最大的问题是如何在日常思考和写作中常规性地使用这些知识，记住以下几个简单的问题能够帮助你对自己提出的论证进行检验：

> **论证的内容：**
>
> 1. 我的前提是否纯属事实？
> 2. 是否存在我没有揭示的价值判断？
> 3. 我是否列出了全部前提？我的论证是否依赖隐含前提？

10.5 结论

我们在日常生活中的大部分论点和论证都不是非常严谨，会有这样那样的小问题，其中比较常见的有：不相关性、未经检验的假设、冗长的表达。为了检验论证的一贯性和逻辑性，为了揭示论点的内在结构，我们需要按照本章内容的要求去做。开始的时候可能很难，但是多练习几次就能掌握这些技能，将前提剥离出来，抛开其他不相关的内容，检查每一部分内容属于哪一类，确保没有出现遗漏。完成这些以后，我们就可以推进到下一步，开始检查各部分之间的逻辑关系。

11 用论点思考之二：论点之间的关联

我们知道了论证的各部分内容，知道它们属于哪一类以及没有任何遗漏和隐藏，现在可以进入下一步，开始分析他们之间的关系。

11.1 限定词

将前提与结论联系起来的时候，要检查你的论点是否保持前后一致。如果你在前提中认为“大多数”人同意某个观点，则不能在结论中提出“所有人”接受该观点。“有些”“大部分”“所有”“小部分”这样的词即为限定词，显示你所提出论点的适用范围。我们将在下一章讨论如何准确描述证据的时候详细讨论限定词，本章主要关注前提与结论之间的连接。

限定词十分重要，问题是我们对待这些词的时候并不是很重视，结果就是非常容易轻信那些本来应该持怀疑态度的事情。

举例：记者或广告商。不谨慎的记者在想要强调某个观点的时候，或者广告商只关心提高产品销量的时候，他们就会故意省略“所有”“从不”“有时”这样的限定词，因为读者一旦看到这些限定词就会更加认真思考自己所看到的观点和信息。

当然，我们也会犯同样的错误，看到报纸上说警察部门的发言人声称年长者比年轻人更注意驾驶安全，于是认定菲利普比马克开车的时候更加稳健，因为菲利普年纪大一些。但实际上发言人很有可能认为这是“一般规律”，而我们却将它当作“普遍真理”并用来比较菲利普和马克两个人。

这种一概而论的倾向非常具有欺骗性，让我们容易陷入某个特定的论点类别（“所有”“每一个”“总是”等），不愿意去认真分析论据或者选择能够反映实际情况的合适限定词（“几乎所有人”“一般人”“很少有人”等）。

限定词能够马上给我们一种确定性，让我们突然之间对某件事有了更加清楚的认识，因此可以更有信心地规划我们的生活和思想。在写作技能十分高超的作家手里，这种瞬间的清晰感还能产生机智、诙谐的效果。英国作家王尔德（Oscar Wilde）作品中的大部分幽默都属于这个类别，他在《温德米尔夫人的扇子》（*Lady Windermere's Fan*）中这样写道：

> 如果你假装自己是个好人，世界就会拿你当回事；如果你假装自己是个坏人，世界就不拿你当回事。这就是乐观主义的愚蠢之处。

> 把人分成好人和坏人是件荒诞的事情，因为人只能分为迷人与乏味两种。

上述句子的诙谐与机智取决于我们认为人“每一次”假装自己是“好人”或者“坏人”的时候都会如此，在“所有”情况下人都可以分成“迷人”与“乏味”两种，而不是“好人”和“坏人”。作者通过尖锐的区分类别，让我们从全新的视角思考问题。下面这个句子摘自王尔德的《道林·格雷的画像》（*The Picture of Dorian Gray*），虽然我们不知道是否所有慈善者都是这样，但肯定会用不同的目光看待社会上的某个特定阶层：

> 慈善者完全没有幽默感，这是他们最主要的一个特点。

当然，在王尔德的作品中，我们不能拿他写的这些句子全都当真。柯南·道尔在塑造福尔摩斯这个人物形象的时候也会使用类似的写作手法，但目的有所不同，主要是为了展示福尔摩斯传奇式的演绎推理能力：

> “当然了，”福尔摩斯说。“看他的那种仪态举止，还有脸上威严的表情，加上晒得黝黑的皮肤，应该不难猜出这个人的身份。当过兵，陆军二等兵以上，刚从印度回来不久。”

上述推理补充完整之后如下：

1. 具有那种仪态举止、脸上有威严表情、皮肤晒得黝黑的（所有）人都是刚从印度回来不久、军衔高于二等兵的军人。

2. 这个人有那种仪态举止、脸上有威严表情、皮肤晒得黝黑。

3. 因此他是刚从印度回来不久、军衔高于二等兵的军人。

读小说的时候，你可能会觉得上述论证十分令人信服。但是如果你加入潜在的限定词“所有”以后，大前提就变得站不住脚了，因为并非“所有”符合这三个条件的人全都是刚从印度回来不久、军衔高于二等兵的军人，其他人也有可能具备这三个条件，但并不是军人。

当然，福尔摩斯的意思是说符合这三个条件的人“大部分”都是刚从印度回来不久、军衔高于二等兵的军人，因此眼前这个人“很有可能”也是军人。如果加上这些限定词，则福尔摩斯推理中的确定性就会大为降低，从而大大削弱了他的观点。

限定词：在前提和结论里是否保持前后一致和准确？

11.2 周延术语

省略限定词还会产生另外一个常见问题。在很多陈述中，如“商人对工人不好”或“记者不关心真相”，实际上我们都省略了“有些”这个限定词。但是如果加上限定词的话，就无法得出原来的结论。周延术语就是指该属于所代表类别中的每一个部分和成员，如对“商人”这一术语进行周延，我们就可以说：

所有商人都对工人不好。

这就意味着我们能够以此为大前提，加上小前提得出以下结论：

马尔科姆是商人。
所以马尔科姆对工人不好。

如果我们在大前提里加入部分限定词，则出现以下论证：

有些商人对工人不好。
马尔科姆是商人。
所以马尔科姆对工人不好。

如你所见，这并不是一个有效的演绎推理，因为马尔科姆有可能是那种对工人好的商人。识别这种错误最好的办法就是每次进行归纳的时候都问自己一个简单的问题：“这是一个普遍适用的论点吗？”

实际上，关于限定词的重要性，我们在很小的时候就已经知道了。苏珊·斯泰宾（Susan Stebbing）在畅销书《有效思维》（*Thinking to Some Purpose*）中提到过这样一个例子。有个 4 岁的小姑娘因为不讲餐桌礼仪而受到保姆的斥责：“艾米丽，没人用叉子喝汤。”结果小姑娘回答：“怎么会没人用叉子喝汤呢，我就是人啊。”

周延术语：这是一个普遍适用的论点吗？

11.3 处理术语

限定词和术语周延问题普遍存在，而没有处理好术语所产生的问题则更加常见，一般情况下都是因为扩大或者缩小了术语的实际应用范围，从而导致结论与前提的限定范围不重合。

所有孩子都天真无邪。

大人不是孩子。

所以大人全都不天真无邪。

你或许认为这个结论是对的，但实际上这个论证无效，因为无法从前面两个前提得出最后的结论。大前提并未将其他人群从“天真无邪”这一类别中排除，而有些大人是毫无机心、一派天真。如以下维恩图所示，代表孩子的“C”与代表天真的“I”这两个圆圈不是重叠的关系，即“所有孩子（C）都是天真无邪的（I）”并不等于“所有天真无邪者（I）都是孩子（C）”。

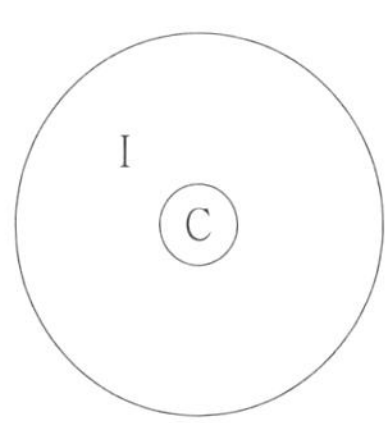

处理术语：我有没有扩大或者缩小了术语的使用范围？

11.4 不当换位

这也是不当换位的一个好例子。换位指一个句子里主语(“孩子”)和谓语（“天真无邪”）交换位置。很多种情况下，这种交换的结果都是有效的，但上述例子不在此列，因为我们只是想当然地认为只要“所有 A 都是 B”，那么“所有 B 都是 A”。

错误并不在于前提本身，而在于使用前提的方法，我们认为前提能让我们推导出某种结论，但实际上做不到。举例来说，你可能非常合理地认为如果一个人喝太多酒成为酒鬼，就很有可能因此变得一贫如洗，因为他会丢掉工作、失去家人和房产，最后只能露宿街头。但是，不能因此就认为如果某人一贫如洗就一定是个酒鬼。

某些论点的主语和谓语是可以互换位置的，但前提是二者之间是完全排除关系。举例来说，如果没有女球员加入这个足球队，那么我就可以说这个足球队里没有女球员。

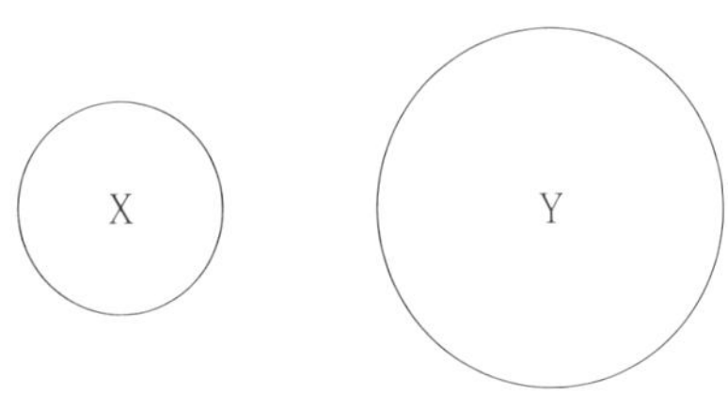

如果主语和谓语之间是部分包含关系也可以互换位置。例如：你可以说“有些爱国者是和平主义者”，那么你就可以说“有些和平主义者是爱国者”。

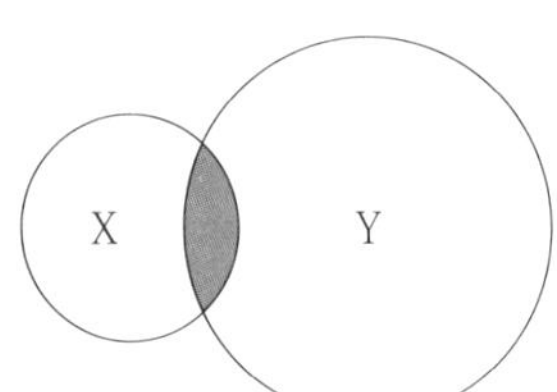

但是，如果是完全包含的话就不能反转过来。例如：所有统计学家都是数学家，我们不能因此推断所有数学家都是统计学家。这就是不当换位。

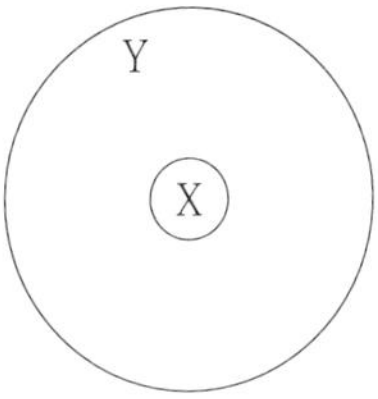

实际上，很少有人不犯这个错误。在讨论的时候，我们很容易从一个关于主语的普遍陈述推断出关于谓语的普遍陈述。很多俗语和谚语警告我们这种不当换位的危害，比如“闪光的并不都是金子”。

在现实生活中，很多形式的种族歧视和歧视都是从这种错误开始的。有人从别人那里听说或者从报纸上读到街头抢劫的事情，似乎每一次的犯案者都属于某个特定的人种，因此下意识地进行了不当换位，认为这个人种的所有人都是抢劫犯。换言之，他们认为所有 X 都是 Y，因此得出结论所有 Y 都是 X。

关于这一点必须记住两个重要原则：

1. 完全排除是一种可转换关系，而完全包含则不是；

2. 部分包含也是可转换的。

不当换位：我是否错误地交换了主语和谓语的位置？

11.5 不当置换

错误使用前提的另外一种常见方式就是不当置换。每一个命题都有正反两种表达方式，比如“没有哪个高尔夫球手是不争强好胜的”和“所有高尔夫球手都争强好胜”表达的是一个意思。

这种形式就是改变原命题的“质”（肯定与否定），从肯定变成否定的时候很容易犯错，得出未经证实的结论。举例来说，以下是一个归纳性陈述：

所有高尔夫球手都争强好胜。

有人可能会从中得出下面的结论：

所有不是高尔夫球手的人都不争强好胜。

很显然，这个论证是无效的。这就是不当置换的例子，二者关系用维恩图表示如下：

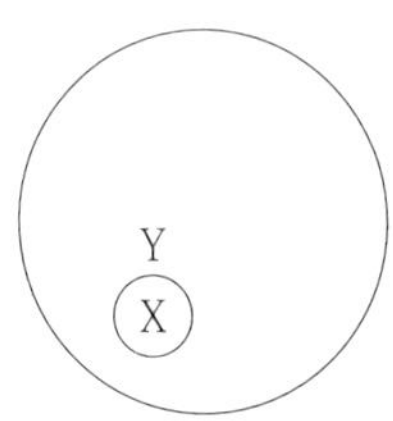

不属于 X 类别的并不一定也被排除在 Y 类别之外，不是高尔夫球手并不意味着就一定不争强好胜。在很多其他运动项目、活动和职业中，如果想要成功也需要有竞争心。

不当置换：我是否错误地认为非 A 即非 B？

11.6 肯定后件与否定前件

最后还有一个将两个观点放在一起解释某件事情的时候最常犯的错误，如果不对后一个论点进行认真仔细的研究，结论看上去会很有说服力，其显著特点是以“若/则”为基本结构的条件命题或假设命题。那么，这其中到底有什么问题呢？

> **举例：管理层与雇员。**如果让雇员参与公司的管理，则公司就能成功。但是，因为这家公司的雇员没有参与公司管理，所以公司不成功。

我们知道，在体育项目中服用兴奋剂的人会被取消资格，在此基础上可以提出以下论点：

> 如果发现有运动员服用了兴奋剂，那么该名运动员就会被取消资格。

上述假设命题可分为两部分：以“如果”引导的从句为“前件”，以“那么”引导的从句为“后件”。在这个例子中，如果将假设命题当作论证中的大前提，则可论证如下：

> 1. 如果发现有运动员服用了兴奋剂，那么该名运动员就会被取消资格。
>
> 2. 斯蒂芬被查出服用了兴奋剂。

3. 因此他被取消了资格。

这种论证有两种有效形式，一种是“肯定前件”。上面例子中前件为“如果发现有运动员服用了兴奋剂”，第二个前提肯定了该前件“斯蒂芬被查出服用了兴奋剂”，据此可得出有效结论“他被取消了资格”。

第二种有效论证形式是“否定后件”。在上面的例子中，后件为“……那么该名运动员就会被取消资格”，如果第二个前提中否定了斯蒂芬被取消资格，那么就可以据此得出结论他没有服用兴奋剂。

这里有两条很简单的规则，只有在肯定前件或否定后件时方为有效论证。如下表所示：

	前件	后件
有效论证	肯定	否定
无效论证	否定	肯定

因此，我们必须避免犯的错误推论为：否定前件、肯定后件。

无效形式：

1. 否定前件
2. 肯定后件

如果否定前件，则论证形式如下：

1. 如果发现有运动员服用了兴奋剂，那么该名运动员就会被取消资格。

2. 斯蒂芬没被查出服用兴奋剂。

3. 因此他不会被取消资格。

这一论证显然无效，即使没有查处斯蒂芬服用兴奋剂，这并不意味着他就一定不会被取消资格，因为他有可能会因为其他不诚实行为被取消资格。

另一种错误推论就是肯定后件，得出不确定或者无效的结论：

1. 如果发现有运动员服用了兴奋剂，那么该名运动员就会被取消资格。

2. 斯蒂芬被取消了资格。

3. 因此他被查出服用了兴奋剂。

斯蒂芬被取消资格很可能是因为其他原因，服用兴奋剂只是其中的一个原因。

11.7 必要条件和充足条件

我们经常犯上述这些错误的原因有很多，其中一个就是在命题“若 X 则 Y”中将作为 Y 充分条件的 X 当作了唯一充分和必要条件。如果说某件事是另外一件事发生的“充分”和“必要条件”，这就意味着不需要再去找其他的原因。如果弄错了这一点，我们实际上就是混淆了“当 X，则 Y”与“当且仅当 X，则 Y”这两个不同的假设命题。

仍以斯蒂芬为例，若将大前提改为“当且仅当发现有运动员服用了兴奋剂，那么该名运动员就会被取消资格”，这就是说服用兴奋剂是被取消资格的唯一原因，那么如果斯蒂芬被取消了资格，那就只能是因为他服用了兴奋剂。

假设命题：一定要检查有没有否定前件或肯定后件？

举例：管理层与雇员。我们再来看前面的那个例子，它有什么问题呢？经过上面的分析，你现在肯定能看出这个论证犯了否定前件的错误：

1. 如果让雇员参与公司的管理，则公司就能成功。
2. 这家公司的雇员没有参与公司管理。
3. 所以这家公司不成功。

和斯蒂芬被取消资格一样，虽然雇员没有参与管理，公司是否能够成功还取决于其他一系列因素，就算雇员参与了管理，公司仍然有可能不成功。

尽管如此，你能看得出来这种论证很有吸引力，这主要是因为我们认为雇员的参与是公司成功的必要和充分条件，是公司之所以能够成功的唯一所需条件。如果实际情况确实如此的话，那么这种论证就是有效的。但是这样一来我们就必须将论点改为：“当且仅当雇员参与管理的时候公司才能取得成功。”

举例：福尔摩斯。柯南·道尔的故事里有不少这样的错误，福尔摩斯经常煞费苦心地说服毫无主见的华生和运气不佳的雷斯垂德探长他的成功来自其著名的演绎法。在“博斯科姆比溪谷案”（*The Boscombe Valley Mystery*）里，柯南·道尔曾经这样解释道：

我们坐上出租车走了十几分钟……福尔摩斯还在研究从树林里找到的那块石头。

他举着石头对探长说：“雷斯垂德，这是凶器。”

“我没看见上面有什么痕迹。”

“那是因为本来就没有。”

“那你怎么知道这是凶器？”

“因为草压在石头下面，说明石头几天前才出现在那里，而且不是从附近带过去的。石头和伤口吻合。

福尔摩斯的推理过程可总结如下：

如果凶器是一件重物，那么我们就会发现它压在草丛上面。

这块石头压在草丛上面。

所以这块石头就是凶器。

福尔摩斯认定如果有块石头压在草丛上面而且是最近被人扔在那里的，那就只有一个原因：凶手逃离作案现场以后扔掉了作案工具。

换言之，他认为：

当且仅当石头为凶器的时候，它才会压在草丛上面。

这是认定石头为凶器的一个必要原因，但并非充分原因。关于石头为什么会出现在那里且压在草丛上，我们还可以想到很多其他的原因，比如说有个男生放学以后随手从地上捡了块石头扔出去，想看看自己能扔多远；还有可能是园林工人想建造一堵石头墙或者石头山，运送石料的时候路上不小心掉了一块石头。

11.8 要点一览

我们在这一章研究了论点之间的连接方式。以下要点一览表列出了最常见的问题，进行思考和论证的时候需要格外小心。这些技能看上去略显复杂，但是用了几次之后你就会变得熟练起来。你可以把本书这些要点一览表集中起来放在手边，经常对照使用，相信很快就能完全掌握了。

逻辑连接：

限定词：在前提和结论里是否保持前后一致和准确？

周延术语：我论证中的对术语的周延是否能让我得出结论？我的归纳是普遍适用还是部分适用？

处理术语：我有没有扩大或者缩小了术语的使用范围？我的结论是否超出了前提的范围？

> **换位**：我是否错误地交换了主语和谓语的位置从而得出不当结论？
>
> **置换**：我是否错误地从肯定形式变成否定形式从而得出不当结论？
>
> **假设命题**：我有没有否定前件或肯定后件？

11.9 结论

我们在上一章说过，人类智力的一个突出特点不是你知道什么，而是你用智力做了什么，即我们有能力识别想法之间的相关联系并对其进行组织，这并不是逻辑思维或者明辨思维能够做得到的，因为这两种思维都不能帮我们归纳出一个新观点，但是它们能够帮助我们决定哪些新观点值得保留。在下面两章内容里，我们将学习归纳论证中在使用论据的时候哪些值得保留以及必须避免哪些错误。

12
用论据思考之一：描述论据

法国作家安德烈·马尔罗（André Malraux）认为："毁掉一件艺术品的不是情感，而是想要展示证明什么的欲望。"同样道理，毁掉出色思考的不是情感，而是罔顾论据想要得出结论的冲动。

12.1 归纳思维

我们已经学习了如何避免演绎思维中可能出现的问题，现在可以把注意力转向归纳思维了。使用归纳法进行论证的时候，如果想要从论据中得出有效结论，我们必须注意两个方面：一是对所用论据的描述必须准确，二是必须在论据的基础上进行正确推论。

但是在很多情况下，由于我们对论据的描述不当或者不准确，从而导致结构良好的论证无效。因此我们必须格外小心，否则很容易在非典型的例子或不足及加权论据的基础上犯过高或过低估计的错误。

不论在哪个知识探究领域，概括归纳都是第一步，否则我们对世界的了解就只能受限于孤立的特定事实。我们的安全感在很大程度上来自一种肯定性，即知道这个世界是根据某些普遍规律运作的，是规律的、是可预测的。如果失去概括归纳的能力，我们就会失去这种安全感。但在很多时候，尤其是当我们的思考被强烈的情感所左右，或者当我们对某件事情深信不疑的时候，就会得出无效结论。

12.2　非典型等例子及不足或加权论据

在所有的问题中，最常见的就是根据非典型的例子、不足论据或加权的论据进行归纳和概括，通常表现为三种形式：根据单个或者孤立案例得出结论、根据选定案例得出结论、根据未经证实的推论或我们的偏见、成见得出结论。一般情况下，只要问自己以下三个简单的问题就能有效避免犯这三种错误：

> 三个问题：
>
> 1. 归纳是否基于数量充足的观察案例？
>
> 2. 这些案例是否为典型样本？
>
> （1）是否典型？
>
> （2）是否有特殊条件？
>
> （3）是否有例外？
>
> 3. 这种概括归纳为真的概率是多少？根据此概率相信其为真是否合理？

解决了前两个问题之后，我们还必须考虑第三个问题：这种概括和归纳为真的概率是多少？我们可以提出这样一个论点："所有比空气重的物体在没有支撑的时候都会落回地面"，这是一个具有普遍性和无限性的论点，而我们所掌握的论据确实是有限的，但是我们所观察到的每一个例子都支持这个论点。具有普遍性的论点不仅适用于过去和现在的例子，也适用于将来的例子。

因此，我们在提出一个论点的时候必须有信心，相信已经观察到了足够数量的案例，相信这种规律为真的概率非常高。在历史学、人类学、社会科学以及某些自然科学领域，我们无法用实验来证明这种归纳的可靠性，这就意味着必须格外小心，不能滥用这种信心。毕竟，像彗星、超新星以及文明的崛起与衰落这种现象都是比较罕见的。在专业领域就更是如此，因为在事关人命的情况下，我们不能用人的性命来做实验。

12.3 夸大论据或估计不足

我们在描述论据的时候会犯夸大或者估计不足的错误，其中最常见的就是夸大论据。

12.3.1 全部 / 有些

我们总是会有意或者无意地将部分与全部、总是与经常混为一谈，将实际上“经常”发生的事情说成“总是”如此。比如说，我们常说“坏天气总是来自西方”，而实际上是坏天气“通常”来自西方。像“通常”“几乎”“很少”“几乎不”这种限定词很容易被一些简单的绝对化用语所代替，比如“全部”“总是”“从不”“没人”，但实际上很少有充足的论据能证明这类论点。

· 措辞与论据的程度应该相符；

· 使用简单的绝对化用词时要格外小心。

12.3.1.1 分析命题 有些情况下，对于某些种类的论点来说，我们当然可以使用绝对化的词语。但是即便如此，这些词语的使用范围也比我们普遍认为的有限，通常用于描述已知的特定事物，如“我所有的朋友都是研究生毕业的”或者“我口袋里所有的硬币都是1974年铸造的”；或者根据其定义本身及各组成部分的含义可判其为真。

举例来说，我们可以断言“所有单身汉都是未婚的男人”“所有猫都是动物”或者“所有自行车都有两个轮子”，因为这些词语的定义就是如此。“单身汉”的词义就是“未婚的男人”，因此“所有单身汉都是未婚的男人”这一论点为真。同样道理，将“猫”和“自行车”这两个词的意思展开以后就能得到在“所有”情况下都适用的一些特点，因此将其与相关特点连接起来就能得到合理的结论。

12.3.1.2 经验命题 除了分析命题以外，我们还会遇到经验命题，即命题超出其术语含义的范围。有些情况下我们可以使用绝对化词语表达特定的已知事物，比如我们的朋友或者口袋里的硬币。我们可以用归纳法断言：“这个房间里所有人都是男人”或者“所有党员都投票给了X先生”，因为很容易对相关论据进行验证。

不过这种情况并不多见，大部分情况下都无法通过展示事实或者分析其组成部分的含义对经验命题进行验证，比如“没人相信杀海豚的做法是对的”“所有人都认为恐怖分子应该被判死刑”“在过去的70年时间里，没有人对汽车的价值表现出严重的怀疑”。

很显然，上述每一个命题都有例外情况，你只需要找到一个人认为杀海豚没问题、恐怖分子应该被判终身监禁、汽车摧毁了我们的生活品质，就能推翻这些命题。

12.3.1.3　选择合适的限定词　除了注意不要用简单的绝对化用语夸大论据之外，我们还必须小心选择合适的限定词。

举例：当我们说“坏天气通常来自西方”，那么需要思考论据是否仅支持“有些时候如此”这个论点。当我们说“只有少数人认为公众有权知道自己居住的社区有刑满释放的恋童癖”，是否真的有证据支持这一论点，即持这一观点的人是否不超过50%？当我们使用“或许”“大概”“可能”这些形容词的时候，是不是意味着一半一半的可能性?

12.3.1.4　“有些”这个词会让论点失去意义　我们之所以更喜欢用“全部”“所有”这种绝对化的词语，其原因是显而易见的。在前面的章节里，我们已经讨论过类别式的陈述能够让我们从前提得出结论，而一旦使用了“有些”这个词，除非明确说出具体比例，否则论点就会失去意义。“所有”这种命题很容易被推翻，你只需要找到一个反例即可，因此通过验证的命题就会带有某种意义。相比之下，“有些”这种命题几乎无法推翻，因此也就没有什么太大的意义。

举例：商人。如果我们说“有些商人对工人不好”，这种观点无可争议，只要以两个对工人不好的商人为例即可证明其为真。但与此同时，这个观点也没有太大的意义，除非我们能说明其准确的比例是多少。

12.3.2 “典型”“正常”“平均”

12.3.2.1 典型 为了避免犯夸大论据的错误，最好的办法就是尽可能小心、准确地描写论据。媒体为了保证报道的准确性经常用到“典型”“正常”“普通”“平均”这种形容词，但是使用之前你应该知道这些词汇所表达的确切含义是什么，比如“典型的房主”“正常家庭”或者“普通工人”。

举例：记者。记者喜欢用想象中的个体来代表社会中的某个群体，比如“英国工人”“美国纳税人”“澳洲农民”等，好像这样我们就能马上了解这些同类人群所共有的价值观、愿望、利益、需求。

但是他们的典型性到底表现在哪里？有多少人不符合这些刻板印象？我们可能认识某个英国人且这个人确实是工人，但除此之外我们可能一无所知。因此，如果想要用这种方式来表示某个证据样本，我们就必须对其进行限定。

举例：民意调查。当代民意调查问卷的编纂者们会费尽心思地选择最具代表性的调查对象，了解当前的公众意见。他们所选定的调查对象不仅覆盖所有主要类别（收入、教育背景、职业、地理分布等），而且还会赋予每个类别相应的权重。

12.3.2.2　平均　即使是像“平均”这种最准确的表达方式也会造成一样的困惑，我们必须进一步明确其具体含义到底是算术平均、中位数，还是众数平均。大部分情况下，这个词一般指算术平均，即将一个数列里的所有相关数字全部加起来，然后除以数字的个数。而中位数则是指数列里位于最中间位置的那个数字，众数则是数列中出现次数最多的那个数字。

举例：教师与考试成绩。如果你是一名教师，学生的考试成绩如下，哪一种平均数最有用？

92、87、86、85、84、84、82、81、81、81、81、79、76、72、70、70、70、68、65、62、59、55、53、47、43、38、26、20、14。

平均数：65.9

中位数：70

众数：81

算数平均很容易误导人，因为它无法提供成绩的具体分布情况，学生的成绩有可能全都接近这个平均数，也有可能从低到高平均分布或者呈两极分化的态势。如果用这种方式计算很多工业化国家的平均收入水平，我们就有可能会得出错误的结论，因为财富的分布并不均匀。

> **算数平均**：不能提供具体的分布信息。

众数是这三个平均数里最有用的一个，因为它考虑了数字的分布情况，所以最具代表性，能够识别最经常出现的那个数字，即指出整个数列里最大的子群。正是出于这个原因，众数经常被视为数列中的“典型”代表。在日常生活中，我们所说的平均数通常都是指众数，就是你最有可能遇到的数字，不会像算术平均数那样被两边的极端数字拉高或者拉低。

12.3.3 统计数字

避免这些问题还有一种办法，就是准确运用统计数字。不过我们也知道统计数字同样可以误导人，正像苏格兰诗人安德鲁·朗格（Andrew Lang）曾经说过的那样，统计数字之于我们有时就像灯柱之于喝醉了酒的人一样，主要借其为自己提供支持，而不是想要它的光亮。使用统计数字通常会犯三种错误：隐藏条件、用来比较的统计数字之间缺乏统一性、将绝对数字和比较数字混为一谈。

> **统计数字的三个常见错误**：
>
> 1. 隐藏条件；
>
> 2. 不同的统计数字之间缺乏统一性；
>
> 3. 绝对数字与比较数字。

12.3.3.1 隐藏条件 这有可能是最常见的一个错误，虽然结果看上去非常令人信服，实际上毫无可信度。

举例：犯罪统计。报纸杂志有时会报道某些罪案的年增长率惊人，但并未指出这很有可能是因为“报案率”上升所导致的结果，其增长原因可能与刑事司法体系并没有关系。

与以前报案手段较少相比，电话的普及让报案变得更加容易。保险公司更改了保险政策，规定因某些罪案造成的损失或伤害必须有警方出具正式报告方可理赔。对强奸和虐童这样的罪案来说，如果调查当局采取新措施更加照顾受害者的感受，报案率也会上升。而像蓄意破坏这样的案件，因为破案率极低，大部分人都会认为报案也没有什么用，所以报案率较低。

举例：早餐麦片。在近期广告大战中，某个畅销品牌早餐麦片生产厂商声称：“研究表明，选择我们麦片的孩子思维敏捷度提到 9%。”为了评估这一论点的可靠性，我们至少需要做两件事：参与这项研究的孩子人数和隐藏的假设。我们需要知道这是否意味着如果孩子吃早餐，不论是哪种早餐，他们都不会在上课的时候趴桌睡觉。只要吃东西，他们的能量就能保持在一定水平，让他们集中注意力，表现更优秀。

12.3.3.2 缺乏统一性 此外，我们还需要知道“思维敏捷度”这个词的意思以及如何衡量。在讨论更大范围的问题时，我们很容易将某些事情视为理所当然，认为我们对这些事情的看法全都一样。比如说，当我们使用“压力”“抑郁”这些词的时候认为其他人的观点和我们一样，或者我们对某个问题的认识和其他人一样。

举例：压力与乳腺癌。根据《英国医学杂志》（*British Medical Journal*）近期发表的一篇文章，一项历时18年、涉及6,500名妇女的研究显示：压力水平较高的人比压力水平低的人患乳腺癌的可能性会增加40%。但是另外一项历时24年的研究表明，生活工作压力过大的妇女患乳腺癌的可能性增加两倍。

比较这两个研究结果，看上去两组研究人员对压力的描述缺乏统一性，不同的人对压力有不同的认识，而且很难将压力这一因素与其他重要病因区分开来，比如生活方式、饮食及家族病史。此外，在第一项研究中，被调查者很有可能在报告自己压力水平的时候也注意到了其他致病因素，因此有所行动而降低了患病风险。如果想要评估这两个研究成果，我们就必须在同一基础上进行比较。

12.3.3.3 绝对数字与比较数字 我们的第三个问题看上去最为明显也最容易避免，不过我们还是会经常看到用简单的总数来显示某件事在某段时间内的发展趋势。

举例：犯罪数据。官方数据显示犯罪案件数量年增长幅度惊人，但是如果不知道前一年的同比数字以及这段时间内全国总人口的增长速度，那我们就无从得知这个犯罪数据的意义。相比之下，每十万人的犯罪数字更加可靠。

比率这样的数字更能显示发展趋势，但即使这种数据也能通过操纵满足人们的需要，就像喝醉了酒的人用灯柱一样，主要借它为自己提供支持，而不是想要它来照亮。

12.4 检查对论据的描述

以上我们学习了描述论据时常犯的几种错误，因为这些错误会严重削弱我们所提出论点的有效性。下面的要点一览表所列问题可以帮助你们常规性地评估自己的论据，记住这些问题就能及时发现问题、纠正错误。

此外，提出论点以后，你还可以通过几个简单的步骤对论据的描述进行检查。问自己四个问题，然后就能决定某个论点是否站得住、是否需要进行修改、是否需要全盘抛弃。你可以将下面的图示复印一份随身携带，日常思考问题的时候用作参考。

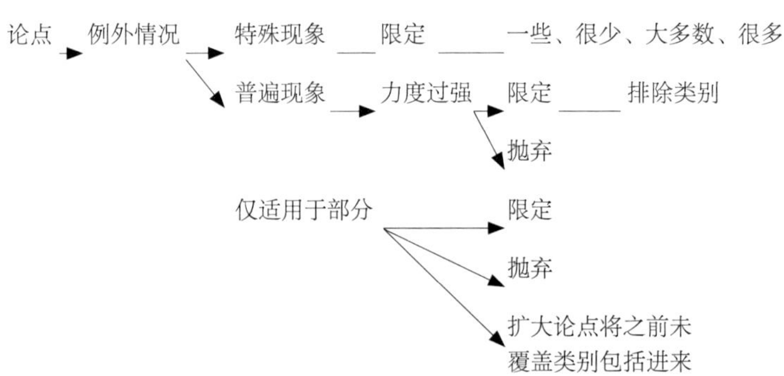

检查论据描述

12.4.1 第一步：是否有例外?

即使没有任何明显的原因要去质疑某个论点，你也要唱一下反调，问自己：是否有例外情况?

> **举例：政治人物关于罪犯的论点。**政治人物提出“所有罪犯都来自社会贫困家庭”。只要想出一个例外情况就能反驳这个论点，比如说我们都在报纸上看到过这方面的报道，知道不少被判刑的罪犯恰恰来自相当富裕的家庭。

12.4.2 第二步：如果有例外，是普遍现象还是特殊现象?

接下来需要思考这些例外情况，判断它们属于普遍现象还是特殊现象。

> **举例：政治人物关于罪犯的论点。**如果例外属于特殊现象，则仍可坚持上述观点。如果例外情况仅限于一两个来自富裕家庭的人，可对观点进行适当的限定。

但是，如果发现例外属于普遍现象，则需要直接跳到第三步和第四步。

> **举例：政治人物关于罪犯的论点。**假设你发现大部分白领罪犯和黑客罪犯都是大学毕业生，那就不能通过添加限定词对原来的观点进行修改，你必须问自己下面两个问题。

12.4.3 第三步：论点是否力度过强?

如果你发现例外情况属于普遍现象，那就必须问自己：这个论点是否力度过强，超过了论据的支持范围？如果是的话，那么这位政治人物就不能继续坚持自己的观点，要么对其进行限定，排除不相关的类别，要么干脆抛弃这个论点。

> 举例：政治人物关于罪犯的论点。在这个例子中，论据无法支撑论点，因此如果这位政治人物想要保留自己的观点就必须对其进行限定，将所有白领罪犯和黑客罪犯排除出去。但是这样做的结果会大大限制和削弱论点的力度，而且如果别人愿意的话还可以找出更多例外情况来，因此明智的做法是直接将其抛弃。

12.4.4 第四步：是否仅适用于部分?

如果无法对原来的论点进行限定和修改，但是论点中有可取之处，全部抛弃不是明智的做法，那么这时唯一能做的事情就是扩大论点，将之前排除在外的类别也包含进来。不过这样一来，经过修改的论点要么是这位政治人物一开始就不想要的，要么就是与其观点不符。

> 举例：政治人物关于罪犯的论点。你可能会认同这位政治人物的论点，但是对“贫困”是犯罪之源这一概念提出疑问，认为除了家境贫穷之外，还有一些类似问题能够导致犯罪，比如生活中没有一个稳定的父亲形象：他们要么来自破碎的家庭，要么上寄宿学校且经常转校，难以建立长期稳定的人际关系。
>
> 在这种情况下，政治人物或许可以保留原先的观点，但是需

要扩大范围，将本来排除在外的类别也包含进去。不过这样得出的结论有可能是这位政治人物始料未及的，如果本来的目标就是要强调所有罪犯全都来自某个特定的社会阶层，那么经过修改的论点很有可能与其目标不符。

不论结果如何，不论你进行到第二步、第三步，还是第四步，你都对论证的合理性进行了质疑和思考。如果这是你自己提出的论点，则找到了保留并改善它的方法。

12.5 要点一览

我们在本章分析了描述及归纳论据时常见的一些问题。有些问题的原因是我们基于强烈的情感或者之前所坚持的观点罔顾论据得出某个结论，在不充分或者不典型的样本基础上进行了概括和归纳。之前我们说过论点要真、论证要令人信服，这个阶段则是对我们如何描述论据提出了要求。

如果问错问题也会在论据描述上犯错误，有些不加分辨就全盘接受的词汇，如“典型”“普通”“平均”以及表面上看起来似乎很令人信服但实际上很容易产生误导的统计数据。

以下要点一览表列出了其中最常见的一些问题。

论据的描述与归纳：

1. 我的概括和归纳是否建立在充足数量的样本基础上?

2. 是否为典型样本?

3. 样本为真的概率是否合理?

4. 在使用“有些”等限定词更准确的情况下是否用了“全部”这种绝对词语?

5. 我所提供的论据是否足够准确?

6. 我所使用的“典型”“正常”“平均”这些词汇其含义是否明确?

7. 我是否选择了合适的数:算术平均、中位数、众数?

8. 我是否检查过所使用的统计数字以确保:

(1)不存在隐藏条件?

(2)所做的比较之间存在统一性?

(3)未将绝对数字和比较数字混为一谈?

12.6 结论

正如本章开始时所提及法国作家安德烈·马尔罗指出的那样,我们的思考很容易受强烈的情感以及之前的信念所左右,从而导致我们无法对论据进行准确的描述。如果能够避免这个问题,能够准确描述论据,那就能为后面的思考打下坚实的基础。在下面两章里,我们将学习如何在这个基础上得出正确的推论,如何避免常见的问题。

13
用论据思考之二：得出相关的推论

对论据进行准确描述以后，我们现在就可以开始据此进行推论了。当然，我们可以从不同的事情中得出各种推论，其中有些是有价值的，有些则没有价值。问题是：我们怎么才能判定哪些有价值、哪些没有价值呢?

13.1 使用类比法得出相关的推论

其中最自然的一种方法就是寻找最接近的类比项。我们知道，如果两件事情在某些方面十分类似，那么它们在其他方面也会有类似之处，这就为我们的推论提供了基础。因此，这里的关键就是要认识到我们所提出的论据可与其他熟悉的情况进行类比。说起来，在学会用抽象概念进行推理之前，我们很小的时候就知道如何通过类比进行推理。

举例：寓言故事。我们小时候都听过寓言故事，感受过它们在道德规范上的教育意义，而这种教育意义的基础就是我们有能力看出两个故事或场景之间在某些重要方面的类似之处。

类比法建立在可靠的已知信息基础上，为我们扩展知识提供了一个宝贵的方法。在这方面，科学家们为我们提供了很多实例，他们通过类比在科学理论发展上取得了无数成果。

举例：牛顿的光学理论。开始的时候，物质分子理论认为分子、原子、电子是在空间中自由活动的极微小固体，很像缩小了的台球。这种类比就将微观世界和日常体验连接起来，我们可以触碰到台球并能观察到它们的运动。牛顿根据这一类比在《光学》（*Optiks*）中提出，光是由不同大小的分子组成的，每一个分子都以不同的角度折射光线，通过玻璃棱镜的光密介质折射后产生不同的光谱颜色，汇合之后形成白光。

举例：达尔文的物竞天择理论。达尔文也使用类比法，从狗、马、鸽子的繁殖过程中刻意保留某些特点的做法出发，思考、论证自然界里是否也有同样的物种选择过程。

类比法架起了一道从已知推论未知的桥梁，让我们得以拓展自己的知识范围，其中大部分类比结果十分令人信服，帮助我们厘清、简化复杂的观点，让观点变得更加生动，这是类比法的强大能力。与此同时，这其中也存在着误导的风险，因为并非所有的类比都是可靠的。

举例：商业管理与达尔文理论。有些商人喜欢将市场竞争与达尔文的适者生存理论相类比，为自己的商业手段进行合理化辩护。他们认为激烈的市场竞争是一种自然状态，强者获胜是不可避免的自然法则。他们将工作环境比作丛林，为了生存必须不停地和竞争对手搏斗，认为只要有利于其自身的生存，一切手段都是必要的。

但是达尔文的自然进化论认为物种进化是被盲目的力量所推动的，从随机的基因突变中选择能够提高生存机会的物种特点。而商业竞争则是由人的主动意图所推动的，不择手段的丛林生存法则并不能保证运作良好的公司一定战胜运作不良的公司，就像资本市场上劣币驱逐良币一样。

类比法只能当作一种指引，我们从类比中得到启示，但是仅靠类比本身并不能得出结论，我们还需要用论据对其进行检验，寻找因果连接。如果二者之间存在因果连接而不仅仅是生动的相似性，那我们才能从某些特点推论出另外一些特点。

我们从类比中得到启示，但仅靠类比本身并不能得出结论。

因此，如果你想用类比法得出相关推论，首先要检查以下三项重要内容：二者之间的关联、相似之处的数量、类比及所得结论之间关联的可靠性。

> 类比需要检查以下各项内容：
>
> 1. 关联：
>
> （1）因果关联；
>
> （2）何时打破这种关联？
>
> 2. 数量：
>
> （1）所用样本的数量；
>
> （2）所认定相似之处的数量及各种特点。
>
> 3. 与结论的相关性：
>
> （1）是否合理相关？
>
> （2）不同之处与相似之处的意义如何？

13.1.1 关联

首先要检查的就是所使用的类比是否建立起了因果关联，而不仅仅是一种可以生动表达观点的方法。在第八章里有这样一个例子，如果我说因为不小心把手里的钢笔掉到地上引发了车祸，这个论证并不令人信服，因为这两件事情之间没有可类比的东西。根据我们的经验，钢笔掉到地上和车祸之间没有因果关系，这个类比缺乏统一性。如果一定要这样类比的话，那就必须建立可信的因果关联。我可以说钢笔掉到地上的时候发出一道反光，不知怎么分散了司机的注意力，然后就出车祸了，因为根据经验可知司机如果在驾驶期间受到干扰就会出车祸，这两件事之间存在因果关联和统一性。

我们需要问的第二个问题是这种关联何时被打破，因为到了一定的时候所有关联都有可能破裂，优秀的思考者总是会留意这样的转折点。

举例：牛顿的光学理论。我们在上面讲过，牛顿用桌球类比光分子或光粒子的运动。虽然这一类比非常有用，但是到了一定的时候就无法再用这种方式来解释光的运动，因为它会受电磁辐射的影响而像与物质互动的粒子发生波动。将光与穿越弹性介质的波相类比就出现了一个矛盾的理论。

13.1.2　数量

在某种程度上，能找到的类比样本数量越多，我们对类比的信心也就相应越大。同样道理，类比项与实际情况之间共同的特点越多，我们的信心就越大。但是，如果我们忽视它们之间的差别并将相似性扩大到合理范围以外，那就会犯错误类比的谬误。

举例：国民经济。20世纪80年代，为了说服我们相信削减政府开支是不可避免的，有些政府通过类比告诉我们“国民经济就像家庭预算”，如果开支过大、入不敷出，就会负债累累。尽管国民经济和家庭预算之间有相似之处，但二者之间存在重大差异。家庭预算中的开支项目通常是不会产生利润、制造就业机会的，而在国民经济中这种投资不仅能够提高生产率，还能产生重要的乘数效应，刺激经济活动，增加直接和间接税收，制造更多就业机会，从而减少福利成本。

13.1.3　与结论的相关性

最后，我们还必须保证通过类比得出的结论恰当合理，将所有重要的相似之处和不同之处均纳入考虑范围。

举例：其他星球上的生命。你可以提出太阳系其他行星上面也一定会有生命存在，因为这些星球和地球在很多方面都十分相似：都围绕着太阳转，阳光也是它们唯一的光源；都受引力的影响；有些绕轴自转，像地球一样有白天和黑夜；有些拥有自己的卫星。拥有如此众多的相似之处，认为其他行星上也有生命似乎非常合理。

但是这些行星缺乏能够维持生命的最相关条件，其中包括充足的水源供应，而这就必须要求行星位于所谓的“金发姑娘地带”，即其运行轨道不能距离太阳过远，否则水会结冰，同时也不能距离太阳过近，否则水会沸腾，必须位于不远不近、刚刚好的位置。当然，我们还需要有可呼吸的空气。

由此可见，将所有相似之处和不同之处全都列出来以后，我们必须判断其相关性和重要性，同时思考是否忽略了其他条件，以保证类比的合理与相关。通常情况下，不同之处越多，结论的可靠性就越差。

举例：新闻报道。刊登在报纸上的一篇文章表示：“在上周举行的会议上，有人在演讲中说新闻报道加剧了足球流氓行为，这就像是天气不好怪气象局一样。”在很多情况下，新闻报道对足球流氓行为毫无影响力，这种观点或许没什么问题。但是文章中所使用的类比在很多重大方面都存在着明显的不同，因此结论根本就站不住脚。如你所见，天气预报对实际天气没有任何影响力，而新闻报道则能够影响到足球流氓行为和报刊读者。

问题：

1. 结论是否相关、合理？
2. 是否将所有相似之处和不同之处考虑在内？
3. 这些相似之处和不同之处的重要性如何？
4. 有没有忽略哪些需要考虑的条件？

13.2 不相关的推论

确认了类比的相关性和重要性以后，我们就可以开始进行推论了。如第二部分讨论过的那样，推论可分为概念和因果两大类。概念推论源自连接两个或以上论点的概念，检验其有效性需要分析语言的使用方法，这个问题我们将在第 15 章里详细讨论。这里我们重点关注用于解释某个特定事件或事件模式之所以发生的因果关联。削弱因果关联的常见错误主要是得出不相关和不可靠的推论。

我们通常会非常急切地想要为自己的观点进行辩护，而这经常会导致出现不相关的推论。这种谬误的专门术语叫作“诡辩论证”“歪曲命题”或者“文不对题”（*ignoratio elenchi*），即为了加强某个论点而提供另外一个与议题无关的论点，在论证某个议题的时候将注意力转移到另外一个不同的议题上。以下列出了一些不相关推论的几种常见表现形式：

不相关的推论：

1. 针对个人（*ad hominem*）
2. 诉诸群情（*ad populum*）
3. 诉诸权威（*ad verecundiam*）：出于敬畏或尊重
4. 诉诸恐惧（*ad baculum*）
5. 诉诸大恶
6. 提出反控：“你也一样”（*tu quoque*）
7. 折中妥协

13.2.1 针对个人

其表现形式通常为诉诸偏见和诉诸情感。在论证和辩论过程中不针对论证即辩论本身，而是抹黑、打击提出论点的人，提出证据质疑此人的动机、性格、私生活，将注意力从论证本身引到某个可能煽动偏见的主题上。

举例：政治新闻记者。记者有可能会通过挖掘政治人物的私生活对他们身为政治领导人的有效性提出质疑和批评，还会通过含沙射影的暗示或者将其与不适当的人联系在一起诋毁他们的名声。

举例：女性专业人士。新闻报道会将注意力放在女性政治人物、高层管理人员、专业人士的身体特点上而不是她们的工作表现和观点上，从而贬低她们专业知识的价值。

13.2.2 诉诸群情

诉诸群情即诉诸流行意见及大众情绪。换言之，即认为大多数人所持的观点就一定是正确的观点。最常用的方式就是反问句："毫无疑问，你肯定也认为 X 先生应该当选，对不对？"设计这种问题就是为了让我们附和大众的态度和意见。

这些问题中隐藏着预料之中的答案，能够成功地逼迫回答者同意既定观点，因为如果不同意就意味着要站在大部分人的对立面。如果一个句子用"毫无疑问""显而易见""确定无疑"这种词开头，那么你就要警惕这种诉诸群情的谬误，要问一下自己是在合理论证还是在寻求读者的认同。

13.2.3 诉诸权威

出于敬畏或者尊重而诉诸权威也是分散注意力的一种方法。不同于诉诸大众流行观点，这种谬误主要诉诸具有声望和权威的个人、受人尊重的权威机构，甚至是传统的行为规范。

当然，诉诸合法权威并没有什么问题。但是如果诉诸的权威并不是真正的权威或者不是与议题相关的权威，那就会有问题了。当某人提供建议是需要收费的时候，我们就应该保持警惕，并提醒自己某个特定领域的专业知识并不一定适用于另一个领域。在判断某人是否为真正权威的时候你可以问自己以下这些简单的问题：

> 对权威进行评估：
>
> 1. 此人是否知道自己在说什么？
>
> 2. 其观点是否基于深入研究或广泛经验？

> 3. 其所处位置是否让他们拥有比其他人更大的权威?
> 4. 此人是否比其他人更善于观察或精于判断?
> 5. 此人的动机是什么?是否为了自身利益?

在引用相关权威观点的时候，我们也需要问自己两个问题：这些权威人士是谁?他们是否在该领域拥有充足的经验和良好的声誉?

13.2.4 诉诸恐惧

通过诉诸权威来转移人们的注意力实际上就是要别人相信你的意见，因为某个著名的权威人士也持相同的观点。与之相反的策略也同样奏效，即通过唤起人们心中的恐惧让他们不要相信和你相反的观点，这就是诉诸恐惧。

> **举例：政府与反对派。**一个面临败选命运的政府告诉选民反对派候选人没有任何执政经验，如果当选就会出现各种灾难。
>
> **举例：极右政党与移民政策。**极端保守主义政党反对放松移民政策，对选民说如果大批移民蜂拥而至就会稀释或者“淹没”他们的文化，会抢走他们的工作和住房。

13.2.5 诉诸大恶

这种转移注意力的方法是当人们反对某件公认的坏事时提出另外一件更大的坏事，但是后者与最初的观点并没有任何关系。由于更大的坏事引起更大的恐惧，而且没有理由不同时解决这两个问题，这样就成功地转移了人们的注意力。

举例：医生与吸烟的危害。身为医生你注意到因为吸烟而死于相关疾病的人数呈上升趋势，于是提出抬高香烟价格，迫使烟民戒烟。但是如果政府真的出台这样的政策，有些人的利益将会大受影响。于是反对者提出死于交通事故的人数相比之下更多，如果政府想要减少死亡人数就应该想办法减少交通事故的数量。

这种谬误在实际应用的时候具有极高的灵活性，因此被广泛使用，你总是能够找到更大的坏事转移人们的注意力。但是，就算 Y 比 X 问题更大，这也不能成为不处理 X 的理由。

13.2.6 提出反控

提出反控（“你也一样”）也是一种转移注意力的方法，其特点为面对他人对自己的指控时提出相同或者类似的反控。参加竞选的候选人受到对手非法获得竞选资金的指控时，可以反控对方其竞选资金的来源也是非法的。我们之所以称其为谬误是因为并未回答原始指控。

13.2.7 折中妥协

最后，要小心在两个极端之间折中妥协，并以此指责拒绝接受者不讲理，向其施加压力，迫使他们接受你的观点。几乎所有论点都可以被视为两个极端观点的折中表现，这本身并不能成为一定要接受它的理由。真理既有可能是两个极端中的一个，也有可能是折中观点。折中妥协让人们不去分析你所提出的观点是否站得住脚，而是迫使他们接受表面看上去最为“合理”的折中方案。

13.3 要点一览

得出相关推论：

类比需要检查的内容：

1. 关联
2. 数量
3. 与结论的相关性

不相关的推论

1. 针对个人
2. 诉诸群情
3. 诉诸权威
4. 诉诸恐惧
5. 诉诸大恶
6. 提出反控
7. 折中妥协

13.4 结论

本章指出用类比作为推论的基础是一件很自然的事情，我们早在孩童时期听寓言故事的时候就已经掌握了这种能力。但是，我们在自然而然地学会了良好思维工具和技能的同时也不自觉地养成了一些坏习惯，即使用不可靠的类比并从中得出不相关的推论。在下一章里，我们将深入探究一些会得出不可靠推论的坏习惯以及如何避免犯错的方法。

14
用论据思考之三：得出可靠的推论

现在，我们有了相关的推论，下一步就是要保证所得出的推论具有可靠性。因为我们是从论据中得出的推论，所以必须保证其中的因果关联充分、合理，既不是过于简单化的概括和归纳，也不是无法成立的无效关联。

14.1 过于简单化的因果关联

如前所见，人类之所以能够生存下来，在很大程度上取决于根据以往经验形成的某种定式对环境和问题进行本能反应，其本质就是简单、常规的反应模式，而不是通过深入、持久的思考发展出复杂的观点模式。

这么做的危险性显而易见，在面对复杂问题需要进行分析性或战略性思考的时候，我们经常会过于将问题简单化，做决定之前仅考虑有限的几个问题，从而导致出现最糟糕的结果。将问题简单化通常有以下几种表现形式。

过于简单化的因果关联：

1. 成见与定式
2. 稻草人谬误
3. 片面辩护
4. 假两难推理谬误

14.1.1 成见与定式

其中最常见的就是使用成见与定式，即通常所说的刻板印象。当然，在某些情况下，这么做是完全合情合理的，尤其是在针对某个特定人群做广告或者集中精力对付某种犯罪类型的时候。但是在很多情况下，刻板印象都是不足取的，尤其是涉及种族成见和社会偏见问题的时候。如果我们将涉及因素限定在某个人的群体身份上，那就很容易在两件事情之间发现因果关联，但是这种关联通常情况下极不可靠。

14.1.2 稻草人谬误

这也是一种常见的简单化因果关联，通常由有意无意地过于简单描述某种情况或者某个命题而导致。

举例：电影制片人与暴力电影。犯罪心理学家经过多年研究得出结论，认为在电影、视频、电脑游戏和电视上看到的暴力行为会让有进攻性的人变得更有暴力犯罪的倾向。这就意味着政府应该控制暴力行为的曝光度，尤其是在儿童面前的曝光度。有位电影制片人对此有如下回应：

这是否意味着从今往后所有电影里都不能出现任何坏蛋呢？就因为那些本来就应该进监狱的变态暴力分子会和坏蛋产生共鸣，所以我们只能在电影里表现好人好事？只能拍关于插花的电影吗？

电影制片人上述观点中的“稻草人”是什么一目了然，因为他将研究人员的观点简单化了，声称控制暴力行为曝光度的唯一方式就是“从今往后”在“所有”电影里都不能出现“任何”坏蛋，而且未来只能拍“好人好事”的电影。再说坏蛋有很多种，并不是只有使用暴力的坏蛋这一种，有些是破门而入的盗窃犯，有些是小偷小摸，有些主要靠坑蒙拐骗，等等。因此，“电影里不准出现坏蛋”这一推论与研究者所提出的观点之间没有一致性。

此外，这位电影制片人将研究人员所描述的“有进攻性的人”推论为“变态暴力分子”也是不合适的，因为前者的适用范围更大，包括那些家庭暴力的目击人或受害人，进攻性对他们来说是唯一的应对机制。最后，我们不能从“政府控制暴力行为的曝光程度”这一论点推论出只能拍“插花电影”这一结论。

为了避免犯这种“稻草人”谬误，我们可以问自己一个问题：是否不加分析、未加分辨地接受并使用了先入为主的观念？如果答案是肯定的话，那么你的成见就会对论据的选择和阐释造成影响。

14.1.3 片面辩护

片面辩护这种谬误也很常见，通常是因为我们对自己的观点深信不疑，因此会片面地提供那些有利于我们的论据，忽视所有的反面论据。此外，我们还会在一个语境中使用某个论点，但是会因在另一个语境中如果使用该论点会得出相反的结论而拒绝使用它。

> **片面辩护：**
>
> 1. 只展示有利于我们观点的论据，忽略不利于我们观点的论据；
>
> 2. 在一个语境中使用某观点，在另一语境中若使用该观点会得出相反结论而拒绝使用。

在实际运用中，要格外提防这种谬误，尤其是在使用概括归纳法进行论证的时候。片面辩护通常表现为两种方式：

（1）从有特别限定的论点得出无视限定的普遍性结论，这样就可以避免综合考虑该论点的所有方面。

> **举例：文身师。**美国某个大城市卫生部门的官员决定关闭所有文身店，声称文身所使用的未消毒针头和颜料有可能使血清性肝炎病毒直接进入血液系统。他们表示在三年时间里追踪到 32 个因为文身而感染血清性肝炎的病例，其中一人死亡。
>
> 有位文身师为自己行业辩护的时候表示："我认为文身对这个城市有好处。联邦调查局仅凭文身就抓到了多少人？我们用文身为多少人掩盖了身上的伤疤？"

（2）从未加限定的普遍论点就某个特别个案得出特定结论，一般会说情况有所不同而实际上并非如此。

举例：涓滴经济学。20世纪80年代，政府及公司总裁和业界领袖等“涓滴经济学”理论的支持者们批评工人基于高通货膨胀率提出的涨薪要求，可他们自己却享受着成倍增长的薪酬。他们对此进行合理化辩护的时候表示，高薪人群属于特殊情况，但实际上他们和工人之间在这个问题的相关性上并不存在任何区别。他们说会将增加的收入消费出去，这部分资金会以涓涓细流的方式注入经济，创造就业。工人也可以用同样的理由为涨薪要求辩护，况且因为工人的人数更多，对经济和创造就业的推动作用相应也就更大。

片面辩护的表现方式：

1. 限定→普遍

2. 普遍→限定

14.1.3.1　将片面辩护合理化　正如上面两个例子所表明的那样，当我们有强烈的愿望想要相信某件事为真的时候，就会将原因与理性论点结合起来，证明自己的信念为真。在这种情况下，不是先有理由后有信念，而是信念先行再找理由。这样一来，在寻找能够支持信念的理由时，我们就会有选择性和倾向性，会选择有利于我们观点的论据，无视那些尽管相关性很强但是不利于我们的观点，或者那些甚至会威胁到我们信念的论据，有时还会扭曲事实增加观点的可信度。

愿望→信念→理由→真理

14.1.3.2　如何避免片面辩护谬误　不论是遇到你自己还是别人的片面辩护，都可以通过以下三种方式进行辨别和纠正。首先，比较同一个人在不同时间所说的话；其次，对辩护者进行资质评估，了解其是否为利益相关方；第三，如果结论中省略了相关论点或者使用内涵更广的普遍及非限定性语言，那就要养成追问的习惯，通过“谁？什么？为什么？如何？”四个问题弄清楚该论点的具体内容。

举例：早餐麦片。前面提到过的那个早餐麦片广告中，我们需要知道：

1. 谁做的这项研究？
2. 具体研究内容是什么？
3. 为什么其他类型的早餐没有同样效果？
4. 儿童的思维敏捷度是如何衡量的？

如何避免片面辩护？

1. 比较同一个人在不同时间所说的话；
2. 对辩护者进行资质评估，了解其是否为利益相关方；
3. 分析省略的论点，回答四个问题：谁？什么？为什么？如何？

14.1.4　假两难推理谬误

假两难推理也叫“全有或全无”谬误，即认为我们所面临问题的答案非此即彼，只有两个选择，但实际上还有其他的选择。在政治、宗教及道德争议中，辩论双方经常会让人们相信只有黑、白两种选择，而实际上我们做出的大部分决定都不属于非黑即白的类型。

有些最为棘手的国际冲突和国际争端只能通过耐心的沟通与交流来解决，必须抛弃这些非此即彼的简单选择，通过小心谨慎的谈判过程，将复杂局面的每一个方面都考虑在内，一步一步地解决问题。每当你认为事情非黑即白、非此即彼的时候，问一下自己是否还有其他更多选择。

14.2 无效的因果关联

如果从无效因果关联的论据中得出结论，问题也同样严重。与过于简单化的因果关联一样，这种无效的因果关联会严重削弱我们的论点，影响问题解决方案中的一些关键因素，其表现方式一般有以下五种：

> 无效因果关联：
>
> 1. 事后归因谬误
> 2. 原因 / 相关性
> 3. 多重原因
> 4. 潜在原因
> 5. 由无关证据得出结论（*non-sequitur*）

14.2.1 事后归因谬误

事后归因是我们经常会犯的一种谬误（其拉丁原文为：*post hoc ergo propter hoc*，因为 B 发生在 A 后面，所以 A 是导致 B 发生的原因）。看到两件事情经常一起出现且出现的顺序一前一后，我们经常会判定二者之间存在因果关系。这种错误和类比一样常见，是很多迷信观点持久不衰的主要原因。刚开始，有人注意到从梯子下面经过以后经常运气不佳，因此将二者联系起来，认为从梯子下面走过会导致运气变坏。接着，相信这种观点的人多起来后就变成了一种迷信。

举例：经济萧条与太阳黑子。经济学家斯坦利·杰文斯（W. Stanley Jevons）注意到经济萧条周期性的发生时间以及持续时间均与太阳黑子的爆发时间和持续时间相似，且前者总是随后者的发生而发生。于是他由此得出结论，认为太阳黑子的爆发是经济萧条的原因。

14.2.2 原因/相关性

将原因与相关性混为一谈也会导致同样的问题，得出无效的因果关系。

举例：犯罪。在解释西方社会暴力犯罪案件上升的原因时，我们发现被判刑的暴力罪犯中有 80% 经常看暴力电视节目。二者之间显然存在令人信服的相关性，但除此之外还有其他关系吗？它们之间是否还存在因果关系？我们很有可能发现这些罪犯中有 80% 的人经常嚼口香糖，但没有人会认为这是导致他们犯罪的原因。

因此，在对这种规律进行甄别的时候，我们必须通过类比来判断二者之间是否存在因果关系。因为知道暴力和口香糖之间没有因果关联，所以我们应该不会在它们之间寻找相关性。但是暴力电视节目与暴力行为之间有可能存在因果关系。

14.2.3 多重原因

现实的复杂程度很有可能超出我们的想象，大部分事件都是由彼此相关的多重原因引发的，比如第二次世界大战爆发的原因、为什么有这么多学生在学习方法上苦苦纠结、与十年前相比家燕为什么会早到三个星期。仅由一个原因产生某个结果，这种情况非常罕见。

举例：医生的诊断。医生判断心脏病因的时候会问病人一连串的问题，收集信息确定病因。这些问题通常涉及长期原因（饮食习惯、生活习惯、家族病史）、中期原因（控制饮食和胆固醇）、短期原因（近期的压力水平、是否存在过劳现象或睡眠模式出现问题）。

认为导致某件事发生的原因只有一个通常会犯过于简单化的错误，并导致事后归因谬误。

14.2.4 潜在原因

在有些情况下，虽然表面上看起来像是有多重原因在起作用，实际上它们全都源自背后的某个潜在原因或者这些表面上的原因与结果之间并没有因果关系。举例来说，如果将贫困和赌博这两个条件并列，你一般会得出这样的因果解释：赌博导致贫困。但是实际上同时满足这两个条件的人所从事的工作薪酬水平低且单调乏味，因此他想从赌博中寻求刺激，为自己的生活注入一种兴奋的感觉。这样一来，并不是赌博导致了他生活上的贫困，导致赌博和贫困这两个问题的都是薪酬低且单调乏味的工作这一潜在的原因。

14.2.5 由无关证据得出结论

此外，两个或以上的因素有可能完全没有因果关系，从无关证据得出结论也属于无效的因果关联。严格意义上说，这种谬误指没有从前提根据逻辑得出结论；如果不是太严格的话，这种谬误还可以指将结论建立在不充分、不正确或者不相关的理由上。

举例：压力与乳腺癌。研究表明，与压力小的女性相比，压力大的女性患乳腺癌的风险会增加 40%。但实际上压力和乳腺癌之间可能并不存在因果关系，有可能是因为更擅长应对压力的女性同时也更加善于管理自己的健康状况，并能及时采取措施降低其他相关风险水平。

14.3 要点一览

得出可靠的推论：

过于简单化的因果关联

1. 成见与定式

2. 稻草人谬误

3. 片面辩护

4. 假两难推理谬误

无效的因果关联

1. 事后归因谬误

2. 原因 / 相关性

3. 多重原因

4. 潜在原因

5. 由无关证据得出结论（*non-sequitur*）

14.4 结论

我们在本章研究的很多问题都是日常生活中经常会遇到的熟悉问题，大部分人都用过最能引人注意的刻板印象来说明自己的某个观点，虽然心里知道这样做是在将问题简单化，几乎没有人可以说自己从未对自己的观点进行过片面辩护。而且像事后归因以及将相关性和原因混为一谈这种错误就更加常见，或许我们使用的时候根本就没有意识到。

现在，我们要把注意力转移到使用概念得出的推论上，同时详细探究一下使用语言进行逻辑论证时经常遇到的一些问题。

15
用语言思考之一：语言的明确性

写作是一种思考方式，也是最难的一种思考方式。将想法和观点用词语和句子的形式表达出来，这对形成清晰、明确的思维是必不可少的，能让我们的想法变得更加清晰，让它们拥有用其他形式表达的时候所没有的明确性和一致性。

同时，这里也有一个潜在的问题，那就是我们所使用的语言和论点的逻辑之间存在张力。我们使用语言的目的各不相同，有时是为了表达情感，有时是为了影响他人的想法、态度和行动，有时是为了建立社会关系，有时是为了交流社会和文化传统。就算是在看上去最简单的任务——交流想法和支持——中当作载体，语言也具有一定的灵活性，不仅要表达具体的对象，还要表达抽象的特点：不同的等级、区别、相似、关系、组合等。

但是，词汇因为能够表达不同含义、不同意思而具有的这种灵活性与我们清晰思维所需要逻辑上的一致性有矛盾。我们将在本章和下一章里学习如何处理这种冲突，以满足思考的明确性和一致性。

15.1　明确性

观点的明确性在很大程度上源自我们的使用方式，与他人沟通交流时需要提供明确的内容和形式。但是，很多人在自己的专业领域内表达观点和想法的时候都倾向于含糊其辞而不是清晰明确，似乎认定只有头脑简单的人才会选择简洁明了的表达风格，实际上正好相反，简洁清晰的表达恰恰是更多思考、更大努力的结果。

含糊其辞的表达就像是外语一样，必须翻译成更加简单、更加具体的语言，使其符合我们的日常体验。而问题的关键就在于此。我们阅读的大部分文字似乎都在竭力和个人感情之类的庸俗情感保持距离，和日常生活的具体细节相隔离。但是，如果观点和我们的日常生活之间无法建立起桥梁，那就很难甚至不可能理解他人想要表达的意思。

解决方法就是抛弃被动语态、冗长空洞的名次、不必要的行业术语，学习直截了当、简单明了、朴实无华的写作风格，清晰明确地表达想法和观点，以我们生活中的具体现实为基础。不论是多么复杂的问题都可以有简单的表达，没有哪一门学科不能用简单明了的语言来表达。如果你对此表示怀疑的话，可以去阅读爱因斯坦的《狭义相对论与广义相对论》（*Relativity: The Special and the General Theory*）或者罗素的《哲学问题》（*The Problems of Philosophy*）。这两本著作都是用简单、优雅的文字来解释最深奥难懂的问题，让所有人都能看懂它们。

1. 简洁的表达风格是更多思考的结果；

2. 与日常生活中的具体细节相隔绝会让人难以理解；

3. 没有什么问题复杂到无法用简单的语言来表达。

清晰明确、朴实无华的写作风格：

1. 用短小精悍的词

2. 用动词的主动语态

3. 用日常生活的具体细节

15.1.1 专业术语

没有什么比写出心中所想更能揭示我们思考中的漏洞了，写作最能有效地揭示我们所不知道或者不理解的地方，让我们知道自己的思考在哪里中断了。而将这一切隐藏起来最常见及最有效的方式就是使用专业术语和抽象概念，有些专业在这方面的问题尤为明显。人们因为过于忙碌，没有时间认真思考，就会偷懒使用专业术语。低下的思考质量不可避免地导致低下的写作质量，读者看到这样的文字根本就不知道作者想要说些什么。

话虽如此，每个行业都有自己独特的行业语言。那么，我们应该如何区分深奥难懂的专业术语和清晰准确的合理概念呢？

1. 概念　简单来说，合理的概念通常都能够对其各部分进行清晰、准确的分析，每一个部分都能用基于日常生活的语言表达出来。

2. 专业术语　专业术语是专业人士所使用的语言，他们认为自己的观点只能用专业术语来表达，别无他法。属于专业术语的词汇会让使用者感觉像是内部人士，但实际上毫无意义。

15.1.1.1　专业术语使观点免受别人的批评和评估　使用专业术语有时看上去像是在有意设置障碍，希望别人能将其视为有深度、有意义的。

举例：大学英语老师。海伦娜·艾克林（Helena Echlin）曾经在美国的一所顶尖大学里学习英语，她在发表于《悉尼先驱报》的一篇文章中提到英语老师喜欢在课堂上用一些很长的句子，让学生无比钦佩并陷入迷惑。这些句子听上去像是英语，但实际上毫无意义：

这首颂歌必须穿过唯我论的问题才能接近无法访问的参与统一。

她感到十分困惑，不知道怎样才能"穿越"一个问题或者"参与"一个统一？怎样才能参与一个已经无法访问的东西？像"关系性""抽象性"这种抽象名词，"性"这个后缀除了让文字变得更加晦涩难懂之外并没有别的用处。下面这个句子，可以用更加浅显易懂的方法来代替：

现在，让我们来谈一谈内在性的生产科技吧。

这种含混不清的表达让人无法对其进行评估和批评。就像艾克林在文章中所说的那样："无法对意思进行解释就不会产生异议，就像一座城堡没有入口就不会遭受攻击一样。"

但是我们在写作的时候有责任让读者通过文字读懂其中想要传达的意思，而不是让他们佩服我们的文字或者感觉到自己被文字排斥在外。写作不是使用密语的高级俱乐部，我们也不是这种俱乐部的门卫。

15.1.1.2　清洁我们的语言　每个人都有责任清洁我们的语言，让它变得简单、优雅、普及，其中的一个办法就是将你想要表达的内容用思路清晰的句子按照逻辑顺序说出来，这样就能看出你在知识上和推理上存在哪些问题。当你遇到不懂的事情时，不要用一连串专业术语模糊过去，而是要将这些专业术语分解成更加具体的日常词汇。举例来说，不要将某个教育项目描述为：

促进交流技能发展干预项目

而是将其翻译成更加日常和具体的表达方式：

帮助人们进行更好交流的项目

- 将你想要表达的内容用思路清晰的句子按照逻辑顺序说出来
- 将专业术语分解成更加具体的日常词汇

15.1.2 抽象概念

词汇有很多种，并不是所有词汇都能与具体的事物相连接并因此具有明确的指向。我们经常从无数不同的情况中总结出常见的特点，用抽象的一般概念来表达。比如说我们将某一类人描述为“诚实”，然后会进一步将他们身上所共有的这种品质称为“诚实性”。

抽象还分为不同的层次。将一件东西描述为“白色”的时候，我们实际上忽略了这件东西的其他特点，而当我们进一步抽象出“纯洁”这个词的时候则连这件东西本身都忽略不计了。

15.1.2.1 我们使用抽象概念时经常以为它们是真的 这些都是人类进行思考的有力工具，让我们在想法、观点之间建立起重要的连接，让我们洞察结构，加深对我们自身和周围世界的认识。但我们在使用抽象概念的时候经常会以为它们是真的，因为实际上并没有实际物体与它们联系在一起，于是我们就会随心所欲地赋予它们意义。像这样的抽象概念，我们在字典中能够查到它们，因此会情不自禁地相信能够用具体的参照物来定义它们。实际上在很多情况下并不存在这种参照物，它们只是高层次的抽象概念。

> 因为抽象概念没有具体的参照物，于是我们就随心所欲地赋予它们意义。

15.1.2.2 我们认为别人也赋予它们同样的意义 接下来的第二步就是以为别人也赋予这些抽象概念同样的意思，虽然同一个词的参照物会因人而异，比如生活在不同国家的人对“自由”及“平等”的理解会有所不同。

> **两个步骤：**
>
> 1. 我们随心所欲赋予它们意义；
>
> 2. 我们认为别人也赋予它们同样的意义。

经过这两个简单的步骤，就会出现像艾克林在文章里提到过的那种看上去很厉害、实际上一无是处的句子：“这首颂歌必须穿过唯我论的问题才能接近无法访问的参与统一。”

举例：物理老师和后现代主义。 1996年，纽约大学的物理老师艾伦·索卡尔（Alan Sokal）看了有些后现代思想家就科学中的客观性所发表的无稽之谈后大为震怒，于是写了一篇戏仿文章奚落他们的观点。虽然这篇文章毫无意义，充斥着各种摘抄和引文，却一字未改地发表在某个由同行评稿、审稿的期刊上。他说最大的挑战就是要写得让人看不懂，为此他一遍又一遍地改写，力求达到自己想要的“含糊不清水平”。

大部分情况下，作者在创作这种毫无意义的文字时根本就没有想过要有客观意义或者价值，他们所使用的抽象概念只有能够激起某些情感反应的主观价值。政治宣传、公众演讲、报刊社论等都充斥着这种抽象概念，几乎没有一个具体的词，其目标就是要激起某种类型的反应。下面这段文字摘自美国保守派杂志《自由人》（*The Freeman*）的创刊号：

> 《自由人》目前的标签为激进、自由、保守、反动。激进是因为它将刨根问题，深入问题的根源；自由是因为它将代表最大化的个人自由、容忍所有诚实的意见，相信有效解决内部问题的关键在于讨论和理性而不是压迫和武力；保守是因为它将会保护过去所有伟大的建设性成就；

> 反动则意味着它将反抗一切以“进步”为名想要摧毁我们伟大的经济、政治、文化最宝贵核心的任何无知和鲁莽的努力和企图。

在这段文字里没有一个具体的词：没有指特定个人的代词、没有名字、没有日期，充斥着抽象化、一般性，带有比喻色彩的语言，让人想要反驳也无从下手，因为所有的句子都涉及没有答案的哲学问题。如果作者没有回答这些问题，那结论的具体内容就完全取决于作者对“诚实”“建设性”“无知”的定义和解释。

15.1.2.3　我们的写作变得沉重、难懂　不仅如此，这种只有抽象的概念看不到人的文字沉重生硬、晦涩难懂，没有任何活力可言。像“自由”“正义”“人性”这种蕴含着抽象概念的名词脱离了具体的环境和文化语境就会变得毫无意义，只有植根于我们自身体验的细节里才会变得生动和有意义，才能和读者的人性联系起来。作者应该向读者提供他们可即时辨认的熟悉画面，让他们知道我们想要传达的意思。

- 清晰明确、充满活力的写作是具体以及有细节的；
- 能够与我们熟悉的画面联系起来。

即便如此，拒绝使用任何抽象概念或者对所有使用抽象概念的观点都持怀疑态度也是不对的。如果完全抛弃抽象概念、概括归纳以及理论知识，孤立的具体事实也同样没有意义。

因此，在写作的时候要遵守以下三条指导原则：

1. 平衡　掌握好抽象概念与植根于个人经验及日常生活具体细节之间的平衡；

2. 距离　使用的时候要认识到抽象概念与具体参照物之间存在差距，认识到这种差距有可能会对你使用这些抽象概念方式的可靠性产生影响。大部分抽象概念都具有一种非常吸引人的魅力，能够将我们本来会质疑的论点合法化。因此，我们必须了解它们的客观价值，了解它们会对我们的生活造成什么样的影响？如何理解它们影响我们实际经验的方式？

3. 来回移动　养成在抽象概念及其代表的事物之间来回移动的习惯，这样就能评估这些抽象概念在不同语境中的使用是否可靠、是否存在你必须认真对待的使用限制。

我们很容易自欺欺人地以为因为熟悉某个词或者经常使用某个词，因此我们也就熟悉这个词所代表的观点与内涵。此外，我们也很容易相信自己正在思考，而实际上只不过是将自己所熟悉的词汇串在一起。如果这些词毫无意义的话，那用它们组成的句子和段落也就没有意义。

常规问题：

1. 我所表达的意思有什么客观价值？

2. 这些词代表什么？

3. 其客观含义如何？

4. 对我们的生活有何影响？

5. 如何理解它们影响我们实际经验的方式？

对抽象概念进行分析并将其翻译成日常使用的语言。我们需要问自己：这些抽象概念会对我们的生活造成什么样的影响和改变？我们的读者会如何理解这些抽象概念影响他们亲身体验的方式？最重要的是，要时刻警惕不能将抽象概念当作等同于实际存在的事物。

使用抽象概念时要注意的事项：

1. 掌握好平衡；
2. 时刻认识到它们与实际参照物之间的距离；
3. 在抽象概念及其所代表的事物之间来回移动。

15.1.3 鼓动性语言

在我们的论点中，语言和逻辑之间所存在的这种内在张力还表现在我们需要付出很大的努力才能控制好自己的观点，才能保证它朝我们想要的方向发展。但实际上通常不是我们在控制语言，而是语言在控制我们，在我们没有察觉的情况下指引并安排我们的思考。我们经常使用的词汇中大部分都带有感情色彩，具有“鼓动”意味，即其内在含义超过表面上描述性的意思。这种情感内容或价值判断能够在我们毫无察觉的情况下操纵我们的反应，作者则可以通过这种方式鼓励我们全盘接受其论点而不进行深究。

举例：粉饰。某人在某个问题上态度强硬，坚决不妥协让步。看问题比较正面的评论员就会稍加粉饰，选择正面表达，说这是一个“对自己原则有所坚持的人”，而不那么有同情心的评论员则会直斥其为“顽固不化”，甚至是“死硬派”。

举例：管理层与工会。20世纪80年代，格拉斯哥大学的学者们研究了媒体如何使用这种鼓动性语言报道当时英国工业界的纠纷，结果发现每次提到管理层的时候媒体都会使用“提议”“恳请”这样的词，而提到工人的时候则使用“要求”“威胁”等词语。工会总是“恐吓”“敲诈”“威胁”，而政府和雇主总是“理性”“负责”。

为了避免写作的时候使用鼓动性语言，我们可以遵循以下五条指导原则：

1. 将观点与语言分开。去掉无意之中混进来的那些鼓动性语言和未经证实或无关的推论。如果你发现情况与你平常描述的有所不同，问一下自己：这是因为你经常使用的语言让你习惯了相信这种观点，还是有实质性的问题指引着你的判断，即有足够的理由让你用这种方式思考。

2. 交换正反方位置。用同样的语言描写对方，看是否会导致态度上的转变。如果你发现这种叙述与你所认定的情况不一致，问一下自己：是语言引导你形成这种观点还是有实质性的问题对你产生了影响。

举例：管理层与工会。有位著名的左翼政治人物就用这种办法揭示了语言所具有的操纵性，结果显示新闻报道的风格和之前的迥异，工人们“提议可以接受上涨 15% 的薪酬并恳求管理层不要降低他们的生活标准”，而管理层则“要求工人接受上涨 2% 或 5% 的薪酬并威胁说不接受就解雇他们”。

3. 翻译成中性词语。如果你怀疑某段文字的语言有可能带有鼓动性，还可以将其翻译成中性语言，然后再判断论点是否仍和之前一样令人信服。

4. 检查形容词。数一数该段文字中有多少个形容词，然后再看一看这些形容词是否带有未经证实的态度和倾向，问一下自己是否可以去掉这个形容词，对段落的意思是否有影响。添加形容词是一件很容易的事情，但是如果不是基于事实而且表达了什么几乎注意不到的态度，那就会变得十分危险。相比其他词性，形容词更容易从我们理性的雷达底下偷偷溜过去，因此在读报纸或者看新闻的时候遇到形容词要格外警惕和小心。

5. 对所用词进行分析。如果你无法肯定某个词是否准确传达了内容、是否真正推动了思路的发展，就可以用我们在第六章学过的“三步法”来对这个词进行分析，问一下自己：“我用 X 表达了什么意思？”这样就能刨根问底弄清真相。虽然需要花一点时间，但是这样一来你在使用这个词的时候就不会再有任何疑问。

应对鼓动性语言的五种方法：

1. 将观点和语言分开
2. 交换正反方位置
3. 翻译成中性词语
4. 检查形容词
5. 对所用词进行分析

15.1.4 窃取论点

在表达观点的过程中因为所用词汇意义不明而导致论点发展方向失控的情况，使用鼓动性的语言只是其中的一个原因，另外一个原因就是所谓的“窃取论点”。窃取论点也叫“乞题”，是把需要证明的结论当作假定来进行论证，即用未经证明的假定来辩论，在自己和读者都不知情的情况下将需要论证的结论偷偷当作前提来用。从严格意义上说，我们将这种论证方式称为“绕圈子”，更熟悉的说法是循环谬误，即使用一个前提来证明一个结论，然后又用这个结论去证明那个前提。

窃取论点：把需要证明的结论当作假定进行论证，即用未经证明的假定来论证。

举例：商人。政治人物或许会有以下言论：

确保每一个商人都能拥有不受任何限制的自由，能够追逐他们的个人利益。做到这一点对国家来说绝对是件好事，因为保证每个人都享有完全的自由，都能实现收入最大化，这也符合社会利益。

如你所见，“对国家来说绝对是件好事”与“符合社会利益”讲的是同一个意思，结论很显然是在重复原因或前提。这就犯了“窃取论点”的错误，所以论证虽然正确却无关紧要。这是一种同义反复的恒真命题，政治人物的论点据其定义为真且参照仅限定义范围以内，因此是一种重言式推论。当然，如果你能自由垄断词语，自行赋予它们含义，那说服别人相信任何事情都会变得非常容易。从好的一面来说，这样的论证是没有用处的，说 A 是它本身并不能证明 A 为真。

当窃取论点以上述形式出现的时候还是比较显而易见的，但是这并不是它影响我们思考的唯一方式，需要格外提防以下几种形式。

窃取论点：

1. 普遍观念
2. 道德词汇
3. 言辞命题
4. 模糊定义

15.1.4.1 普遍观念　因为经常听到这些话，所以我们一般都不会格外留心，比如：“每个人都知道……”“众所周知……”“显而易见的是……”“人们一向认为……”。遇到这种情况应该问一下：你这么说有什么论据能够证明？

15.1.4.2 道德词汇　比普遍观念更不容易觉察的是道德词汇，比如“善意”“诚实”“慷慨”“承诺”“杀人”等，这些词的内容不仅有对事实的描述，还有对价值的判断。

举例：诚实。当我们说某人很诚实的时候，不仅仅是陈述了一个简单的事实，而且对其行为进行了评判。因为“诚实”这个词不仅意味着某人有强烈的正义感，能公平待人，而且还蕴含着“诚实是件好事，不诚实很不好”的意思。

因此像“慷慨大方是对的”以及“杀人是错的”这种论点就属于窃取论点，因为结论已经包含在相关词语本身的意思里，因此形成了重言式恒真命题。慷慨大方是对的，杀人是错的，这本身就是“慷慨大方”和“杀人”这两个词的定义，因此论点并没有说出任何实质性的内容，只不过是说出了这个词的一部分定义而已。

15.1.4.3 言辞命题　窃取论题另外一种有趣的形式就是“言辞命题”。

举例：社工与教师。如果你是社工，就会有人这样跟你说：“你必须承认，太多的帮助对单亲父母是件坏事。”如果你是教师，就会有人说：“你不能否认，在课堂上给学生太多自由不是件好事。”这两种情况下你都不可避免地同意对方的观点，这倒不是因为向单亲父母提供帮助或者给学生自由从原则上说是件坏事，而是因为加上“太多”这个词让你无从辩驳。

这就是与事实命题相对的言辞命题："太多"的内在含义就是"因为数量过大所以是件坏事"，因此这是一个重言式命题，即没有什么意义的"X 为 X"类命题，虽然正确但毫无意义，不能用来证明什么事实。任何事情"太多"了都不是件好事，因此真正的问题是"太多自由"或者"太多帮助"到底是什么意思，而这就又绕回了事实问题本身。

15.1.4.4 模糊定义 如你所见，窃取论点最常见的形式都和论点中的定义有关，当定义含混不清的时候就更是如此，因为使用模糊定义能让人从中得到发展观点所需的一切。如果遇到不符合其论点的例子、迫使他们给出更加准确的定义，他们就会说这个例子并非"真正的"运动员、音乐家或者其论点所指的人或物。当然，如果为了捍卫某个观点而将某个词的含义扩展到这种范围程度，那么这个词也就没有太大的实际意义，你等于什么都没说。

因此，要格外小心将其论点植根于所谓"这个词真正含义"的那些人，这种"真"与"非真"的区别要么意义不大，要么就是想窃取论点，想利用词义中有利于他们论点的部分。像"真的""合理的""好""坏""诚实"这种修饰词也起类似的作用。比如"所有好的音乐家都能演奏很多种乐器"，套用"你说 X 是什么意思？"这个句型问提出这个论点的人"你说'好的'音乐家是什么意思？"

15.2 要点一览

明确性：

1. 专业术语

2. 抽象概念

（1）平衡

（2）距离

（3）来回移动

3. 鼓动性语言

（1）将语言和观点分开

（2）交换正反方位置

（3）翻译成中性词语

（4）检查形容词

（5）对所用词进行分析

4. 窃取论点

（1）普遍观念

（2）道德词汇

（3）言辞命题

（4）模糊定义

15.3 结论

我们或许会认为语言只是思想的载体，但实际上语言本身对我们的思想是有影响的。正像感知塑造我们所看到的一切，语言也能塑造我们所思考的一切。将一个观点转化成文字以后，它就有可能变成我们意料之外的另一种形式；将某个观点白纸黑字地落实到纸面上，它就有可能朝我们意料之外的另一个方向发展。维特根斯坦曾经说过，哲学家的任务就是要保护真理不受语言的影响。

到目前为止我们已经学到了如何清晰明确地表达我们的意思，下一章我们将学习这些清晰表达出来的意思在论证的过程中如何保持前后一致、始终如一，会遇到哪些问题以及如何解决这些问题。

16 用语言思考之二：语言的一致性

我们在发展观点的时候，从一个前提到另一个前提必须在逻辑上保持前后一致。有的时候，尽管我们已经尽了最大的努力，但是这种逻辑上的连贯性仍有可能被语言的灵活性所破坏，而且我们对所用的语言越熟悉就越不容易发现这个错误。

16.1 灵活性

尽管如此，对有些词汇来说，一定要我们对其精确定义并不是合理的要求，因为过于精确有可能无法反映出问题的复杂性。

16.1.1 相反（Opposites）

像“生”和“死”这种相对比较简单的事物类别是相反的，它们之间没有任何共同点，非此即彼，因此可以用否定形式定义对方。相反的两个命题必须遵循两个逻辑规律：矛盾律和排中律。

矛盾律是说 A 必不非 A，即某物不可既为 A 又为非 A；而排中律则是说某物要么为 A 要么非 A，两者必居其一，相互排斥，没有中间地带。

> 矛盾律：是 A 则必不非 A
>
> 排中律：是 A 或非 A 必居其一

16.1.2 相对（Contraries）

但是有些事物并不排斥其对立面，而是将其作为最极端的形式包含在内，这就是“相对”，代表某个连续变化过程中的两个极端。举例来说，“这是白色的”只有一个相反命题，即“这是黑色的”，但是有很多个反对命题，其中包括“这不是白色的”“这是彩色的”“这是灰色的”“这个很脏”，以及“这是黑色的”。

像这样相对的例子还有很多，比如：

年轻和年老

理智和疯癫

聪明和愚蠢

信教和不信教

文明和不文明

好和坏

上述每一组词之间都有显著的区别，但是我们却无法肯定地说某人或某物何时从一个变成另一个，因为前后两个词之间并没有明确的分界线，有的只是一系列在程度上不易察觉的变化。如果我们将某物称为白色，将另一物称为黑色，那就是说我们在这两个物体之间创建了一个不易察觉的连续变化过程，从白色开始，经过白、灰、黑的连续渐变过程，最后到达黑色。至于到底是从哪一个具体的点开始从白色变成了灰色或者从灰色变成了黑色，我们并不是很清楚。

此外，当我们需要明确肯定的区别时，比如限定车速，其设定一般都是较为随意的。与时速 31 英里的司机相比，以时速 30 英里开车的司机撞车以后造成的伤害很有可能一样大，但我们仍将城市建成区的车速限定在每小时 30 英里，将时速 30 英里判定为合法车速，将时速 31 英里判定为非法车速。

16.1.3 两个常见的错误

将“相反”与“相对”这两个概念混为一谈就会导致两个相当常见的错误：

1. 要求对不存在明显界限的事物进行明确区分，即将某个连续过程的两个极端当作中间有明确分界的相反面；

2. 因为两个事物位于连续变化过程的两端而否认它们之间存在差别，因为无法指出它们从哪里开始、到哪里结束。

16.1.3.1 要求对不存在明显分界的事物进行明确区分 有人可能会要求你准确定义所用词汇包括什么、不包括什么，并用这种方式强迫你接受一个根本就不存在的精确定义。他们这种做法实际上是在迫使你在两个命题相对的情况下使用矛盾律和排中律。

举例来说，你在讨论某个问题的时候用到了两个相对的词“理智”与“疯癫”。和你意见相左的人很有可能会误以为这两个词是非此即彼的相反关系，因此要求你给出明确的定义，判定二者之间明确的区分界限。当然，你深知明确定义自己所使用的词汇对论证和推理来说至关重要，因此很容易就会受对方鼓动，开始寻找这两个概念之间的分界线，开始将其视为一对相反的概念。但实际上这两个概念是相对的关系，并不是非此即彼，中间有一个连续渐变的过程，因此你完全可以坚持自己原来的观点，不为对方所动。

总是有压力要我们用清晰明确的定义来描述事实，但是这种定义对现实来说显得过于精确，所以我们有理由要去抵制这种压力。如果某物并没有明确的边界，用没有弹性的描述去定义它对我们的思考没有任何帮助，最后的结果只能是用轮廓鲜明的抽象概念来代替面目模糊的事实。这样一来，或许我们还是能够提出有效的论点，但是在过程中已经脱离了思考的对象与事实。

反对用界限清晰的抽象概念来代替面目模糊的事实。

这里还有一个具有误导性的观点，认为我们如果不使用准确定义的词汇就不能进行逻辑论证。需要澄清的是，逻辑思维并不仅限于思考那些定义清晰的抽象概念，我们会在前提中用到各种各样的词汇，有些意思十分明确，有些则不那么明确，涉及各种概率水平，必须能够准确反映我们所讨论问题的实质。如果想让论点为真，则我们的词汇和前提就必须准确反映论据的本质和强度。

逻辑论证无关所用词汇是否清晰明确，而是和我们连接观点的方式以及如何根据前提得出结论有关。逻辑论证要求我们不要在推理中犯错，和推理的内容无关。只要拒绝相互矛盾的陈述、能从前提得出前提中所包含的结论，那就是逻辑思维。

反对不用准确定义的词汇就不能进行逻辑论证的观点。

16.1.3.2　否认互相反对的两个事物之间存在差别　这是第二个常见错误。在很多情况下，和你持不同观点的人会说，既然你无法从一个连续的过程中准确指出两件事的具体起止点，那就是说它们之间根本不存在任何区别。如前所述，这是将“相反”与“相对”这两个概念混为一谈了。比较以不同时速驾驶车辆所导致的事故发生率：时速 30 英里和时速 31 英里、时速 31 英里和时速 32 英里，以此类推一直到时速 69 英里和时速 70 英里，所得到的结果或许并没有太显著的差别，但这并不意味着以每小时 30 英里的速度开车与以每小时 70 英里的速度开车所造成的事故发生率之间没有显著的差别。

苏珊·斯泰宾(Susan Stebbing)在畅销书《有效思维》(*Thinking to Some Purpose*) 中曾经问过这样一个问题：一个男人的头发少到什么程度才能叫作秃头？一根头发都没有的时候？只有一根头发的时候？只有 10 根头发的时候？还是有 100 根头发的时候？如果你说有 99 根头发就叫秃头，有 100 根头发就不叫秃头，这就叫作设立明确的区分。但是我们可以每次增加一根头发，每次都不会造成显著的差别，最后从一根头发都没有变成满头乌发。很显然，虽然秃与不秃之间没有明确的界限，但二者之间还是有差别的。

灵活性：

1. 相反
2. 相对
3. 两个常见的错误：
   （1）要求对不存在明显分界的事物进行明确区分
   （2）否认相对的两个事物之间存在差别

16.2 一致性

综上所述，在一个变化细微的连续过程中，我们必须坚持区别的随意性。但是，一旦决定了以后，我们就必须坚持这种区别，保持词汇在使用上的前后一致性。通常情况下，这种前后不一致的错误很难辨别，其中最常见的就是歧义谬误和分割谬误与合成谬误。

一致性：

1. 歧义谬误；
2. 分割谬误与合成谬误。

16.2.1 歧义谬误

如前所述，我们经常使用的很多词汇和表达其具体含义都不是固定和一成不变的。如果在同一个论点中使用了某个词的不同意思且被当作该论点说服力的基础，这就是歧义谬误。即使论点本身有效，如果词汇在论证过程中意思发生变化，则无法保证其真实性。

举例：澳大利亚广告。有一则澳大利亚的广告想要提高公众的环保意识，广告场景中主持人周围有很多人在种树，他从地上抓起一把土，然后让泥土从指缝间慢慢落下，一边举高手一边对镜头说，如果我们这一代不保护这片土地，那些在两次世界大战中为国土而战的先辈一定会失望的。这就是在论点的不同阶段使用了同一个词的不同意思。

撰写广告词的人显然是寄望于我们都不会注意到“国土”和“土地”之间的区别，前者蕴含着我们的文化、价值观、传统等因素，代表着我们完整的生活方式，会受到外来入侵者的威胁；而后者则指种植作物的土壤。二者之间存在着明显的区别，但这个广告的论点却将其混为一谈，想要用同一个词的不同含义来说服别人、证明自己的观点。

举例：广告战。有家公司在推广产品的时候提出，所有爱国公民都有义务保护自己的国家不受别国攻击，对此你并无异议。但是他们接着提出你因此有义务购买他们这种国产商品，因为你的祖国正遭到来自外国进口商品的攻击。很显然，这个论点的说服力建立在“攻击”这个词的歧义基础上，在论点的不同阶段使用了同一个词的不同意思。

解决方法当然是比较同一个词前后的使用方法是否相同，如果发现前后不一致的话，用其他词代替有疑问的用法。以上面提到的那则澳大利亚广告为例，可将“国土”一词换成“土地”，以保持前后一致。不过这样一来广告的说服力也就会大打折扣。为了避免出现歧义谬误，我们可以问自己以下两个问题：

问题：

1. 我所提出论点的说服力是否取决于词汇的歧义？

2. 我在论证的不同阶段使用词语的时候，词义是否保持了前后一致？

16.2.2 分割谬误与合成谬误

分割谬误及合成谬误也是歧义谬误的两种常见形式。

16.2.2.1　分割谬误　分割谬误指某人进行论证的时候从“整体为真”错误地推论出其“部分单独亦为真”。

举例：哈佛大学和律师。你可以说哈佛大学培养出全美国最优秀的律师，因此刚从哈佛毕业获得法学学位的约翰·史密斯也一定是个优秀的律师。实际上，虽然顶尖大学能够培养出优秀的律师，但据此推断某人因为毕业于这所大学所以一定优秀并非安全的推理。

这种谬误是大部分种族歧视的根源，因为对某个人的判断并不是基于其个人品质，而是因为这个人属于被认为具有某些特点的特定族群。当然，在有些情况下，还是可以从整体为真有效地推断出其组成部分亦为真。比如我可以说自己的电脑是全新的，因此电脑里的每个部件也是崭新的。

> 分割谬误与合成谬误：
>
> 分割谬误：整体→部分
>
> 合成谬误：部分→整体

16.2.2.2　合成谬误　合成谬误与分割谬误正好相反，是根据“部分为真”推论出“整体亦为真”。

> 举例：足球队。你或许会认为因为你最喜欢的足球队里集合了全国最好的球员，所以这个球队一定也是全国最好的球队。但实际上就算是集合了最好的球员，也不能保证这个球队就一定是最好的。球员当然很重要，但是影响一支球队好坏的重要因素还有很多，比如球员的协同能力、团队精神、不同的风格，以及整体环境是否能让每个球员尽情发挥各自的能力从而表现出最好的一面。

16.3　要点一览

> 一致性：
>
> 1. 灵活性
>
> （1）相反
>
> （2）相对

2. 一致性

（1）歧义谬误

（2）分割谬误与合成谬误

16.4 结论

你可能已经注意到了，本书的各部分内容实际上讨论了解决问题的不同阶段。先是探讨了如何就某个问题生成想法和观点，继而讨论了如何对这些想法和观点进行梳理并确定其内在结构，最后一部分则是在这些结构的基础上设计解决方法。有了解决方案以后，我们需要运用明辨思维对其进行评估，以保证思考中没有错误。培养每个阶段所需的技能并常规性地运用相关技巧和方法，这些都能帮助我们设计出更加有效的解决方案，提高我们的决策能力。

所有组织机构和专业人士都需要在很多方面提高解决问题和决策的能力，其中道德问题相对来说十分重要。组织机构和专业人士如何与雇员、供应商、顾客、客户、学生、病人相处、沟通，这给我们的思考带来了严峻的挑战。尽管这些任务十分艰巨，但我们也可以使用相同的技能和技巧来解决它们。接下来的四章内容将重点探讨道德思维，通过个案研究和具体问题展示之前所学方法的有效性。

第五部分

道德思维：个案研究

今天的每一个人似乎都可以被称为专业人士。窗户清洁工人是“建筑窗卫生行政专员”，有权和医生或者律师一样拥有专属称谓。在某些竞技性体育项目中，有人会假装受伤让对手受罚，这种人有时也会被说成表现得像是真正的专业人士，似乎他们的行为是其所在职业最高标准的典范一样。那么，当我们说某人是专业人士或者说他们的行为很专业，这究竟是什么意思呢?

“专业人士”概念源自这样一个观点，即这种人和其他人不一样，他们承诺会在工作中达到某种道德标准。因此，除了具有特定的专业知识，专业人士还应致力于独特的服务理念，肩负社会其他成员不承担的道德义务。这就意味着他们不能罔顾后果，一味追逐个人利益。

当然，对于某些职业来说，尤其是“爱心护理职业”，道德思维是不容置疑的核心。但是如果你认真思考一下，没有哪个职业能够脱离道德责任的约束，只顾自己的个人利益。而这很有可能给我们的职业生涯出了不少难题。

举例：记者。如果你是一名记者，当别人私下告诉你某件事，而这件事又是报道时的关键，那么你应该打破这种信任吗？如果能救别人的性命，你会透露消息来源吗？

举例：工程师或建筑师。如果你是一名工程师或者建筑师，你会如何平衡利润和公共安全之间的关系？在将社区对环境问题的担忧纳入设计考量这个问题上，你有哪些道德责任？澳大利亚工程师协会的道德准则明确规定：

> 工程师对社区福利、健康、安全的责任永远先于其对职业、部门利益、个人利益或者其他工程师的责任。

不论你从事哪一项职业、服务于哪一个组织机构或者怎样与公众互动，你都必须解决这些道德难题。那么，商业界呢？在这个领域，事情通常看上去会有很大的差别。很多商人只相信自己的底线，只对利润和股东负责，不愿意相信自己还有别的责任。在商业世界，独特的服务理念和个人利益之间的矛盾显而易见，道德问题层出不穷：

贿赂、佣金、礼物；

告密揭发；

误导营销与欺诈营销；

性别歧视与性骚扰；

隐私权；

攻击性广告；

环境保护，包括气候变化；

平权行动与优惠待遇；

以及其他种种。

但与此同时，认为可以不择手段、不应该有任何道德限制的观点似乎也忽视了这样一个现实：注重伦理道德有利于包括商业公司在内的所有组织机构，有证据显示道德标准高的机构表现更好。

马克·帕斯丁（Mark Pastin）在其专著《管理难题：获得道德上的优势》（*The Hard Problems of Management：Gaining the Ethics Edge*）中认为，大部分高效率公司的企业文化都较弱但是道德标准很高。企业文化是在历史发展过程中创建起来的规则与传统，被当作企业内的做事标准和行为指南。帕斯丁表示，企业文化通常都是不理性的，带有保守性质，因为是在用过去来评判未来。如果一家公司想要具有创造性地应对变化的能力，那就必须能够学习、能够质疑那些看上去似乎不可置疑的事情。正如帕斯丁在书中所说的那样：

> 如果一个机构想要做到反应迅速、有战略眼光、智慧敏捷，那就必须质疑不可置疑的事情，因为文化植根于传统，只能反映出过去哪些做法有效，无法告诉我们将来哪些措施有用……如果一个企业文化想要得以延续，为身处其中的那些人服务，那它就必须学习，必须允许人对其基本原则提出挑战，必须在不全部推倒重来的前提下容忍某些变化。

他还坚持认为："如果你想要改变所在组织机构的文化，那就应该从讨论道德规范入手。"最为成功的那些公司总是能够找到正确的道德规范，尤其是在当前这个时代，其主要资产均为智力资产：雇员的技能、想象力和创造力。如果没有这些公司就无法学习，无法实现其获得成功所需的变化。

但是，所有机构都面临一个共同的问题：想要保住这些资产，却不讨论道德规范。管理思想大师查尔斯·汉迪警告管理层，随着这些资产的价值因经验和培训而不断上涨，它们在就业市场也就会变得越来越有吸引力，成为竞争对手所觊觎的目标。既然雇员成为公司最重要的资产，管理层就不能再像从前那样控制资产，变成资产自己控制自己。换言之，现在占有及控制生产手段的已经不再是资本家，而是工人。如果工人想要带着自己的技术和才能转投其他公司，那什么都阻止不了他们。

因此，当代企业面临一个艰巨的难题，那就是如何加强雇员对公司的忠诚度，保证他们不会另谋高就。答案就在于让公司成为更有道德的雇主，因为工人越是觉得能够相信管理层会善待他们、会让他们的辛勤劳动和创造力得到应有的认可和报酬，他们就越有可能对公司保持忠诚、越有可能毫无保留地为公司的发展做贡献。否则，如果雇员认为公司待他们不公，那就会打自己的小算盘，尽可能盘剥公司，拿到他们认为自己应得的一切，同时还会寻找其他更好的发展机会。

如果一个公司想要取得成功就必须提高生产力和雇员的忠诚度，而这其中的关键就是信任。商业顾问罗伯特·列弗宁（Robert Levering）认为，如果雇员说自己的工作场所很棒，这里面通常包含着三层意思："你信任雇主、你为自己的工作感到骄傲、你喜欢一起工作的人。"信任取决于雇员是否相信雇主尊重他们以及是否相信雇主公平、可信。

因此，商业和其他职业一样，其成功取决于是否有正确的道德规范，不仅仅是如何与雇员打交道，还有如何与顾客和供应商打交道。商业丑闻和经济衰退都能让我们对这些问题有更加清晰的认识和思考。美国安然公司的破产丑闻以及世界通讯的会计丑闻都让我们看到，如果对雇员、消费者以及社会追逐个人利益的做法加以限制，仍然奉行 20 世纪 80 年代那种认为"贪婪是好的"（Gread is Good）的道德规范，后果将会十分严重。现在，由于金融市场监管宽松以及银行家为了追逐丰厚利润进入高风险业务领域所引发了世界范围内的经济衰退，这或许会让我们更加愿意放弃以前的信念，不再认为自我调节的市场机制及追求自我利益最大化的原始驱动力优于良好的思考。

17
道德思维之一：生成观点

有一种常见的观点认为，道德纯属个人见解，道德缺乏客观性或绝对性，无法用于仲裁两个相互冲突的观点，认为它只不过是个人的意见和品味，是每个人特定价值观的体现。

但是，上述观点和其他类似的观点都无视了一个事实，那就是道德思维和其他形式的思维并没有什么两样，我们都会在这方面表现很差、都会犯错误。如果你认真思考一下，就会在道德思维中发现我们在第四部分里提到过的那些问题：我们倾向于教条主义、用道德上的刻板印象看待一切、观点找不到合理解释的时候就诉诸权威、经常过于草率地做出评判。因此，学会道德思维与学会逻辑思维或数学思维一样重要。

接下来你将看到，道德思维并非关于确立我们自己的原则和价值观，而是关于道德推理以及更好地进行道德推理所需的技能，这些技能正是我们在前面几章学过的。和其他推理形式一样，在道德推理这个领域运用这些技能也有好坏之分，我们可以通过学习做得更好，避免经常会犯的那些错误。首先，我们需要对这个过程有所了解并提高相关技能。

17.1 生成道德事实

首先，我们必须使用第三章所学的方法生成所有事实，然后从有关各方的不同视角在不同层面上对问题进行分析。在这个阶段需要牢记的一点是，我们不关心一般性的道德问题，比如商界是否应该容忍贿赂，或者像烟民这种咎由自取的人在医院排队接受治疗时是否应该往后排。此外，我们也不关心那些告诫我们永远都不能容忍说谎或者违约行为的道德准则。我们要做的就是从有关各方的角度出发，收集所有相关事实。这是一种自下而上的方法：在这种情况下，你会受到怎样的影响？你的偏好、利益和需求会是什么？

从有关各方的角度出发，收集他们的偏好、利益和需求。

17.1.1 两条原则

记住两条简单的规则会对你有很大帮助。首先，暂时搁置所有的批评。在记录想法的过程中，你可能会发现它们和你从其他角度看问题的想法有冲突，暂时先不要去管它，因为你在这个阶段的任务就是尽可能得到最为全面、综合的信息。就算你在接下来的阶段有可能需要妥协让步，甚至完全抛弃某些观点，但在这个阶段应将所有你认为重要的想法全部列出来。

第二条原则也和第一条有关系：数量很重要。你从每一个人的不同视角对问题进行探究的时候，要时刻提醒自己所列问题的数量没有上限。你的目标就是从每个人的角度出发，对所有问题进行彻底、详尽的描述，不批评、不做任何评估，同时也不遗漏任何一项。

两条原则：

1. 暂时搁置所有批评；
2. 数量很重要：列举问题没有上限。

17.1.2 不同视角

我们在第三章探讨过，用这种方法生成观点需要从不同角度出发接近问题，每一个角度都需要进行不同层面的分析。第一步就是要列出对该特定情况产生影响并受其影响的全体人员，即所有利益相关者。

不同视角：对特定情况产生影响并受其影响的全体人员，即所有利益相关者。

我们先来做一个练习，研究下面这个例子并列出它所涉及的不同视角。

举例：连锁店助理经理。我就职于一家发展迅速的折扣连锁店，被任命为一家新店的助理经理。商店位于弗吉尼亚州里士满郊区，即将开业，因此有大量工作需要做：订购商品、照单收货、商品

> 上架，然后贴上正确的价格标签。虽然商店刚刚建好，一片狼藉，到处都很混乱，但还是要保证一切井然有序。我有五名帮手，是管理层以“培训项目”的名义从别的连锁店调过来的，他们都是好人。我们每天都做很长时间，终于完成了所有的工作。店铺开张前一个星期，管理层要求我找个原因开除其中的三个人，因为“我们只需要两名培训生”。我对此提出了反对意见，但他们说：“嘿，这没什么问题，他们可以回到原来的店里去工作。”

如果我们假设助理经理的老板代表了公司及其股东，则这个问题中涉及的不同视角包括：

助理经理

将被开除的三名培训生

将被留用的两名培训生

助理经理的老板

列出所有利益相关方以后，我们接着需要站在每一个人的立场上，从他们的偏好、利益、需求等方面对其所受影响进行分析。

17.1.3 不同层面

接下来，我们可以从有关各方的视角出发，在不同层面通过不同种类的规范化问题进行详细分析。这其中有些问题反映了我们对正义和公平的关注，有些反映了我们相信自己拥有某种权利，有些反映了我们认为应该得到尊重的价值观，有些反映了我们认为需要提升和促进的美德，有些则反映了我们认为需要避免的不利后果以及想要的良好结果。

层面	各种规范化问题
	1. 正义 2. 权利 3. 价值观 4. 美德 5. 后果

17.1.4 引导问题：观点生成表

以下“观点生成表”中分不同主题列出了一系列标准化引导问题，能够帮助你通过回答这些问题得出自己的想法和观点。当然，这些并不能穷尽所有问题，像前面几章所说的那样，你可以在思考过程中据此想出更多问题或者对现有的引导问题进行适当修改，使其更加符合你所面临的实际情况。我们在第三章里提到过，最具创造性的思考者会不断地修改、提高自己的常规引导问题，会将从别人那里听来的问题加在自己的列表里。因此，要养成习惯随时将自己想到的问题添加进去，为将来做好准备。

当然，并不是所有问题都适用于你遇到的每一种情况，它们的目的是让你在不同的层面思考问题，从而引发一些你在常规情况下不会有的想法。如果你穷尽了所有的问题仍然找不到合适的想法，那就应该回过头去检查结构，看是否遗漏了什么。

关于结构有两个补充问题：一个是关于不干涉，另一个是关于

观点生成表：规范化问题

不干涉：如果我什么都不做，顺其自然，会发生什么？这可以接受吗？					
正义	权利	价值观	美德	后果	
				直接后果	间接后果
1. 与他人相比，我是否受到了不公正的对待？	1. 公司的提议是否减少了我将来的选择余地？	1. 在社会、经济、文化价值观等方面会产生哪些影响？	1. 这会降低我们独立自主的程度吗？	1. 直接受影响的人有可能会因此变得更高兴吗？	1. 对间接受到影响的人来说会有哪些后果？
2. 和其他类似职位的人相比，我的机会是否较少？	2. 我的隐私权是否受到了侵犯？	2. 我自身的福利价值是否受到了威胁？	2. 这是否多多少少地推动了个人责任感？	2. 他们的福利是否受到了威胁？	2. 弱势群体有没有受益？
3. 成本与收益有没有公平分配？	3. 我是否被剥夺了知情权？	3. 公司提议是否违反市场价值观或民主原则？	3. 努力工作是否得到了回报？	3. 他们会遭受更多痛苦吗？如果是的话，以何种方式？	3. 像医生和护士一样必须执行决策的人如何受其影响？
4. 我有没有因为自己没做过的事情而受到惩罚？	4. 我是否被剥夺了言论自由的权利？	4. 这是否会导致政府的过多干预？	4. 这是否能提升团队合作精神？	4. 这是否会降低他们的满足感和成就感？	4. 这对他们的家人和朋友会有什么影响？
5. 我是否公平地发表了意见？	5. 是否危及我的安全或生命？	5. 个人选择是否受到限制？	5. 这能否让他人变得更加敏感及具有同情心？	5. 对他们的自尊会有什么影响？	5. 是否会对社区的实质利益或成本造成影响？

续表

不干涉：如果我什么都不做，顺其自然，会发生什么？这可以接受吗？					
正义	权利	价值观	美德	后果	
				直接后果	间接后果
6. 对我所受到的伤害是否有公平的赔偿？	6. 我享有清洁环境的权利是否受到威胁？	6. 我们是否被人操纵而不是基于理性被说服？	6. 这样做是否奖励诚实和直接处理方式？		6. 对社会会有什么更加广泛的影响？
7. 是否有群体受到不公惩罚？	7. 我或我的家人是否被剥夺了受教育权或享受平价医疗保险的权利？	7. 这种情况是否反映了对他人不够尊重？	7. 这种做法是否能够培养对他人的尊重？		
	8. 公众的安全保障权是否受到了威胁？	8. 是否威胁到了某些重要传统？	8. 这会促进还是降低别人对社会及社会福利做出贡献的意愿？		
	9. 我的权利是否受到了忽视？				

特别义务：对于直接或者间接受影响各方（经理、工人、顾客、客户、病人、学生、供应商、分销商、股东、社区）是否有什么特别的义务？

特别义务。从一开始你就应该问自己：如果我什么都不做，会发生什么？你认为这可以接受吗？在有些情况下，最好不要对事情加以干涉，让有关各方自行解决问题。

至于特别义务这个问题，有些职业的从业人员对他人具有该职业所特有的义务和责任，如医生必须尊重病人的隐私，记者必须尊重爆料人或私下表达观点者的匿名权，律师与客户之间的对话具有法律保护的机密性。

从更加广泛的范围来说，在商业领域，人们总是对雇员说顾客永远都是对的，公司对股东有某些特定的义务，对其所在的本地社区也有一定的责任，因此必须注意保护当地环境，不能污染空气及河流水系，不要在当地村镇造成交通拥堵，要对本地经济所造成的影响负责。

仍以上面那个连锁店的助理经理为例，我们可以依次从四个不同的角度以及所列的五种规范化问题进行分析。以下是从助理经理和三名将被开除的培训生角度出发的大概分析结果。

举例：助理经理	
正义	我不应该受到这种不公平的对待。
权利	我有权知道公司一开始就想开除三名培训生却被剥夺了这个权利。
价值观	我的选择自由受到了限制。 我被人操纵了。 我作为个体没有得到应有的尊重。

美德	这很有可能会削弱我的个人责任感。 这让我的努力工作没有得到回报。 我在将来很有可能不会像从前那样愿意为公司做事了。
后果	直接后果：这将会降低我对这份工作的成就感。 直接后果：这将削弱我的自尊。

举例：三名被开除的培训生	
正义	和他人相比，我不应该受到这种不公平的对待。
权利	我有权知道公司开除我的真正原因。
价值观	公司的行为违反了平等机会的价值观。 公司为了满足自己的需要对我进行了操控。 我作为个体没有得到应有的尊重。
美德	这让我的努力工作没有得到回报。 这很有可能削弱管理层将来关怀、同情工人的意愿。 这会助长不诚实行为，不鼓励管理层直接与员工打交道。 这会削弱其他雇员合作及为社区福祉做贡献的意愿。
后果	直接后果：这会让我不高兴、没有满足感。 直接后果：这会严重打击我的自尊。

17.2 同理心和想象力

第一次遇到开放性的新问题时，观点生成表能够帮助我们厘清混乱、理清思路。从不同的视角、在不同的层面看问题，这并不是一件容易做到的事情。正如前面几章里说过的那样，常规思维模式和行为模式会让我们忽略其他视角，因为习惯于某种特定的思维方式而难以改变视角，无法从别人的角度出发看问题。

但不论是哪一种职业，如果想要取得成功就必须养成与别人共情的习惯，间接地感受和体验他人在某种特定情况下的感觉、信念或喜好，而且必须经常做这种思想实验。在下面这个例子中，你可以站在社工的立场上，对一个潜在的服务对象产生共情，面对一个大部分人都没有亲身经历过的问题。

举例：苏珊娜和社工。比顿社区卫生部门组织了一系列讲座提升人们的自尊和自信，在集体讨论的时候，其中一个议题就是家庭暴力。讨论结束以后，一位名叫苏珊娜的年轻姑娘过来找你谈话。你是社工。

苏珊娜坐着轮椅，说很喜欢这次的讨论，想跟你谈一谈护理员的事。她说这个护理员让她感觉非常不舒服，有时甚至会让她觉得很害怕。但是她觉得自己不能抱怨，因为有人上门服务已经让她感到非常幸运。她知道有很多人申请了居家护理服务，她很多朋友都在等待名单上，没机会像她这样幸运。她担心一旦投诉就很有可能会失去现在仅有的帮助。

她告诉你，自从有了这项护理服务以后，她就能独立生活了，而且现在还开始上大学培训课程。她担心如果失去这项服务就会回去和父母一起生活。他们对女儿的保护欲很强，她认为回家生活会加深他们的固有印象，认为她无法独立生活。

在这个案例中，我们需要考虑的不同视角包括：

苏珊娜

社区服务

护理员

社工

苏珊娜的父母

从每一个视角看问题都会面临不同的挑战。比如从苏珊娜的角度出发，我们可能会说：

她应该有权免受伤害及远离受伤害的恐惧；

她应该有权享受独立生活、增进自尊和自信；

她应该和其他人一样享有受教育的机会；

她有权让权威机构的人听到自己的担心；

她不应该因为害怕而不去抱怨和投诉。

如上所示，每一条内容都以“应该”或“不应该”来描述不同情况下所发生的事情。但并不是所有问题都采用这种表达方式，从社区服务的角度出发，我们可能会说：

他们有责任以慎重、彻底的方式处理这些恐惧和担心；

他们有责任确保客户不受伤害；

他们应该公平、公正地调查这些问题，不报复也不保护有恶劣行为的员工。

从每一个相关方的角度出发对问题进行思考可得到以下规范化问题表。当然，你列出的内容可能会有所不同，或许能想出更多问题。

相关各方	规范化问题
护理员	1. 做出任何决定之前都应该先听一听她的说法； 2. 应该知道别人关于她都说了些什么； 3. 如果所受指控未经证实，她就不应该失去这份工作或晋升机会； 4. 她应该关注、照顾别人的情感。
你（社工）	1. 应该在尽可能保密的前提下将苏珊娜的担心告知管理层； 2. 应该主动提出与父母交谈，对苏珊娜的独立应对能力进行客观评估。
父母	1. 应该向苏珊娜提供支持； 2. 应该尊重她的独立性。
苏珊娜	1. 应该有权免受伤害及远离受伤害的恐惧； 2. 应该有权享受独立生活、增进自尊和自信； 3. 应该和其他人一样享有受教育的机会； 4. 有权让权威机构的人听到自己的担心； 5. 不应该因为害怕而不去抱怨和投诉。

社 区服务	1. 有责任以慎重、彻底的方式处理这些恐惧和担心； 2. 有责任确保客户不受伤害； 3. 应该公平、公正地调查这些问题，不报复也不保护有恶劣行为的员工。

17.3 普遍性

这种同理心和共情能力对道德思维的一个典型特点也十分重要，我们进行道德判断的时候必须保证这些判断具有普遍性。和逻辑思维一样，道德思维也必须遵守一致性原则：我们所得到的行为和道德判断必须具有普遍化的特点。不论我扮演什么样的角色，不论我是加害者还是受害人，不论我因行为后果受益还是受损，都必须能够认同某个行动或者决定。

这就意味着我们必须站在受决策影响的那些人的立场上，愿意让同样的事情发生在自己身上，间接地感受受影响者的喜好、利益、需求等各项体验。这就是为我们所熟知、超越信念和文化差异的金科玉律："你想别人怎样对待自己就要怎样待别人。"

18 世纪德国哲学家康德曾经将这一原则纳入自己的"绝对律令"：

> 除非你愿自己的行为准则成为普遍规律，否则不要据此行动。

换言之，即我必须愿意所有身处同样情况下的人（包括我自己）都遵照同样的准则行事。每一个行为都应该按照同类普遍适用的行为准则进行评判，其评判基础不应该是主观情感或者主观倾向，而应该是理性法则，即普遍规律和“绝对律令”。道德思考是一种客观思考，超越了我们自身的利益和情感。

> 我们必须站在受决策影响的那些人立场上，愿意让同样的事情发生在自己身上。

在职业生涯中，我们会经常遇到这类问题，以下为一个典型的案例：

> **举例：财务总监。**你是某家小公司的财务总监，公司于一年前创立，老总经常根据自己的判断凭本能草率做出决策。这种管理风格在过去似乎十分有效，因为公司以此吸引了不少经验丰富的员工，业务发展良好。现在，某个销售人员成功拿到了一个大订单，老总想发给他一大笔奖金以资奖励，并以此鼓励其他人。但是你看出了其中的问题，认为这种做法设立了一个没有可重复性的先例，并且会导致与其他员工之间的关系变得紧张，因为像生产部门的领导等人的工作也一样投入和努力，却没有得到类似的奖励。你当然想要鼓励员工，但与此同时也会面临上述各种问题。

17.4 该做什么和不该做什么

遗憾的是关于道德思维我们并没有很多好例子可以借鉴，因此很容易陷入某些习惯性思维模式，让我们难以自由生成自己的观点和想法。所以除了“该做什么”，即“暂时搁置所有批评”和“数量很重要”，我们还必须明确不该做什么，这样才能保证我们生成观点的努力不致受到破坏。

该做什么	不该做什么
1. 暂时搁置所有批评 2. 数量很重要	1. 相对论 2. 诉诸权威 3. 刻板印象 4. 合理化

在这个阶段，道德思维的关键就是要生成尽可能多的想法，以期对遇到的情况进行全面的了解和思考。因此，一开始的时候就点明的那两条基本规则至关重要。与此同时，我们还应该尽量避免相对论和诉诸权威这两个问题，从某种意义上说它们是上述两条基本规则的反面，就像是同一个硬币的正反两面。

17.4.1 相对论

关于这种涉及生成想法的开放性思维会对我们提出一些要求，逃避这些要求的其中一种方法就是声称所有价值观都是相对的，是不同社会和文化影响的产物，因此所有价值观都同样有效，无法对其进行仲裁。

但是根据我们的规范性价值观，这只不过是解释了我们是如何得到这些价值观的，并没有解决我们有没有善用道德思维技能这个问题。道德思维技能包括：我们的论证是否保持前后一致、有没有将我们的道德判断普遍化、有没有从不同视角及不同层面生成观点、有没有充分使用我们的同理心。换言之，相对论并不能成为我们不对思维进行评估以及不善用思维技能的借口。

17.4.2 诉诸权威

另外一种逃避方式和上一种刚好相反，认为道德问题只有一个答案且只能从权威那里寻求答案。问题是，没有人清楚这种假定存在的权威到底是什么。

举例：苏格拉底与《尤西弗罗》。在柏拉图的对话录《尤西弗罗》（*Euthyphro*）中，苏格拉底问尤西弗罗：行为之所以正确是因为这是神谕，还是因为其正确所以会有神谕。如果尤西弗罗选择前者，则任何神谕下的行为都一定是正确的，不论我们怎么想。但与此同时我们也知道神是反复无常、独断专行的，其无限的力量并不是用于正义和人道，而是为了满足他个人的意愿与复仇的渴望。我们必须盲目地服从他的命令，尽管这有可能导致骇人听闻的行为。

这样看上去，后一个答案似乎更能回答苏格拉底的问题。即使神谕是正确的，我们仍然需要对其进行独立判断，需要根据独立的标准对神谕进行判断。实际上，这种标准的地位甚至超过神谕，因为可以据此对神谕和我们自己的道德判断均作出评估。不过现在相比诉诸权威，我们更倾向于自己作出判断。

如上所述，诉诸权威不仅让我们逃过了生成观点的要求，还逃避了整个道德思维的责任。我们只不过是表现出自己很讲道德，实际上并没有使用和发展道德技能，而是像小孩子一样没有自己的判断，只知道遵守上级权威交代下来的规则。

> 如果我们盲目地遵守权威的命令，那就等于只是表现出自己很讲道德。

17.4.2.1　**道德规范与权威**　道德决策是件非常复杂的事情，并不是一个识别面前的情况属于哪种类别然后将别处获得的适当规则加以应用的简单过程。道德规范之间通常会有冲突，因此我们还是要进行道德思考，决定应该选择哪一种道德规范。像尤西弗罗一样，这就意味着我们必须走出诉诸权威的谬误，找到不依赖权威的理由。正如尤西弗罗困境所展示的那样，权威无法做到自我论证，遵守权威规范仍然需要站得住脚的理由。

17.4.2.2　**实际应用**　权威的规定在实际应用中更令人困惑。需要做出道德决定的真实情况通常总是会非常复杂和具体，简单的规范无法回答这些具体的问题。此外，我们还必须决定哪些适用以及如何运用等问题。

> 举例：《利未记》。你可能认为同性的性行为是不对的，因为《利未记》禁止同性恋。但《利未记》中还禁止有以下行为：穿混合了亚麻和羊毛两种材料的衣服（第 19 章第 19 节）、剃须剪发（第 19 章第 27 节）、吃猪肉、火腿及水中一切无鳍或无鳞的游水之物（第 11 章第 7 节）、收割田地四角的作物（第 19 章第 9 节）、文身及在身体上做记号（第 19 章第 28 节）。

17.4.3 刻板印象

虽然我们已经知道权威并不是答案，但还是忍不住会让刻板印象控制我们的思考，因为刻板印象和权威一样能免除我们与他人共情的义务，因此可以逃避生成观点的责任。从本质上看，刻板印象就是能够触发常规反应的漫画形象。

举例：伐木工人与绿色运动。如果有人反对砍伐森林，他们就会被人不屑一顾地称为“树木崇拜者”，被人指责只顾环境，不顾人们的就业机会和以木材业为生的人。而另一方则同样借助刻板印象，将伐木工描写成“无脑破坏者”，为了赚钱不择手段、不计代价。

这样一来，我们就不再有义务普及自己通过站在别人的立场上所得到的判断，也不用问自己如果处于别人的位置会有什么样的感觉。只有承认别人也和我们一样有内心生活，我们才能摆脱刻板印象所带来的所有标签和歧视。做到这一点只有一种途径，那就是与他人共情。

刻板印象与诉诸权威一样都否认事情在道德上具有复杂性。实际上，某些最有效的刻板印象之所以有效，其根本原因就在于将一个人或者一个群体贬低为物体。

举例：“人手”和“计件”。工业革命期间，工人失去了自己的个性，变成“人手”，而集中营里的犹太囚犯均以“件”为单位计算人数。波兰特雷布林卡集中营的指挥官弗朗茨·施坦格尔(Franz

Stangl）后来承认，他当时采取的应对策略就是“去人性化”，将每天被消灭的那些犹太人都只看作无生命的数字。

17.4.4. 合理化

最后还要注意一个问题，这也是我们在前面章节里提到过的。遇到复杂问题的时候，我们都会想要逃避自己生成观点这个巨大挑战，直接援引适用于同样情况先入为主的那些观点，然后通过搜寻有力证据将我们的观点合理化。

为了生成我们自己的观点，首先要做的就是清理掉所有这种先入为主的观点，以免思想受其影响和操纵并被引入常规思维路径。不成熟的明确和清晰实际上比混乱更为糟糕，因为面对复杂的问题，如果不经过认真、广泛的探究，我们一般不可能直截了当地说出自己的确切想法。我们需要给自己彻底探究问题的自由，并且知道事情比我们表面上看到的更为复杂。

观点生成表是一种应对混乱感的有效方式，能够帮助你避开熟悉的常规思维习惯。开始的时候，你会觉得似乎每一个问题都很重要，不知道自己应该往哪个方向走。但是观点生成表能让你循序渐进、有序进展，一旦对所有引导问题都进行了思考，你就能掌握解决问题的所有重要方法。

这样一来，你就会有信心暂时搁置自己的判断，允许自己保持疑问，收集所有的想法并对涉及的问题有清晰的认识。想要有这种自由的思维方式并生成自己的观点，我们需要结构和组织，而观点生成表可以帮助我们做到这些。

17.5 要点一览

生成观点：

1. 不同视角：所有产生影响或受影响的人
2. 不同层面：规范化问题
   （1）正义
   （2）权利
   （3）价值观
   （4）美德
   （5）后果
3. 引导问题：观点生成表

17.6 结论

本章内容重点关注如何训练我们的“思想之眼”看到那些应该看到却经常被忽略和过滤掉的东西，首先需要保持谦卑的态度，承认这个问题很复杂，承认我们有不明白的地方。然后再用引导问题从不同视角、不同层面出发生成我们的观点，暂时搁置批评，也不要对这些观点进行编辑和处理。观点生成以后，下一步就要对其进行组织和结构化处理。

18
道德思维之二：组织观点

生成了观点以后，现在我们必须对其进行组织和结构化处理，辨别它们所属的特定类别。我们在第二部分学习过如何根据问题的不同性质使用不同的方法对生成的观点进行条理化处理。

有些问题可以通过因果思维得到解决，用适当的因果解释将观点联系起来，然后对得到的结构进行修改，设计出最后的解决方案。

有些问题则可以通过概念思维得到解决，对构成观点的概念进行分析。在第五章和第六章里，我们知道概念是通用的分类，能够用逻辑关系将观点联系在一起。这种内部结构让我们能够对生成的观点进行结构化处理，并用第九章里学到的方法设计出解决方案。

18.1 综合：从个别到一般

这两种方法都涉及从一般到个别、从抽象到具体的思维方式；与之相反的则是从个别到一般对我们的观点进行综合。我们从第七章得知，这正是我们认识理解复杂问题的方式，即根据生成的观点创建新概念或者用现有的概念对生成的观点进行综合。

我们遇到的道德问题中，有些可以通过分析用于描述这些问题的概念得到解决，不过大部分都是用现有的概念对我们的观点进行综合，从而得到观点的结构化组织，对其进行适当的修改以后即可设计出解决方案。

18.2 从规范化问题到规范化原则

就道德问题生成观点的时候，我们采取的形式就是前一章所描述的那些规范化问题，其中每一个都反映了内在的规范化原则。

我们所生成的每一个规范化问题都反映了内在的规范化原则。

举例：苏珊娜和社工。在苏珊娜的这个案例中，我们认为她应该有权免受伤害以及远离受伤害的恐惧，这个问题就反映了我们所坚持的一个规范化原则：安全的权利。不论是谁，每一个人都有权免受伤害及远离任何形式的伤害威胁，这是所有人都应该享有的普遍权利。

此外，我们还发现，她应该和别人一样享有同样的教育机会。这个问题所反映的就是正义这一规范性原则，即所有人都享有平等的权利。

规范性问题	规范性原则
免受伤害及远离受伤害的恐惧	安全权利
受教育的机会	正义：平等机会

相关各方	规范化问题	规范性原则
护理员	1. 做出任何决定之前都应该先听一听她的说法； 2. 应该知道别人关于她都说了些什么； 3. 如果所受指控未经证实，她就不应该失去这份工作或晋升机会； 4. 她应该关注、照顾别人的情感。	正义：程序 知情权 正义：机会 正义：程序 尊重个人尊严 普遍性
你（社工）	1. 应该在尽可能保密的前提下将苏珊娜的担心告知管理层； 2. 应该主动提出与父母交谈，对苏珊娜的独立应对能力进行客观评估。	隐私权 美德：同情心 美德：友谊
父母	1. 应该向苏珊娜提供支持； 2. 应该尊重她的独立性。	美德：支持而不霸道 美德：自力更生 美德：独立 尊重个人自主尊严
苏珊娜	1. 应该有权免受伤害及远离受伤害的恐惧； 2. 应该有权享受独立生活、增进自尊和自信； 3. 应该和其他人一样享有受教育的机会； 4. 有权让权威机构的人听到自己的担心； 5. 不应该因为害怕而不去抱怨和投诉。	安全权利 价值观：安全 美德：独立 美德：自力更生 正义：机会 价值观：教育 正义：程序 价值观：民主 正义：程序 价值观：操纵限制

社区服务	1. 有责任以慎重、彻底的方式处理恐惧和担心； 2. 有责任确保客户不受伤害； 3. 应该公平、公正地调查这些问题，不报复也不保护有恶劣行为的员工。	美德：敏感 安全权利 价值观：安全 正义：程序 价值观：民主问责制

从不同的相关方角度出发，我们可以将每一个规范化问题转换成其潜在的规范化原则。下表中你可以看到苏珊娜案例中涉及的所有相关各方、其相应的规范化问题和规范性原则。其中有些规范化问题涉及多个规范性原则，一般情况下对应两到三个原则。

18.3 问题与原则转换表

当然，将规范化问题与规范化原则用表格形式对应起来会显得更加一目了然。以下表格虽然不能将所有规范化原则全部罗列出来，但还是能够帮助你将每个问题与相应的原则对照起来。和观点生成表一样，转换表也按照不同类别的原则进行分栏：正义、权利、美德、价值观、后果。就像你在观点生成表中填写引导问题那样，如果遇到其他你认为应该添加的原则，即可将其列入此表。

在详细讨论每一种规范化原则之前，我们必须先了解三个不可重写的原则，即这些原则不论在哪种情况下都不能妥协让步，因为一旦让步就意味着无法得到道德解决方案。

18.3.1. 不可重写的原则

道德思维和其他所有类别的思维一样也是有逻辑的，这意味着我们每次打破这些内在逻辑规则的时候都在犯错误。和逻辑思维、数学思维或者科学思维一样，在道德思维中我们也很容易犯错而且会经常犯错。

和其他思维一样，道德思维也具有某些必要的特点。当科学家提出一个科学的解释，他们知道这个解释必须以观察或实验为依据，必须具有可测性和普遍适用性。在道德思维中也是这样，我们的判断必须具有普遍性；必须尊重个人的尊严，将其视为目的而不是手段；必须维护每一个人的自主权，让他们自由做出选择，而不是被胁迫按照我们所希望的方式行事。

不可重写的原则：

1. 普遍性
2. 尊重个人的尊严
3. 自主权

如果无视这些原则，那么我们就不再是进行道德论证，可能只是在做政治、法律论证，认为这是能够争取自身的利益、得到我们想要东西的最佳方式。同样道理，如果科学家提出一个不以观察或实验为依据或不具可测性的理论，那么他们就会面临伪科学的指控或者超出了科学的范围提出了一个形而上学的论点。因此，如果我想要找到一个道德问题的解决方案，那就不能无视这三个原则。

18.3.1.1 普遍性　前一章我们讨论了普遍性的重要性：我们在做任何道德评判的时候都必须让所有处于类似境况中的人均根据同样

的判断行事，不应该说这是我在这种处境下应该做的事，而是说所有和我一样处于类似境况中的人都应该这么做。这就意味着我们必须做好准备，进行道德评判的时候不能因我们所扮演的角色或者我们的得失而有所改变。

因此，我们必须问自己："我是否愿意被人这样对待？"这里我们面临两个关键的问题：

1. 我们应被当作本身具有内在价值的人对待，而不只是具有服务于他人需求的外在价值；

2. 我们应该具有在知情条件下自主选择的自由。

18.3.1.2　尊重个人的尊严　第一个问题削弱了我们个人尊严的重要性，因为我们本身就是目的，而不是能够促进别人达成目的之手段。

按照普遍性的要求，我们希望别人怎样对待自己就必须怎样对待别人，对自己赋予最高的内在价值也就必须赋予别人同样的内在价值。换言之，如果我们不愿意被别人当作手段来实现他们的目的，那我们也就必须避免将他人当作手段来实现我们自己的目的。

举例：外科医生和律师。如果某个外科医生执意要做某个具有突破意义的手术，因为这能促进他的事业发展，但手术对病人来说具有不可接受的高风险，那么我们就可以质疑这位外科医生的判断。如果某个律师使用高调辩护策略，因为这样做能够增加他自己的曝光度，但对客户来说低调处理更为有利，那么我们也可以质疑这位律师的决定。

转换表：规范性原则

不可重写的原则	可重写的原则				
	正义	权利	价值观	美德	后果
1. 尊重个人的尊严 （1）有没有无视所涉及每一个人的内在价值？ （2）有没有将他们当作手段而不是目的？	1. 机会： 机会平等 社会平等	1. 个人： 知情权 隐私权 言论自由 安全权 财产权 生命权	1. 个人幸福： 教育 健康 安全 就业	1. 中世纪： （1）七美德： 诚信、希望、仁慈、谨慎、节制、正义、坚韧 （2）七宗罪： 傲慢、暴怒、嫉妒、色欲、暴食、贪婪、懒惰	1. 每一个行动提议都有哪些利弊？
2. 普遍性 （1）我们是否能坚持在类似情况下所有个人和组织均以同样的方式行事？ （2）不论担任何种角色，我们是否能做到不计得失地对自己施加同样的决定？ （3）我们是否愿意别人用我们对待他们的方式来对待我们？	2. 分配正义： 公平分配利益与责任	2. 公共： 子孙后代的权利 拥有干净环境的权利 教育权 享有平价医疗服务的权利 享有公共安全的权利	2. 社会政治： 自由市场体系 民主价值观 环境	2. 现代： 独立、自力更生 责任感、自律 努力 谨慎 坚韧 友爱、同情心 仁慈、敏感 慷慨大方 慈善 诚实 忠诚、可信	2. 对直接和间接受影响者的影响有多深、多广？

3. 自主权 涉及的人有没有被剥夺了自主决定和选择的自由？	3. 惩罚： 正义对其进行其应得的惩罚	3. 一般原则 伤害原则 诚实原则 忠诚原则 保密原则 合法原则	3. 经济： 自由企业竞争 有限政府干预 选择自由 消费者主权	3. 人际关系中的关爱： 耐心 培育 信任 诚信 支持而不霸道	3. 受影响的人数有多少？
	4. 程序： 提供正当程序的公平机会		4. 认知： 限制信息操纵 诉诸理性		4. 是否有人因他人受损而得益？
	5. 补偿： 为造成的伤害提供公正的赔偿		5. 文化／艺术： 环境 尊重他人 尊重传统 控制公共环境		5. 这些是短期后果还是长期后果？

当我们将某人视为手段的时候，就意味着将某种其他目的放在高于这个人本身的位置上，牺牲了这个人的利益，拒绝承认这个人也有自己的喜好、利益和要求。做出这种判断的基础是从个人角度出发而不是从道德角度出发，是拒绝考虑别人，只顾达成我们认为更重要的其他目标。但这并不是说我们永远都不能将个人当作手段来对待，而是说个人不能“只是”个手段，不能将其视为没有尊严、没有任何内在价值。

举例：售票员。当我们时间紧张要赶火车的时候，如果售票机未能及时出票让我们误了火车，我们就有可能会骂售票机，甚至对它大打出手。虽然我们会对自己的行为感到尴尬，对自己没能控制好愤怒而感到失望，但是这些行为并不会产生道德上的问题，除非旁边有年幼的孩子看到了我们的不良行为，我们因此担心会给他们树立一个坏榜样。

但是，如果将售票机换成售票员的话，上述行为的影响和后果就会变得完全不一样。如果我们因为售票员动作太慢而疯狂骂人，那我们骂的就不只是机器，不“只是”一个手段，而是一个有自己喜好、利益、要求的个人，一个值得被别人以尊重的态度对待的个人。

虽然从某种意义上来说，售票员仍然是我们获得车票的一种手段，但售票员并不“只是”手段。当我们事后回想自己的所作所为，肯定会认识到其中所蕴含的道德问题，而这是我们在辱骂售票机的时候不会有的体验。

18.3.1.3 **自主权** 而这对一个人的自主权也有着明显的影响。如果我们将自己视为目的而不仅仅是手段，这就表明我们在达成自己的目的时拥有自主权，而不是在无法选择的情况下沦为实现他人目标的手段。

同样重要的是，推动我们做出决定的并不仅仅是我们想要做什么的欲望，而是我们认为自己应该做什么；不是怎么做才能最有效满足欲望的理性原因，而是道德原因。如果我们只受欲望的操控，那我们本身就不再是目的，我们也将不会再有选择：因为决定我们应该怎样做的不是我们自己，而是我们的欲望和喜好。

举例：吸毒者和烟民。很多吸毒者和烟民都认为自己应该放弃毒品和香烟，但是他们仍会再不断地吸毒、吸烟。驱动他们的力量是欲望，而不是他们认为应该怎么做。

个人行为和个人生活必须由他们的理性和自我判断来决定。因此，我们在职业生涯中所做出的决定必须充分考虑相关各方关心的问题，必须让他们的选择自由达到最大化。

如你所见，如果忽略这些原则中的任何一条，我就会犯道德上的错误，正如忽略内部规则会让我犯类似的数学、逻辑、科学思维错误一样。

18.3.2 可重写的原则

上面讨论的这些都是不可重写的原则，其他的则为可重写原则，我们必须在不同的情况下根据其重要性进行选择，以期获得问题的最佳道德解决方案。在它们中没有哪一个原则享有至高无上的地位，因为在不同情况下任何一个都有可能比其他原则更为重要。

18.3.2.1　美德　每套原则都是无须解释、显而易见的，或许只有“美德”和“价值观”这两类例外。当考虑美德的重要性时，我们需要问这样的问题：我们有没有按照好人应该有的样子行事？我们有没有做到最好的自己？这里的关注点是：做出某个决定以后表明我们是什么样的人或者会让我们成为什么样的人。不论是什么样的情况，我们都必须问自己：这个决定是不是能够推行、促进我们认为人们应有的那种美德。因此，我们需要明确在不同情况下应该优先考虑哪些美德，以及如何才能让自己或者其他人表现出这些美德。

举例：牙医与地产经纪。如果牙医建议病人接受完全没有必要的牙科服务，如果地产经纪明知有违客人的利益但仍然向他们推销某个房产，那么他们就应该问一下自己：我真的想要利用自己的专业知识去盘剥别人吗？

我在上文中列出了不同时代的人所认为的一些重要美德。中世纪的基督教徒将“七宗罪”和“七美德”视为评判个人的标准。19世纪随着新教的职业道德规范逐渐兴起，像自力更生、自律、勤奋、谨慎等美德变得日益重要起来。

在我们这个时代，随着福利国家的兴起以及我们对贫困原因的深入了解，像耐心和培育这种人际关系中的关爱美德变得重要起来。

从有关各方的不同视角看道德问题的时候，我们必须知道他们认为哪些美德比较重要，而不是我们更看重哪些美德。

18.3.2.2　价值观　我主要讨论了五个领域的价值观，相信这也是所有人都认为比较重要的价值观，需要在做决定的时候加以考虑。至于哪些价值观比较重要则在很大程度上取决于我们生活、工作的文化环境。

你或许会高度认可有限的政府监管、自由市场体系、自由企业、竞争以及自由民主的价值观，也有可能会相信政府干预对保护弱势群体不受歧视至关重要，这样才能普及教育和医疗服务，才能保护环境。不论你持有哪一种价值观，我们所面临的挑战全都是一样的：必须从有关各方的视角出发，认识到哪些价值观对他们来说是最为重要的。

18.4　结构化：分析规范性原则之间的相互关系

对涉及的所有规范性原则有了认识和了解以后，我们就可以进一步分析它们之间的相互关系和内在结构。你会看到每一个原则都有特定的价值，都有一个与其他原则比较之下的相对重要性，它们之间存在着价值等级，而这就是某个特定问题的内在结构。

举例：生命权与隐私权。我们认为生命权比隐私权更为重要，因为前者是后者的先决条件：没有了生命我们就无法拥有任何权利。因此在某些情况下，如果某个律师和客户之间私下交谈的内容能够救人性命，那就可以要求公开该信息。

通过这种方式揭示问题的结构，我们就能识别最为重要以及最具决定性的规范性原则，并将外围原则分离出来单独处理，这样就能更加清楚地看到解决冲突的方法。完成这个步骤以后，我们就可以将剩下的原则按重要性排列优先顺序，创建可用于解决问题的结构。然后进入第三个步骤，根据第九章的内容对结构进行修改，设计解决方案。

因此，揭示问题结构的步骤和阶段如下：

1. 确定相关的规范性原则；
2. 确定决定性的规范原则 / 分离并处理外围原则；
3. 在可能的情况下解决问题和其他决定性原则之间的冲突；
4. 按优先顺序为剩余原则排序，揭示内在的等级结构。

18.4.1 阶段二：确定决定性的规范原则 / 分离并处理外围原则

总是会有些原则并不是问题的核心，可以单独进行处理或者可以暂时放在一边，让你集中精力对付主要问题。因此，你需要站在相关各方的立场上问自己："我真正想要解决的问题到底是什么？"你会发现和另外一些问题相比，有些问题没那么重要，可以暂时放到一边，先去解决真正重要的那些问题。一般来说，如果你一开始的时候列出了二三十个原则，甄别之后或许只剩下八九个决定性的原则。这样就可以重点关注这些原则，用它们来解决问题。

举例：苏珊娜和社工。与苏珊娜交谈后，你或许会发现她真正关心的是保住受教育和接受培训的机会，因为这能让她享有更大程度的独立、自尊、自信。虽然她认为程序正义十分重要，认为有人倾听并处理她所担忧之事十分重要，但是如果她能实现更独立、更自尊等主要目标，或许愿意暂时搁置其他诉求。

如果事情并非如此，她最想要的是程序正义和远离受到伤害的恐惧，那么可得下表：

有关各方	决定性的规范原则
护理员	正义：程序 尊重个人的尊严
父母	美德：支持但不霸道 美德：自力更生 自主权
苏珊娜	安全权利 美德：独立与自尊 正义：平等机会
社区服务	安全权利 正义：程序

18.4.2 阶段三：解决问题和冲突

完成前两个阶段的工作以后，剩下的就是决定性的规范原则以及它们之间未得到解决的冲突。具体的问题变成抽象的原则以后让你看得更加清楚，其中一些冲突和相关问题通过相对简单的方法就能够得以解决，可以从总的问题中减去这部分内容，剩下的就是决定性的规范原则之间未解决的冲突，即问题的核心。

举例：苏珊娜和社工。从剩下的规范性原则中可以清楚地看到四个未解决的冲突和问题：苏珊娜的安全保障权；机会均等正义及其带来的独立、自尊等美德；帮助她纠正错误的程序正义；父母在不霸道、不威胁到她独立的前提下提供支持的美德。

其中有些冲突可以在解决后从总的问题中去掉。比如社区服务可以承诺解决苏珊娜的安全问题，让她不再有恐惧，从而使这个冲突得以解决。

18.4.3 阶段四：按优先顺序为其余规范性原则排序

现在剩下的问题就是找到剩余规范性原则之间相互关系中所蕴含的内在结构。

18.5 价值等级

如前所述，你会发现每一个原则都有其特定的价值，都有与其他原则相比的相对重要性。按照优先顺序对它们进行排序就能揭示其中的价值等级，这就是特定问题的内在结构，能够让我们在此基础上设计出问题的最佳解决方案。

18.5.1 同一类原则内部的价值等级

在每一类原则内部以及不同种类的原则之间都存在着价值等级。

18.5.1.1 权利 就不同类别的权利而言，如前所述，在某些情况下我们很容易就能断定生命权优于隐私权、言论自由和集会自由等权利。同样道理，如果有证据显示公共安全受到迫在眉睫的威胁，那么我们的安全保障权就会优于知情权、隐私权以及言论自由的权利。

18.5.1.2 正义 有些情况下，某个社会少数派或少数民族认为自己得不到和其他群体同等的机会，我们会提议采取支持、鼓励聘用少数群体的积极措施以及与少数派歧视反向而行的逆向歧视政策，以激励这些群体中的成员更多地参加培训计划。这种解决方案会进一步加强我们的信念，让我们相信在这种情况下机会均等正义比强调所有人享受平等参与培训计划的分配正义更加重要。

18.5.1.3 美德 在有些情况下，我们会认为提高一个人的自立能力优于慷慨大方以及乐于助人等美德，比如有位老人独自居住，想要保持自己的独立，就可以不需要邻居或者社工的帮助。

18.5.1.4 价值观 价值观也同样如此。有些情况下你会认为公共问责制的民主价值高于保护市场体系免受问责制和公共规管的价值。由于金融市场监管不力而导致的信用危机就让很多人得出这种结论，他们认为应该提高透明度、改善公共问责制。

18.5.1.5 后果 至于如何判断后果的价值等级，当后果影响到个人或小团体的时候，你应该分析其在整个社会里的影响深度及广度，然后判断哪些后果的价值更大。

举例：血液透析患者。本书前面提到过一位血液透析患者，因为他的行为让医务人员难以对他进行治疗，而且他的生活质量也不够高，所以医院决定取消他的透析治疗，这对病人造成了很大的影响。如果将这一后果与治疗他的医务人员所得到的好处对比来看，虽然后者也受到了影响，但是在程度上不能相提并论。因为对医务人员来说，一周只有几个小时的时间需要对付一个难缠的病人；而对病人来说，这是事关生死的大事。一边是对个人深远、重大的影响，一边是对多人广泛但并不重大的影响，我们需要对两种后果进行衡量。

18.5.2 不同种类原则之间的价值等级

当然，我们需要解决的大部分道德问题不仅在同一类原则内部显示出价值等级，在不同种类的原则之间也有价值等级。

推广老年人的自立美德确实非常重要，但是如果有老人无法很好地照顾自己而享受不到免受伤害的自由，那前者在价值上就没有后者重要。虽然使用新一代超级计算机或者公共区域安装监控摄像头收集个人信息能够产生一些有利的后果，比如抓捕罪犯，但是这不能当作侵犯个人自由的理由。

同样道理，在有些情况下，纠正不公正行为的重要性有可能超过某人的保密权或言论自由权利；如果我们相信某人有可能会在健康问题上做出不明智的选择，那么通过替他做主来表现支持虽然是一种美德，相比之下不如个人选择自由这种价值观更为重要。

18.6 要点一览

> 揭示问题结构的步骤和阶段：
>
> 1. 确定相关的规范性原则；
>
> 2. 确定决定性的规范原则 / 分离并处理外围原则；
>
> 3. 在可能的情况下解决问题和其他决定性原则之间的冲突；
>
> 4. 按优先顺序为剩余原则排序，揭示内在的等级结构。

18.7 结论

这些内容可能大部分你都很熟悉，因为很多人都会用类似的方法来解决我们所遇到的道德问题，而且大部分情况下都是出于本能，优秀的道德思考者则会用本章提到的这种更为深思熟虑的方式解决问题。虽然乍一看上去这种方法费时费力，但是和大部分的新技能一样，只要多加练习，掌握之后就能驾轻就熟了。

不论遇到什么样的问题，我们都必须先揭示其内在原则，然后才能解决它。这些原则是有优先顺序的，这就让我们掌握了问题的等级结构。下一章我们将学习如何设计最有效的解决方案。

19 道德思维之三：设计解决方案

几乎每一个重大的道德问题两边都有好的一面，并不是简单的善恶与对错之争。当然，有些情况下确实有明显的善恶和对错之分，但这种情况并不像我们想得那么多。大部分情况下我们都需要用不同的方式去看待问题，每一种方式都有好的一面。一般来说，每一个问题所涉及的道德原则在数量上都会比我们认识到的要多。因此，问题的关键不是要分析哪一边是对的，而是要分析每一边有哪些对的地方。从某种程度来说，所有相关各方都是对的，这些问题的解决方案并不是简单的赢家通吃。

因此，我们在做决定的时候必须尽可能结合所有最重要的相关道德原则，协调这些不同的原则，而不是坚持认为只有其中的几个是对的。最佳解决方案能够在任何情况下将价值最大化，能够满足有关各方尽可能多的喜好、利益和要求。

19.1 一个主导性的规范原则

尽管如此，在我们于前一章揭示的规范性原则价值等级体系中，很可能会有一个比其他原则都要重要的主导性的规范原则，这种可能性也是切实存在的。因此我们首先要做的事情就是弄清楚实际情况是不是这样。

如果其中的一个规范性原则确实占据主导地位，那么我们还需要了解所有其他的原则加起来在重要性上是否能够超过这个主导原则。如果不存在主导性原则或者该主导原则不如其他原则加起来那么重要，那么我们就必须在设计解决方案的时候尽可能综合、协调所有的相关原则。

我们在这里要做的就是解决有关决定性规范原则之间的冲突。你所设计的解决方案中或许有一两个能够解决所有的冲突，不过大部分情况下都只能解决其中的某些冲突。因此我们应该对各种解决方案进行对比和选择，看它们是否能够将价值最大化，是否最大限度地满足有关各方的喜好、利益、要求。

问题：

1. 是否有主导性的规范原则？

2. 如有，所有其他原则加起来的重要性是否超过该主导性原则？

3. 如没有或者不如其他原则加起来重要，如何综合、协调尽可能多的原则？

举例：苏珊娜和社工。在这个案例中，有关决定性的规范原则如下表所示：

有关各方	决定性的规范原则
护理员	正义：程序 尊重个人的尊严
父母	美德：支持但不霸道 美德：自力更生 自主权
苏珊娜	安全保障权 美德：独立与自尊 正义：平等机会
社区服务	安全保障权 正义：程序

19.1.1 可能的解决方案

通过尽可能综合、协调所有的相关原则，将这种情况下的价值最大化，你可能会设计出以下三种解决方案供选择。

19.1.1.1 解决方案一　身为聆听过苏珊娜问题陈述的社工，你可以代表苏珊娜与社区服务的工作人员以及苏珊娜的父母进行非正式谈话，这样既能保障苏珊娜的安全，也能避免护理员的工作被正式调查毁掉。当然，社区服务机构还是有可能会取消苏珊娜的家庭护理服务。为了以防万一，应该找苏珊娜的父母谈话，因为他们可以为女儿提供“安全网”，当然这样做的危险就是苏珊娜有可能会失去自己的独立性。

19.1.1.2 解决方案二 或者你可以考虑直接找护理员进行非正式谈话。这样做避免了社区服务机构做出武断程序判断的风险，既保住了护理员的职位，也为苏珊娜保住了家庭护理服务。如果与护理员谈话有效果，则问题得到解决；如果谈话效果不好，则护理员有可能会将怨气发泄到苏珊娜身上或者干脆拒绝继续为她提供服务，这不仅是不公平的，违反了程序正义，而且剥夺了苏珊娜的独立性。

19.1.1.3 解决方案三 最后，你可以找苏珊娜谈话，看是否能够减轻她的恐惧。如果不成功的话，你可以接着找她的父母谈话，问他们是否同意你就此事提交官方报告，并问他们如果女儿失去家庭护理服务是否愿意支持她的独立诉求。当然，父母可能无法在不剥夺女儿独立性的前提下提供帮助，这是一个风险。如果他们能避免这一点，那么虽然苏珊娜得不到她应得的正义和正式问责，但这些和独立所带来的平等机会、自尊等其他规范性原则比起来并不是非常重要。如果社区服务机构未取消她的家庭护理服务，但是护理员表示无法继续为苏珊娜服务，那要么社区服务机构会派一个新的护理员给她，要么苏珊娜的父母介入解决问题。此外，护理员也有可能会承担责任并做出改变。

措施	决定性的规范原则
解决方案一： 与社区服务人员进行非正式谈话 就提供“安全网”与父母谈话	安全保障权 正义：程序 美德：独立与自尊
解决方案二： 与护理员进行非正式谈话	正义：程序 美德：独立与自尊
解决方案三： 与苏珊娜谈话 与父母谈话	安全保障权 美德：独立与自尊 正义：平等机会 美德：自力更生 自主权

19.2 选择最佳解决方案

设计出可能的解决方案以后，你必须从中选出最佳解决方案。想要做到这一点有三个简单的测试，如果没有一个解决方案能够通过全部三个测试，那你就必须继续努力，按照第九章的内容对其结构进行修改，找到更好的解决方案。

测试：

1. 不可重写的原则
2. 比例
3. 概率

19.2.1 不可重写的原则

首先，我们必须检查每一个解决方案是否满足前一章所列的三个不可重写原则。如果有哪个解决方案将个人视为单纯的手段、忽视其自主权或者做出无法在所有类似情况下普遍适用的判断，那么我们都必须抛弃这个解决方案。

否则我们就会犯错，像在数学问题上犯计算错误或者在逻辑问题上犯演绎错误那样。犯错的时候解决方案通常会让我们感到不舒服，即使尽力去找理由进行解释也没用。以下这个例子就能很好地说明这一点。

举例：男性工作环境中的女清洁工。20世纪90年代初，位于澳大利亚弗里曼特尔附近的古德温A号气井平台有两名女清洁工投诉遭到600名男性员工的口头辱骂，并经常被迫观看带有色情意味的涂鸦、软色情及硬色情作品。她们表示像半裸美女海报这种软色情作品还可以接受，但是坚决不接受带有冒犯及贬低意味的硬色情作品。

她们向工会组织及管理层投诉的时候遭到了辱骂和威胁。男性雇员坚持认为根据少数服从多数这一民主原则，占员工绝大多数的男性雇员不应该听命于两个属于少数派的女性员工。他们表示这是一个男性的工作环境，女性员工必须接受，并以罢工相威胁。最后工会选择站在他们那边，向雇主保证问题已经得到解决，雇主因此结案。

两名女清洁工继续工作，但一年后因为压力太大纷纷递交了辞呈。西澳大利亚平等机会特别法庭审理了这个案件，最后判定两名女清洁工受到了性骚扰，工会和雇主应向她们赔偿 92,000 澳元，并在判词中表示雇主未能解决这个问题，而是在工会保证问题已经得到解决以后选择了置身事外的做法。

但是雇主遇到这种难题到底应该怎么做？这是否仅为一个政治正确的例子？就算我们不认同某些行为，但是也必须容忍它们。宽容是民主制度的一项十分重要的道德价值观，即使在内心深处极其反对，我们还是有义务宽容很多事情。那么，宽容到什么程度其重要性才会被其他道德价值超越？此外，还有男性员工提出少数服从多数的民主原则，因为男女员工的比例为 300 比 1，那么绝大多数的人为什么要满足极少数人的愿望？

问题：

1. 这是否仅为政治正确？

2. 宽容是民主制度的一项重要道德价值观，但是宽容到什么程度其重要性才会被其他道德价值超越？

3. 在民主制度中，绝大多数人为什么要被迫满足极少数人的愿望？

平等机会委员会在其报告中表示，找到这种难题的解决方案绝非易事，但是遇到这种问题必须面对，否则就是回避问题，就像上面例子中的雇主一样，一旦工会保证问题得到解决便置身事外。报告进一步指出：“其实这个问题的答案十分简单，那就是我们必须做自己认为正确的事情，停止做我们认为错误的事情。”换言之，我们或许并不清楚为什么这样做是错误的，但仍然要按照这一信念行事。那么，我们是怎么知道这样做不对呢？这种信念背后一定有原因。

答案就在于道德思维的本质以及定义道德思维的那些不可重写的原则。我们在数学问题或者逻辑推理上犯错的时候会知道自己犯了错误，尽管不一定能够准确地说明白。在道德思维中也是同样的道理。

> 我们知道这样做是不对的，这种信念植根于三个不可重写的原则。

男性员工的行为以及他们后来的辩解违反了两大原则。首先，尊重个人的尊严，将个人本身视为目的而不仅仅是手段。在这个案例中，女清洁工并未被当作具有内在价值和个人喜好 、利益、需要的个体而受到尊重，这些因素在寻找解决方案的时候被完全无视，她们被当作只有外部价值的工具来对待，只是被当作手段来满足男性员工的喜好。

其次，男性员工无视必须能够将我们的道德判断普及化的要求，即我们必须站在女性员工的立场上，自己也愿意以同样的方式被人欺凌。所以，男性员工需要问自己一个问题：他们愿意让这种情况成为普遍法则吗？如果他们是因为女性员工和自己不同就欺凌她们的话，那么如果是在种族、宗教、年龄等方面的不同呢？可以用同样的方式对待穆斯林工人吗？可以用同样的方式对待有任何不同的工人或者其家人吗？

只要违反这三个原则中的任何一个，即可判定对这种骚扰行为的辩护无效。我们以及平等机会委员会之所以深信某个行为或者判断是错误的，但却无法为这种行为找到理由，那正是因为该行为或判断违反了不可重写的原则。

19.2.2 比例

第二个测试相比之下略为复杂。在确信没有人被当作单纯的手段以后，我们就必须尽最大努力避免某个群体或者个人因我们所设计的解决方案而遭受不成比例的对待。

当然，这并不能排除以下可能性，即有一个像正义这种主导性的规范原则，以一个人的损失和代价决定最后的解决方案。苏珊娜的案例就有可能出现这样的结果，因为如果解决问题的唯一途径就是走官方的正式渠道，那就会破坏护理员的晋升机会。尽管如此，如果事情发展到这一步，我们也必须尽可能采取措施将影响降至最低，尽己所能最大限度地满足个人或整个群体的喜好、利益、要求。

为了明确提出的这些解决方案都有哪些影响，我们需要问一些关于受影响者的问题。以下列出几个问题，能够帮助我们更好地了解自己所提议方案的影响。这些问题不涉及复杂的计算，但是如果养成习惯经常这样提问自己，就会对决策大有裨益。

19.2.2.1　受影响人群数量的大小　首先是受解决方案影响最大的人群数量，即最大的负面影响是什么？

举例：1989 年埃克森公司瓦尔迪兹号油轮漏油事件。

> 埃克森瓦尔迪兹号油轮投入使用 18 年以来从未发生过任何严重事故，因此有关人员认为在油价下跌的情况下需要节约成本，因此将本来应该用于购买、维修紧急设备的资金投到其他领域。
>
> 这次北美石油工业史上最严重的漏油事件造成了巨大的负面影响，其中包括数十亿美元的经济损失，并对阿拉斯加的环境造成了不可估量的伤害。

19.2.2.2 影响的深度和广度 然后需要考虑对整个社会所造成影响的深度和广度。心脏外科医生的手术结果会对个别患者及其家人造成深远的影响，但并不会在社会上造成广泛的影响；而疾病控制部门所造成的影响有可能非常广泛，但并不一定有深度影响。地下煤矿出事故会对矿工家庭和当地社区造成深远影响，但在整个社会的影响并不一定会非常广泛；而像 1986 年切尔诺贝利那样的核事故则兼具深远和广泛影响。

19.2.2.3 成本效益分析 如果有人损失有人获益，其比率是多少？

1. 牺牲多数人的利益让少数人获益 如果是牺牲多数人的利益让少数人获益，问自己以下几个问题：

a. **获益大小** 获益对少数人生活的改变程度是否足以成为大多数人受损的正当理由？

b. **牺牲程度** 牺牲程度有多大？如果程度很小而能使少数人受益颇大，则可以成为正当理由。

c. **少数人的性质** 然后还需要考虑少数人的性质。他们是否短暂停留，因此获益不会持久？他们是否足够富裕，能够负担得起其他自己承担费用的解决方案？

2. 牺牲少数人的利益让多数人获益　然后分析其他可能性，即让多数人获益：

a. **受损程度**　少数人的损失是否太大，无法成为多数人受益的正当理由？

b. **其他方法**　如果多数人获益甚大，可以成为少数人牺牲利益的正当理由，是否有其他方法能够在少数人不受损的情况下实现同样目的？

3. 长期牺牲还是短期牺牲　最后，考虑这些牺牲是长期的还是短期的：

a. **短期牺牲**　如果是短期牺牲，受影响者是否能够挺过这段时间然后受益？牺牲是否会让他们得不偿失？

b. **长期牺牲**　如果是长期牺牲，短期获益是否值得？

问题：

1. 受影响人数的多少如何？

2. 影响的深度、广度如何？

3. 是否有人获益、有人受损？

（1）比率有多大？

（2）是牺牲多数人利益让少数人受益，还是牺牲少数人利益让多数人受益？

（3）这些影响是长期的还是短期的？

19.2.3 概率

最后一项测试就是尽可能准确地计算出我们认为能够使价值最大化之结果的概率，我们必须确定自己提议采取的行动其概率会产生我们所设想的好后果。如果预期的解决方案只能在特殊情况下生效，那么我们就必须决定是否放弃这个解决方案，使用另外一个更有可能出成果的方案。

当然，这可能只是个粗略的计算，但已经足够让我们据此做出决定了。所有专业人士做决定的时候都认为会有最佳结果，因此必须对最佳结果的发生概率进行评估。如果概率较低则一开始就没有必要沿着这条路走下去。每次做出决定和选择的时候，我们对价值和概率进行计算都是不可或缺的。

每次做出决定和选择的时候，我们对价值和概率进行计算都是不可或缺的。

举例：苏珊娜和社工。

解决方案一

这个解决方案失败的概率很高，但是具体数字很难计算。苏珊娜的父母或许可以提供“安全网”，但代价却是牺牲苏珊娜的独立性。因为对他们所知甚少，我们无从判断他们是否会做出这样的反应。

如果想要做出判断，我们就必须从苏珊娜那里得到有关他们的更多信息，准确判断他们做出这种反应的可能性有多大。社区服务机构也同样如此：他们或许会不公平地对待她，取消她的护理服务。不过我们也有可能会得到一定的保证，社区服务机构会用专业的态度公平对待此事，因为他们会使用专业的内部标准对自己的行为进行判断。

解决方案二

这个解决方案较为简单，但一切都取决于我们对护理员反应的判断。这个方案肯定能避免有可能对护理员不公并让苏珊娜失去帮助的武断程序判断。

和第一个解决方案一样，我们需要有关护理员及其精神状态的更多信息才能进行判断。

解决方案三

这或许是最佳解决方案，因为它能保障苏珊娜的安全和独立，这是此案最为重要的两个原则。但是我们必须确定她的父母在女儿需要帮助的时候会如何反应：他们是否会尊重她的独立。和第一个解决方案一样，我们无法肯定社区服务机构是否会公正地对待苏珊娜和护理员，不过考虑到社区服务体系现有的内部措施能够保证良好的专业水准，社区服务机构公正对待苏珊娜和护理员的概率还是比较乐观的。

如果我们对这一概率有信心，苏珊娜就不需要依靠她父母，因此不仅能够保证自己的独立和自尊，还能得到安全保障以及她所需要的护理服务。

19.3 对结构进行修改

如果我们设计的解决方案中没有一个能够很好地解决问题或者解决问题的概率较低，那么我们就必须重新回到第九章讨论过的那四种解决问题的方法：根据具体情况改变结构、换个方向使用结构、换个出发点使用结构或者创建新的结构。

举例：工作场所随机检测。1995年，法国北部有家工厂爆发了一场争议。当地官员坚持所有员工都必须接受随机毒品和酒精检测，以保证机器设备操作工的安全。此举遭到工人们的反对，说这个规定侵犯了他们的隐私，限制了他们选择生活方式的自由。

他们担心这些与其私生活相关的细节和信息会被人收集并保留记录，并以加强健康和安全管理为名，将与其工作无关的信息作为歧视他们的基础，比如是否抽烟、体重是否超过标准、是否正在接受治疗等。实际上，这项措施有可能导致以任何借口对全体员工进行检测。

很多职业都涉及有可能危及工人安全和公众安全的活动，因此这个问题对不少职业都构成影响。航空公司限制机舱服务员摄入酒类等使人兴奋的物质，有人认为应该对列车、公共汽车、渡轮驾驶员等使用同样的规定。这种观点很有说服力，但是工人们的诉求也同样令人信服，那么我们应该如何解决这个问题呢？

最显而易见的方法就是改变结构。我们在第九章讨论过三种改变结构的方法：

1. 拆开分解
2. 重新排列
3. 重新阐释

19.3.1. 拆开分解

对于这个问题来说，最简单的办法就是将结构拆开，这样就能将一个令人困惑不解的难题变成三个较为简单的问题，每一个问题都比较容易得到解决：

1. 侵犯工人隐私：收集他们在非工作时间的活动信息；
2. 检测会涉及各个方面；
3. 会检测所有员工：滑坡论。

19.3.1.1　非工作时间　这个问题的解决方案就是要将侵犯隐私的行为限制在会危及他们自己和他人的活动范围内。因此，他们因为缺乏锻炼而导致体重超标与雇主无关，除非这个问题对他们的工作安全在短期内造成实际影响。

19.3.1.2　测试会涉及各个方面　第二个问题的最佳解决方案就是对检测的范围进行限定，规定只检测那几天后可测出并有充分证据显示使用毒品或酒精以后会对他们自己和他人的安全构成威胁的活动。工人在周末抽烟应属检测范围以外的活动，但是如果工人在周末喝酒或吸毒，其影响延伸至工作时间则另当别论。

关于这个问题和第三个问题的担心是：这种对隐私的侵犯有可

能会延伸至各种事情以及所有雇员，但这属于“滑坡论”。

19.3.1.3 会延伸至所有员工 这个问题也可以用同样方法得以解决，通过达成具有约束力的协议，将检测适用人群定为在非工作时间内的活动会对其工作造成影响、会严重危及自己和他人生命的员工。

当然，现在再来看这些问题显得一目了然，但是对带有感情色彩且涉及复杂事务的难题来说并没有这么简单。用上述简单方法分析令人困惑的复杂问题，这能让你看清问题的组织和结构，下面就是这样一个例子。

> 举例：广告商利用女性形象推销商品。很多年来，不少国家的妇女组织一直都在抗议用女性形象推销各种商品，认为这种做法对女性是一种冒犯，未将女性当作人来看待，有辱女性人格，是一种性别歧视。而广告商则声称他们享有言论自由的权利。

这是一个复杂的难题。从一方面来说，广告商有言论自由，有权根据自由市场的价值体系行事，这种价值体系是大部分西方国家占据主导地位的价值观。从另一方面来说，有很多人认为自己受到大公司的盘剥，为了满足少数股东对利润的追求而牺牲了大多数人的利益。

19.3.2 换个出发点使用结构

我们可以用第九章里提到的第三种方法“换个出发点使用结构”

来解决上述问题。换言之，我们需要将注意力放在结构的不同部分，然后对问题进行分析。其中最简单的一种办法就是对组成问题的关键性概念进行深入分析。

如前所述，概念的核心是结构，而结构则是由组织观点的原则构成的，其中有一两个能够决定我们使用这个概念的方式。因此，将注意力放在那些我们经常忽略的地方，就能得到不同的出发点，让我们对问题有不同的看法，从平时想不到的有趣角度对问题进行分析。

> 概念的核心是结构，而结构则是由组织观点的原则构成的，选择一个不同的概念从全新的角度看问题。

以上问题的一个核心概念就是“冒犯”。女权组织经常抱怨使用女性形象的广告让她们受到了不必要的冒犯，因此应该被撤回。这里有一个显而易见的问题：一个人群认为有冒犯意味的事物在另一个人群看来并无冒犯。因此，广告商完全可以说大多数人并不认为他们的广告有冒犯意味，认为他们的广告非常无害，只有女权主义者及提倡政治正确的强硬派人士才会认为这种广告有问题。

此外，“冒犯”一词的具体含义在很大程度上取决于主观诠释，而且我们对其进行分析时会发现一个有利于广告商的关键性意见分歧。所有人都享有自由言论的权利，但是我们并没有不受冒犯的权利。政治人物的电视讲话很有可能让我觉得深受冒犯，但这是我生活在民主制度下并支持言论自由所必须付出的代价。这样看来，那些反对冒犯性广告的人，不论他们是女性群体、少数群体、宗教团体、还是某个特定年龄段的人，似乎都没有道理。

冒犯：

1. 主观诠释；

2. 我们没有不受冒犯的权利。

但是，对概念进行分析同时也是为这一阐释设定了明确的界限，让我们远离认为“一切都与阐释有关”这一主观论点。

有些形式的冒犯性广告会造成伤害。它们或许会导致焦虑和紧张，引发严重的健康问题；也有可能会因为对某个社会群体或种族群体的描述而导致他们的就业机会降低，从而造成经济损失。在这些情况下，“免受伤害的权利”这一规范性原则在重要性上就会超过言论自由的原则。就像英国哲学家约翰·穆勒（John Stuart Mill）在《论自由》（*On Liberty*）中所指出的那样：“可以违反其自身意愿、对文明社会里的任何成员正当行使权利的唯一前提就是防止他们伤害其他人。”

至此，我们就找到了设计解决方案的基础。广告商应该享有创建并使用这些广告的自由，但前提条件是不得伤害到他人。如果有证据显示此类广告造成了实质性的伤害，那就应该对其进行限制。

19.4 要点一览

设计解决方案：

1. 是否有一个主导性的规范原则？

2. 其他原则的合并影响力是否超过该主导原则？

3. 解决方案是否违反了不可重写的原则？

4. 是否有个人或群体因此遭到不成比例的对待？

5. 达成结果的概率是多少？

6、哪种解决方案能将价值最大化？

7. 对结构进行修改：

（1）改变结构；

（2）换个出发点使用结构。

19.5 结论

不像数学思维、科学思维、逻辑思维那样，我们大部分人都没有接受过道德思维的训练，而是直接学习道德准则，学习在适当的情况下直接套用简单的道德处方。但是，就像本章所讨论的那样，道德问题十分复杂，相关各方在某种程度上都有自己的道理，都是对的。因此，为了做出最佳决定，我们必须设计出一个解决方案，而不是直接套用标准模板。

如果想要做到这一点，我们就必须将涉及的所有重要道德原则都尽可能综合起来，这样才能综合考虑有关各方的喜好、利益和要求。接下来，我们就可以回到明辨思维，对设计出来的解决方案进行评估，确保思考的一致性和完整性，确保没有遗漏。

20
道德思维之四：评估解决方案

当作者完成作品的初稿以后，他们就会将自己的角色从作者转换成编辑，这种视角上的转变有可能会带来洞察力和见解上的变化。我们从创造性思维转向明辨思维的时候也会发生同样的变化。摆脱了最初纠结的想法和感情以后，我们现在能够以前所未有的方式看清事情。

这个过程可能会比较令人困惑，因此你可以借助第十章到第十六章结尾部分的“要点一览”对自己的道德思维进行组织和条理。在此期间，你会发现道德问题总是会比其他种类的问题更为复杂。本章内容主要围绕着这些问题展开，让你能够更加清晰地认识到如何寻找问题以及如何避免问题。

20.1 论点

对论点进行评估涉及检查论点的一致性，即我们在第十章和第十一章所说的检查论点的构成以及论点之间的关联。

20.1.1 论点的构成

面对任何熟悉的观点和信念体系，我们都经常会将某些事情视为理所当然，道德思维尤其如此，没有什么信念体系比道德信仰更让我们珍视的了。道德信仰能够定义我们的为人，而且道德思维的常规模式相比之下也更加强硬、更加难以取代。因此，我们很容易犯两个常见的错误：一是将我们视为理所当然之事当作隐藏前提，一是将事实与价值观混为一谈。

20.1.1.1 是否有遗漏？ 我们对自己的道德信念深信不疑，如果其他人有不同的想法会让我们觉得不可思议和难以理解。因此，我们很容易将未得到证明的前提直接纳入自己的论点中，而且这么做通常都出于下意识，或者认为这些显而易见的事情不值一提。

举例：能源供应。如果你是政府里专门负责能源供应的部长，某公司提交申请，想要在某个偏远岛屿的近海区建造一座大型风电场。该岛屿人口仅有一万人，而另外一个可供选择的地点靠近大陆都市区，人口数量至少为五万。风电场建成以后能够供应大量价格低廉的清洁电力，满足日益增长的用电需求。此外，岛上居民的家里到时也将首次通电。

综上所述，我们完全有理由相信岛上居民会以同样的热情欢迎这个风电项目，除了自己家中首次通电所带来的种种好处以外，承包商也能带来更多生意，增加岛上的就业机会。但是，出乎意料的是，这个项目遭到了压倒性的反对。虽然岛上居民也看到了这个项目所带来的各种好处，但是他们拥有独特的文化，担心在电视的冲击和无处不在的广告影响下会失去自己的文化。

举例：新闻编辑。你是一名新闻编辑，供职于当地一家报纸，这家报纸隶属于一家全国性的新闻集团。你收到总部办公室内发来的一份通知，说将于近期推出一个新的培训项目，旨在帮助所有报社员工掌握“多种技能”。具体来说，这个项目会将所有记者培训成摄影师，将所有摄影师培训成记者。

你认为这是个非常好的项目，想当然地认为所有人都是这么想的，毕竟这个培训项目能够帮助他们提高技能、扩大工作范围，从而对雇主来说更有价值。但是，你吃惊地发现报社员工对这个消息缺乏热情并报以怀疑的态度。你从来都没有想过，有些员工怀疑总部是想用这种办法通过裁员和“自然损耗”来降低成本，还有些员工坚持认为自己的本职工作就是记者或者摄影师，而不是身兼二职。

如你所见，这两个例子充分说明了一点：我们很自然地就会将自己的某种推论视为理所当然，并未意识到其他人或许会有不同的观点。

20.1.1.2　将事实与价值观混为一谈　实际上，我们有时会对某事的正确性深信不疑，根本就没有意识到这是一个价值判断而不是事实。因此，我们就会得出一个以价值判断为前提的结论。正像我们在第十章讨论过的那样，这样的结论是无效的，因为不能从不包含价值判断的前提中得出包含价值判断的结论。否则我们就是在不知不觉之间将自己的观点当作事实来对待。

相比其他思维形式，道德思维更容易出现这种问题。我们所使用的很多词，比如“诚实”“善意”“慷慨”，都是既包含着事实也包含着价值判断。如果将它们用在看上去像是事实性的论点里，就有可能在无意识间偷偷使用了价值判断。

> **举例：岛民、摄影师、记者。**在上面的两个例子中，可以对岛民、摄影师、记者说给了他们一个“机会”。但是“机会”是一个夹杂着事实和价值判断的概念，既有描述性的内容，也包含着一种约定俗成的观念，即机会一般都是好事，一旦出现就应该抓住它。

20.1.2 论点之间的关联

如果我们认为自己的道德信念一定是正确的，这也将影响到我们从前提得出结论的方式，尤其是对限定词的使用以及处理词汇的方式构成影响。

20.1.2.1 限定词 当论点涉及道德信念，我们很容易就会接受绝对命题，但实际上应该持保留态度。在这个时候，我们就应该放慢脚步，准确衡量一下论据的有力程度和支持性论点的分量，然后选择适当和匹配的限定词。但是如果我们讨论的议题是关于自己已有的强烈道德信念，那么实际做起来就会非常困难。

但是我们不仅需要检查所用的限定词是否能够准确地反映论据和论点的力度，还必须保证观点的力度是否在前提和结论中保持了一致。将前提和结论关联起来的时候，我们很容易在结论中使用绝对形式（“所有”“每一个”“总是”等），而前提实际上为限定形式（“几乎所有”“差不多一半”“很少”等）。

> **限定词：**
>
> 1. 我用的限定词是否能够准确反映论据的有力程度及支持性论点的分量?
>
> 2. 我的观点力度是否在前提和结论中保持了一致?

20.1.2.2　处理词汇　以上注意事项同样适用于我们处理词汇的方式。道德讨论经常会在原地打转或者走进不可协商的死胡同，而且看上去完全没有办法解决。在很多情况下，这都是因为我们在使用词汇的时候超出了范围，所以得出的结论也就相应地超出了前提所允许的范围。就算别人不接受你的结论，他们也无法解释清楚为什么不接受，因为他们找不到你论点中的错误。

> **举例：“义务”与“必须”**。当你讨论一个人对某人或者某事有道德义务的时候，你会在前提中对这些义务进行描述，然后据此得出结论认为这个人“必须”做到这些义务所包含的内容。但实际上某人接受某些事情为其“义务”就意味着这些事情是此人认为应该做的事情，与他们“必须”做这些事情并因此影响到他们的具体行动之间并没有必然的联系。

英国哲学家安斯科姆（G. E. M. Anscombe）对此有这样的解释：

我们知道某种植物需要什么、应该有什么，但是只有当我们想要它茁壮成长的时候才会对我们的行为有所影响，因为在“植物应该有什么”的判断与“你想让它有什么”之间并没有必然的联系。

20.2 论据

所有这些都表明我们在处理道德问题的时候，常规思维模式会有多固执，对我们的思维会造成多大影响，其中尤以对我们使用论据的影响最大，因为不论是描述论据还是根据论据进行推论，我们都很容易陷入使用过多次的熟悉模式。

实际上，问题早在这之前就已经开始了。生成观点的时候，我们会发现很难站在别人的道德立场上进行思考。我们在第三章中讨论过，生成观点和想法必须跳出有限的视角，通过在不同层面与他人共情，间接地体验他们的想法和感觉。因为道德观点似乎能够定义我们的为人，所以想要做到这一点是个巨大的挑战。

20.2.1 共情：思想实验

要想知道解决方案是否正确，我们必须运用想象力身处受决定影响之人的环境中、站在他们的立场上，必须体验我们提议之事所造成的影响。然后可以检验该解决方案是否会遇到反对：如果站在这个立场上，我们是否真的愿意接受它。通过这个过程我们才能把自己的信念转化为价值观，将我们“相信”是最好的解决方案转化为我们“知道”那是最好的解决方案。

举例：世界和平。我可以说自己相信世界和平，但并不准备放弃自己的工作加入维和部队或联合国努力实现世界和平。因此我只是在谈论价值观，谈论我相信什么是有价值的，而不是真的想要去做。

要想知道自己是否真的相信，就必须学会给自己这种身处这些环境中的体验，了解在艰难的环境中工作会有怎样的感受，了解这么做需要做出什么样的个人牺牲。只有弄清楚所有这些以后才能知道我是否真的想要这么做，知道我不仅仅是相信这么做有价值，而是真的想要这么去做。同样道理，除非我们能用共情能力和想象力间接地体验到解决方案对别人造成了怎样的影响，否则我们就无从知道自己所设计的解决方案是否正确，因为此前我们只不过是在讨论价值观，而不是实际行动。

运用这种思想实验可以尽可能准确地体验到实际发生的情况，用我们已有的价值观来检验我们对价值观的信念，看是否能够将其综合起来。只有当我们想要实现自己所信之事，才能带着真正意义上的理解和诚意说自己赞同某个道德判断。

举例：教师与教练。所有教师和教练都知道，这正是我们学习的方式。教与学不仅仅是学生被动接受知识传输、死记硬背的简单过程，而是他们积极处理观点和想法的过程。否则知识就只能是孤立、零散的陈述，在学生看来并没有任何相关性。而且学生也不会认为所学知识是关于“事实”的陈述，因为它们并未经过加工，只是没有任何意思或意义的记忆。

学习必须有一个分析、批评、评估新观点的过程，必须将这些观点放在相互关联的现有观点结构语境中，这样才能对其进行检验和应用，将其和我们已经掌握的观点结构进行比较，然后纳入我们自己的信念和知识体系中，将它们变成我们自己的观点。

举例：紧张的考生。英国哲学家拉德福德（Colin Radford）曾经提到过一个有趣的例子，清楚地描述了上述区别。在一次考试期间，有位女生紧张之下把老师教的所有相关事实全都写在答卷纸上，但实际上她并不相信这些论点。在观察者看来，她将课堂上学到的知识当作正确答案写了出来，但如果她并不是真的相信，我们能说她了解这些知识吗？

这个例子清楚地表明我们可以在不相信的情况下知道某些事情，通过死记硬背将它们写在纸上，显示自己知道它们。而且大部分的学生在早期学习中都有过这样的体验，你可以准确记住一些非常复杂的论点，并不一定要理解为什么会这样，也不需要任何理由就可以相信这些论点。知道某件事并不仅仅是被动记忆零碎的信息这么简单，我们还必须对其进行积极的处理，评估其之所以如此的理由，然后将其放在自己的知识网络中对其相关性和重要性进行独立的判断。如果没有这个过程，我们就只能说自己记住了什么，而不能说自己做到了真正意义上的“知道”。

在道德思维的过程中，这就意味着要运用想象力让自己身处受决定影响之人的环境和立场，间接地体验他们的想法和感觉，这样才能将这些想法和感觉纳入我们自己现有的信念和价值体系。

举例：苏珊娜和社工。如果将这种思想实验运用在我们所选择的第三种解决方案上，我们就会发现苏珊娜不一定会将平等机会和自尊这两项规范原则看得比正义及官方问责更为重要。虽然前者是我们想要的，但是如果站在她的立场上，我们就有可能会怀疑之前的判断，她或许会有一种强烈的受伤感需要我们优先考虑和处理。

20.2.2 描述论据

对生成的观点进行认真检查之后，我们现在可以将注意力转向下一个问题：我们的道德信念对论据描述准确性的影响。在第十二章里，我们曾经讨论过既定的观点模式会通过多种方式影响我们对论据的描述。因此我们需要问自己以下这些问题：

1. 我的概括和归纳是否建立在充足数量的样本基础上？

2. 它们是否为典型样本？

3. 我有没有夸大或者低估论据？增加或者减少论据的适用范围？

4. 我所使用的“典型”“正常”“平均”这些词汇其含义是否明确以及是否为公正、准确的描述？

这些问题中有很多都是带入强烈情感的结果，即思维不是建立在论据的基础上，而是建立在信念的基础上。以下就是一个比较典型的例子：

举例：官员与大型超市。如果你是一名政府官员，负责起草报告就当地的商业规划向部长提建议。某个大型连锁超市申请在一个小镇开新店，如果新店开张，将会成为该地区第一家大型超市。但是附近两个有超市的小镇都出现了不少问题：当地商铺纷纷倒闭、中心商业区逐渐衰退、原来繁华的社区也日益萧条。此外，你还收到一封请愿书，16,000位当地居民联名要求驳回连锁超市的开店申请，他们大约占小镇总人数的68%。你会向部长提出怎样的建议?

我们在评估这些论据的时候很可能会受之前所持政治及道德信念的影响，尤其是塑造我们思想的那些观念和价值观模式。我们在引言中讨论过，在2007年爆发金融危机并引发经济衰退之前，很多有影响力的著名金融家和政治领导人都相信宽松的市场监管政策十分重要，根据新达尔文主义理论认为这种问题最好尽可能留给市场去解决。他们的思维模式都深受这种信念的影响，让他们完全无视已经非常明显的危险迹象。

我们对请愿书这一论据以及两个小镇的经验报告进行评估的时候，依据的有可能是这样一种信念，即相信竞争这一基本价值观以及消费者享有主权是神圣不可侵犯的，认为如果拥有不受任何阻滞的运营自由，大型超市就能满足所有人的喜好，而不仅仅是几千个当地居民。如果持有这种价值观和信念，我们就很难接受那些认为社区及社区生活对当地居民也同样重要的观点，因为后者相比之下不是很受重视。

20.2.3 从论据得出相关推论

对论据进行描述以后，我们接下来必须从中得出相关且可靠的推论。如果使用类比法进行推论，我们必须问自己以下几个问题：

1. 类比与实际情况之间是否存在重大区别？

2. 这些区别是否能够反映在我们所得出的结论中？

3. 我们的结论是否力度合适？是否能够反映二者之间的所有相似与不同之处？

举例：官员与大型超市。在这个例子中，你或许会要用达尔文物竞天择的进化论做类比来支持你有关自由竞争的论点，用恶性竞争是事物的自然状态为自己的决定进行辩护，认为最强大、最有效率的商业机构就应该占领市场。这是自然法则的一部分，是历史不可避免的结果，拒绝接受不仅会造成效率低下，还会造成长期的徒劳。

但实际上，你必须看到在你所提倡的观点和你所使用的类比之间存在着巨大的差异。就连达尔文的进化论也认为对很多物种来说，合作是生存的关键。此外，他的这个理论无法预测最强大和最有效的就能生存下去，而只是说结果取决于物种在功能上的改善，而这种改变则取决于环境的性质。换言之，实际上能够生存下来的物种所具有的优势很有可能和你所描述的最强大、最有效的非常不一样。因为有些物种之所以能够生存下来，恰恰是合作的产物。

因此，使用类比的时候要格外小心，这将有助于保证我们所得出的推论既相关又可靠。此外，正像第十三章和第十四章所讨论的那样，我们还必须检查是否使用了刻板印象、稻草人谬误或片面辩护将问题过于简单化，是否做到避免了创建无效的因果关联。

20.3 语言

最后，我们还必须评估所使用的语言是否准确描述了问题，因为经常会出现语言塑造甚至操纵思考的现象，让我们从一开始就没有看到某些显而易见的东西。

如果不多加小心的话，在弄清问题本质的过程中，我们就会被语言所控制而不是由我们来控制语言。我们在第十五章和第十六章里讨论了解决这个问题的最佳方式，即检查所使用语言的明确性和一致性。

20.3.1 语言的明确性

我们使用某些道德语言的方式很容易陷入窃取论点或者施加情感影响这两种谬误之中。像“责任”“平等”“内疚”以及关于堕胎辩论中所使用的“人”等概念均有不同的诠释，每一种诠释都会因为使用方式而带上不同的含义。因此，我们要做到明确使用的词汇内所包含的观点，必须问自己以下这些问题：

1. 我是否通过使用专业术语掩盖了自己的观点？
2. 我能否肯定自己所使用的抽象概念和其他人的认识保持一致？
3. 我是否让自己的思考被鼓动性语言的情感影响所操纵？
4. 我有没有通过窃取论点对自己的思维进行了操纵？

使用模糊的道德词汇对问题进行描述能够轻易地让我们获得自己论点所需要的一切。

举例：责任。在某个罪案中，我们会认为一个人应该对其行为负责并受到惩罚，但是这取决于他们的行为是否是自愿的而不是受人逼迫的。亚里士多德认为，如果某个行为的起源是外在的，是由个人所无法控制的影响力造成的，则这个人并没有促成此事，在这种情况下，不应追究个人的责任。这种关于“责任”的定义或许会得到广泛的支持。

在这个概念中我们包含了怎样的内容？个人有可能以某种特定方式思考或行事，这并非出于他们的自我选择，而是其生活的社会以及适应环境、感觉自己是正常人的需要所带来的结果。美国行为心理学家斯金纳（B. F. Skinner）认为，包括教育、道德话语和说服力在内的外力也是一种控制形式，其效果与任何形式的身体胁迫或武力威胁一样。

举例：责任。那么我们或许应该将观点修正为：只要一个人能够自由决定自己的行为，且行为直接是由他的为人和性格所决定而非任何形式的外部力量，那么这个人就应该为自己的行为负责。在这种情况下，我们的责任取决于根据自己所选定之目的采取行动的自由，受经验、思想、动机、欲望和需求的影响。

但即便如此我仍然可以继续争辩，说我的决定是由外部的影响力所支配的，我几乎不能或者根本无法控制这些影响力。内在冲动有很多种不同形式，我们对此知之甚少。即便有所了解，我们抵制这些冲动的能力和方法也十分有限。况且，如果行为源自性格，那为什么要他们为自己的行为负责呢？因为性格是由个人所无法控制的各种影响力所塑造的，这些影响力中有些是遗传因素，且大部分源自这个人的原生家庭环境，这些都是他所无法选择和控制的。

就算我们有能力改变，有能力克服早期生活环境所带给我们的影响，功劳也不在我们身上。在这方面我们是很幸运的，因为想要克服早期环境所带来的不利影响这种愿望本身就是早期环境的产物。所以，我们不能再因为无力改变而怪罪他人，就像我们不能祝贺自己具有改变的能力一样。

如上所述，我们很容易就会在不知不觉之间接受某个特定概念背后的一整套推理，让自己的思考受其操纵。揭示这些推理并明确定义我们所使用的概念能够帮助我们自己和别人看清有可能错过的那些论点背后潜在的含义。

20.3.2 语言的一致性

一旦看清了这些潜在含义，我们就必须确保它们在论证过程中的前后一致，不得改变使用概念的方式。我们需要问自己以下这些问题：

1. 我所使用的词汇含义是否保持不变？还是允许它们在论证过程中发生变化？

2. 我的观点的说服力是否取决于我使用语言的模糊性？

这就是我们在第十六章提到过的含糊其辞谬误：同一个概念的意思在论证过程中发生变化，从而使论证和结论均无效，即在论证过程中，某个概念在其中一个部分指代某物但是在另外一个部分又用来指代另一物。

问题是，这种含糊其辞的谬误在很多情况下都难以辨认，会在不知不觉间对我们的思想产生影响，其中最常见的情况就是指代种族、国籍以及国家。你肯定很熟悉以下这些表达：

“美国入侵了X。”
“美国的伟大取决于自由。”
“美国的利益就在于和澳大利亚进行自由贸易。”
“普通美国人支持个人拥有枪支。”

上面这几个句子里，“美国”一词到底是什么意思？答案是每个句子的用法都不一样：第一个句子指美国军方，第二个句子有可能指美国的工商业，第三个句子可能指美国的农民或消费者，第四个句子指拥有枪支的美国公民。当然，将美国换成任何其他国家也可以得到同样的效果。

20.4 要点一览

评估解决方案：

1. 论点：

（1）论点的构成：是否存在隐含前提，是否混淆了事实与价值判断

（2）论点之间的关联

限定词

处理词汇

2. 论据：

（1）共情：思想实验

将关于价值观的信念转化为价值观

（2）描述论据

充足的样本

典型样本

夸大与低估

“典型”“正常”“平均”

（3）从论据得出相关推论

使用类比法

刻板印象、稻草人谬误、片面辩护

创建无效的因果关联

3. 语言：

（1）明确性

专业术语和抽象概念

鼓动性语言

窃取论点

（2）一致性

语言的模糊性

20.5 结论

从生成观点到概念性思维、创造性思维、明辨思维，道德决策的过程有时看上去十分复杂，涉及很多平时不会思考的细节问题。

总的来说，如果想要成为更有效率的道德思考者，关键是要在每一个阶段都培养相应的技能，而首要任务就是要对每一种技能进行分拆和分析。如果你想要提高自己高尔夫的挥杆技能，那么首要任务就是要对其进行分析，这样才能发现问题、解决问题。

在道德思维这个特殊的领域，要做到这一点实属不易，因为我们的常规思维模式过于强大，也很难取代。但是就像马克·帕斯丁在《管理难题：获得道德上的优势》中所说的那样，大部分高效率公司的企业文化都较弱但是道德标准很高。如果他说得没错，那么学习成为一个更好的道德思考者可以为我们带来丰厚的回报。

结 论

本书开篇即将人类描述为根深蒂固的保守派，具有常规行为模式，不愿创新。从进化论的层面来看，我们仍然十分接近原始起源，带有我们祖先所有的恐惧、情感以及预设反应。在人类四五百万年的生存史上，只有不到一万年的时间被用来学习和“文明化”，而且在大部分时间里变化都十分缓慢，甚至近乎停滞。就在250年前，人类社会的每一个细节几乎都同更早前的两三个世纪没什么两样。

人类较大的进步是近代以来的事情，但也只是发生在部分领域且有很重的人为痕迹。漫长原始的过去为我们打上了很多牢固的印记，让我们的头脑拒绝接受新的观点和思想。精神分析学派创始人弗洛伊德（Sigmund Freud）在《图腾与禁忌》（*Totem and Taboo*）中指出，人类很容易陷入习惯和禁忌的控制，原因不明但是很难忘记和摆脱，一旦偏离就会让人心生恐惧。1633年，伽利略受到被逐出教会的威胁，被迫公开宣布放弃自己提出的地心说。

我们总是想要祝贺自己取得了长足的进展，但实际上和远祖相比我们并没有走出多远。时至今日，我们仍然不愿意接受新的观点，焦虑地想要保护继承下来的信念模式和预期定式，就业仍然取决于你认识谁而不是你多会思考多出色。大学生能得高分主要是因为他们能够重复权威人士的观点，而不是因为他们具有创造性的思维。在商业社会，大公司会按照惯例向首席行政官发放巨额绩效奖金，即使他们所作出的决定导致前所未有的巨大损失，甚至威胁到公司的继续生存。

让问题变得更为复杂和困难的是，我们的知识视野在当代社会变得越来越狭窄。中世纪和现代社会的区别就在于专业人士的崛起，而所谓专业人士就是那些在人们所知甚少的领域拥有较多的知识。随着自身知识视野的收缩，我们不仅越来越倾向于接受专家的意见，认为自己不再有谈论这些事情的资格，而且更加倾向于接受由我们自身专业领域的价值观和常规定式所定义的日益收窄的视野。

这两个问题都让我们很难处理变化，这些挑战要求我们必须换一种思维方式，不能再舒舒服服地待在一代一代传下来的信念模式里，按照常规模式思考问题，而是必须在思考的过程中对思考本身进行思考，即本书中所定义的“二阶思维”。它意味着要学会生成更多自己的观点，运用因果思维技能和概念思维技能对其进行结构化处理，然后运用创造性思维技能对其进行修改，以满足不断变化的要求。

与平常的思维习惯相比，学习成为优秀的思考者所需要的这些技能和方法有时可能会显得刻意和困难，但是这种前紧后松的体验是学习中常有的。假以时日，它们就会变成你常规思维过程中的一部分。尽管如此，更改思维的方式、节奏和深度一开始的时候肯定会有不方便的感觉。

但话说回来，只要下定决心进行更深层次的思考、对看上去可疑之事提出质疑，你所得到的回报一定会超出想象。你将学会把更加细致的想法和观点编织成更为复杂的相互关系模式，并学会从中设计出自己的解决方案。这些带有洞察力和创造性的解决方案将会让你自己也大吃一惊。

词汇表

偶适概括（Accidental generalisations）有些归纳和概括虽然形式上为全称命题，却无法支持非事实条件句或虚拟条件句，因为其描述的关系中没有可类比的因素。虽然我可以说“我口袋里的所有硬币都是 1990 年铸造的”，但是我不能据此在虚拟条件下断言如果再往口袋里放一枚硬币也会是 1990 年铸造的。这只是一个偶适概括。参见“非实施条件句及虚拟条件句”。

肯定前件及否定后件（Affirming the antecedent and denying the consequent）假设命题或条件命题的典型标志就是具有“若 / 则（如果 / 那么）”结构，比如以下命题：“如果运动员被人发现服用兴奋剂，那么他就会被取消资格。”

使用假设命题进行论证有两种有效形式：一种是“肯定前件”，一种是“否定后件”。无效形式也有两种：一种是“否定前件”，一种是“肯定后件”。参见第 11 章。

分析命题（Analytic proposition）分析命题所表述内容的真假无须借助经验事实，仅凭其词义或含义即可判断为真。例如："所有单身汉都是未婚男子""所有猫都是动物""所有自行车都有两个轮子"，这些都是分析命题，即我们对"单身汉"一词的定义就包含"未婚"和"男子"两部分内容，因此陈述为真。同样的，如果对"猫"和"自行车"的含义进行分析，我们也会发现"动物"和"两个轮子"的结论本来就包含在其对应的两个词里。参见"Empirical命题"。

类比论证（Argument by analogy）使用类比进行论证的时候，我们判定两个在某些方面相似的事物在其他方面也一样：如果 A、B、C 均具有特点 x 和 y，且 A 和 B 同时具有特点 z，则 C 也具有特点 z。但是，如果我们无视它们之间的差异并没有理由地夸大相似之处，那就会犯错误类比的谬误。

自主权（Autonomy）所有人都认为自己本身就是目的，而不是服务于其他人目的之手段。换言之，我们相信自己具有内在价值，而不是外在价值，认为自主权对我们实现自己的目的以及拥有选择自由至关重要。

这里蕴含着一个十分重要的观点，即驱动我们做出道德决定的不是欲望，不是我们想要做什么，而是我们认为应该做什么；不是出于什么最能有效满足我们所持欲望的谨慎考虑，而是出于道德原因。如果受欲望的驱动，我们本身就不再是目的，我们也就不再有选择：因为决定我们应该做什么的不再是我们自己，而是我们的欲望和渴望。个人的生活和行为必须由其理性和独立判断来决定。

窃取论点（Begging the question）将本来应该证明的结论直接拿过来当前提使用就是犯了窃取论点的错误。严格意义上说，你是在原地转圈，更为人熟知的表达方式是“恶性循环”，就是用前提去证明结论，然后又用结论去证明前提。它有四种常见方式：共同概念、道德词汇、言辞命题、模糊定义。参见第15章。

合成谬误（Composition）在论证过程中认为部分为真则整体亦为真。参见“分割谬误”。

条件命题（Conditional proposition）参见“假设命题”。

反对（Contraries）相互反对的关系并不排斥相反关系，而是将其列为最为极端的形式，代表一个连续变化过程的两个极端。因此，“这是白色的”只有一个相反命题，即“这是黑色的”，而它的反对命题则不止一个，其中包括“这不是白色的”“这是彩色的”“这是灰色的”“这是脏的”，以及“这是黑色的”。参见“相反”。

换位（Conversion）换位指一个句子里的主语和谓语交换位置，其命题形式为“没有X为Y”则“没有Y为X”。主语X和谓语Y可以互换位置，反之亦然。但是两个完全排除关系的概念可以互换位置，完全包括关系的概念则不可以，我们不能简单地说因为“所有X均为Y”所以“所有Y均为X”。比如我们可以说“所有狗都是动物”，但是不能反过来说“所有动物都是狗”，否则就是犯了不当换位的错误。但是部分包含关系的两个命题是可逆的，比如我们既可以说“有些会计师是商人”，也可以说“有些商人是会计师”。

非事实条件句和虚拟条件句（Counterfactual and subjunctive conditionals）我们一般用到的条件句有两种：非事实条件句和虚拟条件句。第一种多位历史学家使用，他们会问如果没有发生这件事而是发生了别的事情，历史会如何发展。非事实条件句的句型为：“如果发生了 A 的话则 B 也会发生。”而虚拟条件句则是向前看，即如果我们做某事会发生什么事：“如果会发生 A 的话则也会发生 B。”

演绎思维（Deductive thinking）演绎是一种论证形式，特点是结论已经包含在前提里，所以也被称为“结论性推理”，因为结论永远不会超出前提的范围，这一点和归纳论证正好相反。在归纳论证中，我们是从独立的观察所得入手，注意到某些事件在重要方面均十分类似，因此一个归纳总结，普遍适用于所有观察到的及未观察到的、过去、现在、未来的所有此类事件。参见第 10 章。

否定后件（Denying the consequence）参见“肯定前件及否定后件”。

周延术语（Distributing our terms）即用一个术语来包含某一类事物中的所有个体。例如：我们周延“商人”这一术语时，可以说“所有商人都对工人不好”；如果我们用了部分限定词“有些”，那就不叫周延了“商人”这一术语。

分割谬误（Division）在论证过程中，当整体为真时，如果我们提出其组成部分单独亦为真就是犯了分割谬误。参见“合成谬误”。

经验命题（Empirical proposition）完全或部分基于我们的感官证据而做出的命题。参见“分析命题”。

模棱两可（Equivocation）在同一个论证中以两种或多种不同方式使用词语且有效论证要求这些词语在论证中保持前后意思一致，那就是犯了模棱两可的谬误。

假两难推理谬误（Fallacy of false dilemma）解决一个问题的时候，我们认为答案非此即彼，只有两个选项，但实际上有多个解决方案。参见第 14 章。

假设命题（Hypothetical proposition）假设命题也叫条件命题，分两部分内容：“如果 / 若”所引导的句子为“前件”，“那么 / 则”所引导的从句为“后件”。举例：“如果一名运动员被查出服用了兴奋剂，那么他就会被取消资格。”参见“肯定前件及否定后件”。

不当换位（Illicit conversion）参见“换位”。

不当置换（Illicit obversion）参见“置换”。

归纳思维（Inductive thinking）参见“演绎思维”。

无效的因果关联（Invalid causal connections）

事后归因谬误（The post hoc fallacy）：其拉丁原文为 post hoc ergo propter hoc，“后此所以因此”，即因为 B 发生在 A 后面，所以 A 一定是导致 B 发生的原因；

原因 / 相关性（cause/correlation）：将原因与相关性混为一谈；

多重原因（Multiple causes）：错误地认为只有一个原因，实际上存在多个相互交织的原因；

潜在原因（Underlying causes）：在有些情况下，虽然看上去像是有多个因素在起作用，而实际上有一个潜在的原因能够解释一切或者并不存在因果关系；

由无关证据得出结论（Fallacy of false cause）：其拉丁原文为 non-sequitur，意为“无关”，即我们所得出的结论与前提在逻辑上无关。在并不是那么严格的意义上说，也可指结论建立在不充分、不正确或者不相关的推理基础上。

不相关的推论（Irrelevant inference）拉丁原文为 *signoratio elenchi*，“无视问题”，即我们在论证的时候证明的是另外一个不相关的问题，将注意力转向一个我们更有信心的不同议题：

针对个人（The Person）：拉丁原文为 ad hominem，“针对个人”，即通过抹黑提议人来回避问题；

诉诸群情(Popularity): 拉丁原文为 ad populum,“针对群众”,即在处理难题的时候求助于普遍观念和群众情绪，从而达到回避问题或者加强自己观点的目的，认定大家的观点肯定是正确的观点；

诉诸权威（Authority）：拉丁原文为 ad verecundiam，“尊重或敬畏”，即面对难题的时候求助于著名人士或权威人士、受尊重的组织机构，甚至是传统习俗和惯例等；

诉诸恐惧（Fear）：拉丁原文为 ad baculum，“恐惧、害怕”，即通过引起恐惧来证明对手的论点不可信；

诉诸大恶（The greater evil）：阻碍对方所提议的对某些确定无疑的恶行采取行动，原因是对方并未提议对更大的恶行采取行动；

提出反控（The counter accusation）：拉丁原文为 tu quoque，“你也一样”，即当别人对你提出控诉的时候，你对其提出同样或者类似的控诉；

折中妥协（The Compromise）：在两个极端之间提出折中妥协方案，并以此指责拒绝接受者不讲理，向其施加压力，迫使他们接受折中观点。

矛盾律（The Law of Contradiction）参见“相反”。

排中律（The Law of the Excluded Middle）参见“相反”。

鼓动性语言（Loaded Language）语言中所包含的内容不仅仅是描述，还包含情感因素，能够在不知不觉间操纵我们的反应。

必要条件和充分条件（Necessary and sufficient conditions）当某个条件为真是证明结论为真或促成某个事件发生的唯一条件，则该条件即为充分条件。当某个假设是某个结论为真的充分条件，则该假设即包含了这一结论。换言之，若假设为真则结论一定为真。

如果想要某个结论为真或者某个事件发生，则某个假设必须为真，则该假设即为必要条件。当命题 X 必然不可为真的时候，则另一命题 Y 必然不为真；如果 X 为真而 Y 未必为真，则 X 即为 Y 的必要条件。

不可重写的原则（Non-overridable principles）道德思维和逻辑思维、数学思维即科学思维一样遵循特定的规则，如果违反这些规则就会和其他思维形式一样犯错误。当科学家进行科学阐释的时候，他们知道其观点必须以观察和实验为依据、必须可检测、必须具有普遍性。道德思维也是这样：我们的判断必须具有普遍性；必须尊重每个人的尊严，将其本身视为目的而不是手段；必须维护每一个人的自主权，让他们能够自由选择而不是强迫他们按照我们的意愿行事。

置换（Obversion）将一个命题置换成逻辑上相等的另外一个命题，即从肯定形式变换为否定形式，共有四种基本的置换形式：

1. 从“所有 A 都是 B”置换成“没有 A 是非 B”
2. 从“没有 A 是 B”置换成“所有 A 都是非 B”
3. 从“有些 A 是 B”置换成“有些 A 是非 B”
4. 从“有些 A 不是 B”置换成“有些 A 是非 B”

不当置换指如果被排除在某个类别之外并不一定也被排除在另一个类别之外。举例：说“所有高尔夫球手都争强好胜”并不等于说“所有不是高尔夫球手的都不争强好胜”，因为有人虽然不是高尔夫球手，但并不一定不争强好胜。

相反（Opposites）在“生”与“死”这两个相反的概念中没有任何共同点。相反关系必须遵守两个逻辑规则：矛盾律和排中律。

矛盾律是说 A 必不非 A，即某物不可既为 A 又为非 A；而排中律则是说某物要么为 A 要么非 A，两者必居其一，相互排斥，没有中间地带。将这两个规则结合起来，则某物只能为 A 或非 A，二者为互斥关系。参见“反对”。

可重写的原则（Overridable principles）道德思维中有三条不可重写的原则（普遍性、尊重个人的尊严、自主权），其余原则均为可重写的原则。在任何情况下，我们都必须选择最为重要的那些原则，这样才能设计出道德问题的最佳解决方案。可重写原则没有“常胜将军”，因为在不同的情况下同一种原则的重要性也会有所不同。

有些原则是关于正义的，反映了我们对于公平、公正的信念；有些原则是关于不同权利的；有些原则体现了我们认为应该尊重的价值观；有些原则体现了我们认为应该褒奖和推广的美德；有些原则体现了我们认为应该避免的有害后果以及能够努力促成的良好后果。

1. 正义
2. 权力
3. 价值观
4. 美德
5. 后果

前提（Premises）一个论点包含一组句子，其中有一个是结论，其他均为前提，是得出结论的基础。前提中暗含或包含结论。

处理术语（Processing terms）对术语进行准确的处理就意味着它在结论中的含义和在前提中的含义一模一样，否则就是未能正确处理术语，使其在结论中的含义超出或者未及在前提中允许的使用范围。

命题（Proposition）命题是一个陈述句，可以为真也可以为伪，与问题或者命令相对。命题和句子的区别在于命题是这个句子的含义，因此，两个句子可以在语言方面迥异，但是包含着同一个命题。

限定词（Qualifiers）限定词表示你所陈述观点的力度，包括“有些”“大部分”“全部”以及“很少”。

尊重个人的尊严（Respect for the dignity of the individual）在道德思维中，普遍性原则要求我们必须按照我们希望被别人对待的方式去对待他人。我们高度重视自己的内在价值，这就意味着我们也必须同样高度重视他人的内在价值。换言之，我们拒绝被别人当成实现其选定目标的手段，那我们也就必须避免将别人视为我们达成自己目标的手段，必须尊重他人的尊严，将其本身视为目的，而不只是促成我们自己目标的手段。

合理论证（Sound Arguments）在有效论证及前提为真的条件下，

论证即为合理论证。因此我们可以通过证明其论证无效或前提为伪来质疑某个论证的合理性。

片面辩护（Special pleading）如果对自己的观点深信不疑并且只提交有利证据、无视不利证据，那我们就犯了片面辩护的谬误。此外，如果我们在一种语境中使用了某个观点但却拒绝在另一个语境中使用同样的观点以避免得出相反的结论，这也是片面辩护。参见第 14 章。

稻草人谬误（Straw man fallacy）在描述某个情况或者命题的时候，如果我们有意无意地将其过于简单化并仓促断定其为伪，这就是稻草人谬误。参见第 14 章。

隐含前提（Suppressed premises）论证中经常会有一些未点明的前提，我们之所以将其隐藏起来是假设别人都知道或者认可它们、将它们视为理所当然。在这种情况下，我们所做的论证或许是有效的，但只有在揭示了所有的隐含前提之后才能证明这一点。

三段论（Syllogism）这是最常见的一种演绎推理形式，从一般性的原则（大前提）推出特定的陈述（小前提），然后再推出结论，结论是两个前提的逻辑推理结果且为有效论证。

重言式命题（Tautology）当命题并未论及真实世界的事情，无须指向真实情况即可判定为真，这就是重言式命题，也叫恒真命题，其词义即为“重复同一件事情”。其常见形式为分析命题，比如“所有单身汉都是没有结婚的男人”，仅从其构成词汇的含义即可判定该命题为真。重言式命题无法反驳，因为它们虽然没有意义，但命题为真。不论这种命题的内容如何，即使完全没有内容，都和判定其为真无关。

普遍性（Universalism）在道德思维中，我们必须做好准备，在进行道德判断的时候抛开我们所扮演的角色、不计具体实施以后我们个人的得失。我们不能只是说这种情况下我应该做什么，而是所有和我一样的人在类似情况下应该遵照同样的规则行事。这就是广为人知的那条金科玉律：“你想别人怎样对待自己就要怎样待人。”

对每一个行动都应该按照这条规则进行判断，即将其视为一条普遍的行为规范，而不是基于主观情感或者倾向。道德思考就是要做到客观，要建立在理性的基础上，要超越我们个人的利益和情感。因为理性的最大特点就是始终如一，这就意味着我们所做出的判断必须具有普遍性，必须能够运用于类似情况下所有类似的人群。19世纪德国哲学家康德曾经提出了“绝对命令”（也叫“定言命令”）伦理原则：“除非你愿自己的行为准则成为普遍规律，否则不要据此行动。”

有效性（Validity）我们在检验一个演绎论证有效性的时候关注的是形式而不是内容，论证的有效性是为了保证前提为真的条件下结论也一定为真。如果某个论证为有效论证，则不可能出现前提为真而结论为伪的情况。有可能出现前提为伪、结论为伪的情况，但是绝不会出现前提为真、结论为伪的情况。当且仅当前提全真结论不能为伪之时，该论证始为有效。参见“演绎思维”。